C·H·Beck

PAPERBACK

W0058999

ADRIAN LOBE

# SPEICHERN UND STRAFEN

Die Gesellschaft
im Datengefängnis

C·H·BECK

*Mit 10 Abbildungen*

Originalausgabe
© Verlag C.H.Beck oHG, München 2019
www.chbeck.de
Umschlagentwurf: Geviert, Grafik und Typografie,
Katharina Fußeder
Satz: C.H.Beck.Media.Solutions, Nördlingen
Druck und Bindung: CPI – Ebner & Spiegel, Ulm
Printed in Germany
ISBN 978 3 406 74179 1

klimaneutral produziert
www.chbeck.de/nachhaltig

# Inhalt

«Das Gefängnis funktioniert als ein Wissensapparat.»

*(Foucault)*

# Prolog

Deutschland, im Jahre 2025, mitten im Wahlkampf. Es sind nur noch wenige Tage bis zur Bundestagswahl. Umfragen sagen ein Kopf-an-Kopf-Rennen zwischen den Unionsparteien und den Grünen voraus. Die Parteien haben versucht, ihre Wählerschaft mit Microtargeting-Kampagnen zu mobilisieren, einer datenbasierten Technik, mit der sich über Plattformen wie Facebook oder Google politische Botschaften auf kleine Zielgruppen zuschneiden lassen. Die Datenskandale der Vergangenheit sind längst vergessen. Das Handydisplay als personalisierte Reklametafel hat die Wahlplakate im öffentlichen Raum überflüssig gemacht. Nach ihrem überaus erfolgreichen Slogan «Digital First, Bedenken Second» im vorvorherigen Bundestagswahlkampf hat die FDP einen Alexa-Skill entwickelt, mit dem man den Lindner-Bot mit Fragen löchern kann. Die CDU hat eine App lanciert, mit der sich Informations-Snippets aus dem Wahlprogramm auf Smartwatches spielen lassen. Die SPD, die das Thema Datenarbeit für sich entdeckt hat, schickt ihren Facebook-Fans Wahlwerbung aufs Handy: «Faire Löhne für harte Klickarbeit!» Die Grünen haben eine Petitionsplattform mit einer besonders klimafreundlichen Blockchain-Technologie gestartet, auf der Anträge für Bürgerinitiativen hinterlegt werden können. Der neoludditische Flügel der Linken ruft zum Maschinensturm gegen Facebook auf und fordert die Enteignung der Tech-Konzerne. Und die AfD macht gegen «Datenmigration» mobil. IBM hat derweil seinen Supercomputer Watson als Kanzlerkandidaten nominiert. Trotz dieser klar unterscheidbaren Programme sind Sie unschlüssig, wen Sie wählen sollen. Also fragen Sie am Morgen des Wahltags ihren digitalen Assistenten:

«Alexa, sag mir, wen ich wählen soll!» Der Netzwerklautsprecher läuft zyanblau an und antwortet: «Eine Analyse deiner Sprachbefehle und Suchanfragen zeigt mir, dass du eine 73-prozentige Übereinstimmung mit dem Parteiprogramm der SPD hast. Soll ich für dich einloggen?»

Der Netzwerklautsprecher hat über die Dauer des Wahlkampfs eine Beobachtungsstudie durchgeführt und aus Schlüsselbegriffen und Stimmanalysen eine Parteipräferenz ermittelt. Sprachbefehle wie «Was verdienen Manager?» oder «Wie hoch ist die Neuverschuldung?» wurden in ihre einzelnen Bestandteile zerlegt und codiert. Schlagworte wie «schlanker Staat» oder «Privatisierung», die auf der Staat-Markt-Achse eher beim Pol «Markt» anzusiedeln sind, wurden dem Konzept marktliberal zugeordnet. Begriffe wie Umverteilung oder Subventionen wurden in die Kategorie staatsnah eingeordnet. Suchanfragen nach «nationaler Identität» oder «Leitkultur», die auf der Werteachse beim Pol wertkonservativ zu verorten sind, wurden dem konservativen Milieu zugerechnet. Stimmbiometrische Analysen haben zudem die Gemütslage des Nutzers analysiert. War die Stimme schneidend, ließ das auf ein hohes Maß an Erregung und Ablehnung schließen. War sie zittrig, konnte man daraus eine gewisse Nervosität und Unsicherheit ableiten. Registrierten die im Smart-TV integrierten Mikrofone während Politsendungen Schimpfwörter, indizierte dies ein Protest- oder Nichtwählerpotenzial. Smart Watches haben über den Beobachtungszeitraum den Blutdruck gemessen. Ging der Puls beim Interview des SPD-Vorsitzenden im «heute-journal» um 21.47 Uhr hoch? Oder ließ einen die Aussage des CDU-Politikers kalt?

Auf Grundlage dieser Daten haben Algorithmen ein Profil erstellt und durch einen Abgleich mit den Parteiprogrammen und Aussagen der wichtigsten Politiker eine Wahrscheinlichkeit errechnet, mit der man zu einer bestimmten Partei tendiert. Es gibt zwei Optionen: Entweder geht man mit der Wahlempfehlung selbst wählen – oder man delegiert sein Wahlrecht an den Softwareagenten. Alexa bietet an, im Namen des Besitzers ihre elektronische Stimme abzugeben. Man muss nur einen Bestätigungsknopf drücken oder per Sprachbefehl dem Wahlassistenten Vertretungsmacht einräumen, und Alexa geht für den Besitzer treuhänderisch wählen. «Soll ich für die Partei XY wählen?»[1]

Zugegeben: Die Delegation des Wahlrechts an einen virtuellen Assistenten wäre nach derzeit geltendem Wahlrecht nicht zulässig. Auch dürften nach datenschutzrechtlichen Vorgaben keine Stimmanalysen in den Wohnungen der Wähler durchgeführt werden. Doch lohnt es sich, dieses auf den ersten Blick etwas verstörende Gedankenexperiment einmal durchzuspielen.

Die Erfüllung der staatsbürgerlichen Pflichten stellt uns in der Regel vor erhebliche Mühen und bereitet uns manchmal sogar Kopfzerbrechen. Man muss sich zähe TV-Duelle ansehen, Zeitung lesen und Wahlprogramme studieren, um auf dem Wahlzettel guten Gewissens das Kreuz an der «richtigen» Stelle zu machen. Aber mal ehrlich: Wer liest in der heutigen Aufmerksamkeitsökonomie schon ein 200-seitiges Parteiprogramm durch, wenn die Parteien mit ihren inhaltlichen Botschaften doch längst mit leichter konsumierbaren Spiele-Apps und Serien konkurrieren? Wenn vom politischen «Angebot» die Rede ist, so als wären Parteiprogramme ein Sortiment, und dieses Angebot immer diffuser wird, wäre es nur konsequent, den Meinungsmarkt mit technischen Mitteln zu sondieren. Virtuelle Assistenten können eine Orientierungshilfe sein für Bürger, die in einer multioptionalen Gesellschaft immer mehr den Überblick verlieren.

Eine Grundannahme der bis heute einflussreichen ökonomischen Theorie der Demokratie lautet, dass ein «rationaler Wähler» nur dann zur Wahl geht, wenn der Nutzen, den er sich davon verspricht, den Aufwand bzw. die Kosten übersteigt.

Entscheidungskosten entstehen etwa dadurch, dass der Wähler Ressourcen aufwenden muss, um das politische Angebot zu sondieren. Opportunitätskosten ergeben sich daraus, dass man für den Wahlakt Zeit aufwenden muss (die sich allerdings in Grenzen hält und durch Briefwahl reduzieren lässt). Soweit die Theorie. Was aber ist der «Wählerwille», den die politischen Parteien immerzu beschwören? Wie lässt er sich ermitteln? Was ist der «rationale Wähler», dieses unbekannte Wesen, das zu den ökonomischen Standardmodellen gehört, in der Praxis aber wie ein Dummy erscheint? Wer wählt überhaupt «rational»? Rationalität bedeutet, dass die Wahl mit der Parteipräferenz korrespondiert. Die aber lässt sich schwer bestimmen. Es gibt viele Wähler, die ihre Präferenzen auch am Wahltag nicht kennen, womöglich zwischen zwei Parteien schwanken, am Ende CDU wählen, aber in ihrem Herzen vielleicht doch grün sind. Oder umgekehrt. Für sie ähnelt der Wahlzettel einem Multiple-Choice-Test. Zwar gibt es Maschinen wie den Wahl-O-Mat, der durch einen automatisierten Abgleich von Parteiprogrammen die Wahlentscheidung erleichtern soll. Doch sorgen solche Wahlhilfen auch nicht für genügend Klarheit im Parteiendschungel. So mancher Sozialdemokrat staunte vor der letzten Bundestagswahl nicht schlecht, als ihm der Wahl-O-Mat die ÖDP und die Piraten als Wahlempfehlung ausspuckte. Oder statt der CDU die AfD. Doch wenn der Wähler, der aufgrund seiner Überzeugungen und Werte eigentlich die Piraten wählen müsste, dennoch glaubt, er wäre ein Sozialdemokrat, und sein Kreuz infolgedessen auf irrationale Weise bei der SPD macht, läuft dann nicht etwas schief in der Demokratie?

Gewiss gehört zur Demokratie auch die Freiheit, das zu wählen, wofür man eigentlich nicht steht – also irrational handeln zu dürfen. Rationalität ist kein Wahlkriterium. Ein überzeugter Christdemokrat, der den aktuellen Kurs seiner Partei ablehnt, kann trotzdem für die CDU stimmen, auch wenn er gemäß seiner Präferenzen eigentlich die AfD wählen müsste, die er aber für vertrauensunwürdig und daher auch für nicht wählbar hält. Faschisten, die sich nach außen hin bürgerlich geben, dürfen auch die SPD wählen, und Gewerkschafter die NPD. Der Wahlgang ist schließlich auch eine emotionale Angelegenheit und kein Anwendungsfall von Rational Choice. Die Politik belügt sich zuweilen selbst, wenn sie so tut, als sei Extremismus kein Problem, solange links- oder rechtsradikale Strömungen vom demokratischen Parteienspektrum absorbiert werden (eingedenk des Diktums von Franz Josef Strauß, rechts von der CSU sei nur die Wand). Doch ist es nicht der Anspruch einer repräsentativen Demokratie, dass Parteipräferenzen durch das Wahlsystem eins zu eins in Stimmen übersetzt werden? Wäre es im Sinne des Repräsentationsgedankens nicht wünschenswert, ja vielleicht sogar systemstabilisierend, wenn Wähler rational agierten, also für die Partei optierten, die ihren Präferenzen am ehesten entspricht? Etwas provokanter gefragt: Sind Wahlen noch der geeignete Transmissionsriemen, politische Überzeugungen in Mandate zu übersetzen? Algorithmen kennen unsere Präferenzen mittlerweile besser als wir selbst. Wäre es da nicht konsequent, die besser informierten virtuellen Assistenten für uns wählen zu lassen? Sind Algorithmen vielleicht sogar die ultimative Demokratiemaschine? Das Versprechen einer «elektronischen Demokratie» lautet, dass der Wählerwille präziser abgebildet würde und das Votum am Ende demokratischer wäre, weil jeder die Partei wählt, die seinen Präferenzen am ehesten entspricht.

Maschinen werden gezielt als Wahlhilfen konsultiert. «Wen soll ich wählen?» war laut *Google Trends* die häufigste Frage, die in der letzten Woche vor dem Brexit-Referendum im Juni 2016 in die Maske des Suchmaschinenmonopolisten eingegeben wurde. Auf die Frage, wem man seine Stimme geben solle, antwortet Apples Spracherkennung Siri (noch) sibyllinisch:

«Das ist etwas zwischen dir und deinem Gewissen.» Oder: «Die Entscheidung kann dir niemand abnehmen, die musst du ganz alleine treffen.» Doch diese Standard-Antwort ließe sich umprogrammieren. Die Künstliche Intelligenz (KI) könnte aus unseren Sprachkommandos eine Präferenz ableiten und eine individuelle Wahlempfehlung abgeben: «Wie wäre es mit der FDP?»

Auf das kollektive Gefühl der Freiheitsüberforderung in einer multioptionalen Gesellschaft antworten Technologiekonzerne mit einer techno-autoritären Lösung: Wir befreien euch von dem Informations-Overload! Wo demokratische Parteien ihren Wählern zurufen «Geht wählen!», deklamiert die populistische Tech-Internationale: «Ihr müsst gar nicht mehr wählen, das erledigen unsere Maschinen für euch! Dafür wollen wir aber eure Daten!» Die Versuchung eines digital betreuten Wählens ist groß. Virtuelle Assistenten sind aber nicht die digitalen Diener, als die sie vermarktet werden: Es sind Vormünder, die wir selbst bestellt haben. Und deren Ansagen wir uns klaglos fügen. Wir erleben eine moderne Form der Selbstunterwerfung: Die Nutzer überantworten das Freiheitsmanagement virtuellen Assistenten und beugen sich einem algorithmischen Diktat.

# 1

## Einleitung

### Auf dem Weg in die programmierte Gesellschaft

Die Erhebung und Speicherung von Daten ist kein neues Phänomen. Der Physiker Andreas Weigend, von 2002 bis 2004 Chefwissenschaftler bei Amazon, erklärt in seinem Buch «Data for the People», dass bereits in den frühesten Tagen menschlicher Aufzeichnungen vor etwa 6000 Jahren, als die Sumerer die Keilschrift erfanden, die herrschende Priesterklasse über die Erzeugung, Trocknung und Aufbewahrung der Tontafeln wachte, die das Archiv der Zivilisation bildeten. «Die Tafeln verzeichneten, wem was gehörte, wer was an Steuern, Pacht, Gebühren, Darlehen oder Waren zu bezahlen hatte und welchen Gesetzen Eigentum und Handel unterlagen.»[1] Die Bewahrung dieser Aufzeichnungen, so Weigend, bedeutete «eine Form der Konzentration von Macht»: Die Priester entschieden, wer Zugang zu dem offiziellen Archiv bekam und wer nicht – und kontrollierten damit die Daten. Was damals die örtliche Tempelverwaltung war, sind heute Google, Apple, Facebook und Amazon:

Sie bestimmen mit ihren Codes, was Eingang in das digitale Zivilisationsarchiv findet, welche Informationen überdauern, was gelöscht wird und was nicht. Dieser Wissensspeicher, der in riesigen Rechenzentren lagert, ist für die Nutzer genauso unzugänglich wie das Tempelarchiv für die Sumerer. Daten bedeuten Macht. Der Unterschied zwischen der Keilschrift und dem Programmcode ist, dass heute massenhaft Daten über den Einzelnen erhoben und mithilfe von Algorithmen Gesellschaften gesteuert werden. Im *Datapozän*, wie ich dieses neue Erdzeitalter nennen möchte, werden Daten zu einem geologischen Faktor, so gewichtig und belastend, dass ihre Masse wie eine Schwerkraft wirkt. Man kann sich nicht bewegen, ohne Daten zu produzieren, die uns wie ein permanenter Schatten auf den Fersen sind – ein digitaler Zwilling, der uns erzählt, repräsentiert und im Zweifel auch verpfeift.

Wir leben in einer Welt, die von Computern erzeugt, gesteuert und kontrolliert wird: in einem Megarechner namens Gesellschaft, wo Individuen zu Mikroprozessoren und Interaktionen zu Schaltprozessen werden. Autos, Türsysteme, Toaster, Kühlschränke, Kontaktlinsen, Textilien – einst analoge Objekte sind heute mit Technik vollgestopfte Hochleistungsrechner. Ein Auto ist nicht mehr in erster Linie ein Fortbewegungsmittel, sondern ein Computer mit integrierter Mobilitäts-App. In einem modernen Fahrzeug stecken durchschnittlich 100 Millionen Zeilen Programmcode. Zum Vergleich: Das Weltraumteleskop Hubble kommt mit etwa 50 000 Lines aus. Der gesamte Google-Quellcode umfasst sogar zwei Milliarden Zeilen.[2] In dem Maße, in dem die Umwelt in Codes umgewandelt wird, verändern sich die Grundlagen des Regierens.

Mit seinen Schriften und der Vorlesungsreihe am Collège de France (1974–1975) hat der französische Philosoph Michel Foucault ein intellektuelles Erbe hinterlassen, das Ansätze zur Erklärung des digitalen Wandels bietet. Foucault starb 1984 im Alter von 57 Jahren – in jenem Jahr, in dem George Orwell seinen dystopischen Roman spielen ließ und Apple seinen Macintosh-Computer mit einer Reminiszenz an das Werk aus dem Jahr 1949 bewarb: Auf einem riesigen Bildschirm proklamiert ein fanatisierter Großer Bruder den «Garten purer Ideologie» und die «Vereinigung der Gedanken», bevor eine namenlose Heldin als Akt der Befreiung einen Vorschlaghammer in die Leinwand schleudert.[3] Das Internet war Terra incognita. Erst 1991, sieben Jahre nach Foucaults Tod, sollte der britische Physiker Tim Berners-Lee am Genfer Forschungszentrum Cern die erste Seite des World Wide Web online stellen. Was Foucault nicht sah, waren die aus der Datenexplosion (Big Data) und den digitalen Apparaturen resultierenden Macht- und Überwachungstechnologien, mit denen sich Gesellschaften berechnen und beherrschen lassen. Foucault konnte nicht ahnen, dass Technologiekonzerne mit der Auswertung von Nutzerdaten eine algorithmische Regulierung ins Werk setzen und staatsähnliche Funktionen ausüben würden (etwa in der Strafverfolgung). Und doch ist sein Werk von großer Aktualität, weil er darin Machttechniken beschreibt, die sich als Erklärungsfilter auch für die Analyse programmierter Gesellschaften dienstbar machen lassen.

Foucault führte mit dem Begriff der «Gouvernementalität» eine analytische Kategorie ein, die Regieren («gouverner») und Denkweise («mentalité») semantisch miteinander verknüpft und zusammen mit der Souveränität und der Disziplin ein Dreieck der Macht formt.[4] Unter Gouvernementalität versteht Foucault «die Gesamtheit, gebildet aus den Institutionen, den Verfahren, Analysen und Reflexionen, den Berechnungen und den Taktiken, die es gestatten, diese recht spezifische und doch komplexe Form der Macht auszuüben, die als Hauptzielscheibe die Bevölkerung, als Hauptwissensform die politische Ökonomie und als wesentliches Instrument die Sicherheitsdispositive hat.»[5]

Mit der Bevölkerungsexplosion im 18. Jahrhundert rückte die Steuerung der Bevölkerung ins Zentrum der Macht. Foucault schreibt: «Die Regierungen entdecken, dass sie es nicht nur mit Untertanen, auch nicht bloß mit einem ‹Volk›, sondern mit einer ‹Bevölkerung› mit spezifischen Problemen und eigenen Variablen zu tun haben wie Geburtenrate, Sterblichkeit, Lebensdauer, Fruchtbarkeit, Gesundheitszustand, Krankheitshäufigkeit, Ernährungsweise und Wohnverhältnissen.»[6] Die gouvernementale Aufgabe war es, «die Zirkulation zu organisieren, das, was daran gefährlich war, zu eliminieren, eine Aufteilung zwischen guter und schlechter Zirkulation vorzunehmen (…)». Die neuen Regierungstechniken konzentrierten sich folglich auf die «Bearbeitung der Zukunft»: die Stadt sollte «nicht im Zusammenhang einer statischen Wahrnehmung aufgefasst oder gestaltet», sondern «für eine nicht genau kontrollierte oder kontrollierbare, nicht genau bemessene oder messbare Zukunft» geöffnet werden. Für Foucault stellt die Stadt ein serielles Phänomen dar, eine unbegrenzte Folge von Elementen und Ereignissen: die Zirkulation, x Fuhrwerke, x Passanten, x Diebe, x anlegende Schiffe, x Einwohner und verschiedenes mehr. «Es ist die Verwaltung dieser offenen Serien, die folglich nur durch Schätzung von Wahrscheinlichkeiten kontrolliert werden können.»[7]

Das zentrale Instrument zur Kontrolle dieser Wahrscheinlichkeiten ist die Statistik. Der Staat muss unter anderem wissen, wie viele Bewohner auf seinem Territorium leben, wie viele Güter produziert werden, wie viele Häuser im Grundbuch eingetragen sind und welche Geldmenge im Umlauf ist. «Die Statistik», führt Foucault aus, «ist das Wissen des Staates über den Staat, verstanden als Selbstwissen des Staates, aber auch als Wissen über die anderen Staaten.»[8] Seit Ende des 16. Jahrhunderts ist die quantitative Bevölkerungserfassung zum integralen Bestandteil der Regierungskunst geworden. Die Gouvernementalität ist eine Macht, die über Statistiken (Sterbe- und Krankheitsraten,

Geburtenraten und so weiter) Wissen über den Bevölkerungs-
körper sammelt und regulierend auf ihn einwirkt. Durch das
Zählen und Abschätzen von Geburten- und Todesraten exekutiert der Staat seinen Hoheits- und Gebietsanspruch. Erst durch
die Erschließung des Wissensobjekts Bevölkerung wird diese
regierbar.

## Von der Gouvernemenalität zur al-gorithmischen Gouvernementalität

Der Staat erfasst auch heute mit den Mitteln der amtlichen
Statistik, was auf seinem Territorium passiert: Zu- und Abfluss
von Warenströmen, Fluktuation der Bevölkerung, Geburten-
und Sterbezahlen, Migration, Konjunkturindikatoren. Doch der
Staat erledigt diese Aufgaben nicht mehr allein: Internetkonzerne wie Google und Facebook erheben massenweise Daten
über die Bürgerinnen und Bürger. Google weiß durch seinen
Kartendienst *Maps* mehr als jedes Katasteramt: wo Pools ohne
Baugenehmigung errichtet, wo Klimaanlagen installiert werden, wie viel Rasenfläche ein Grundstück hat, wo Cannabis-
Plantagen gepflanzt werden etc. Im Jahr 2007 hat das Unternehmen mit seinem Dienst *Street View* begonnen, eine foto-
grafische 3-D-Landkarte der Welt zu erstellen. Mithilfe von
Fahrzeugen, Treckern, Trolleys, Schneemobilen und sogar Scha-
fen (wie auf den Färöer-Inseln) wurden 360-Grad-Panorama-
ansichten aufgenommen.[9] Man kann auf einer virtuellen Tour
ganze Innenstadtzüge abfahren und bis in U-Bahn-Schächte
oder die Ladenflächen von Geschäften hineinzoomen. *Google
Street View* zeigt – zumindest fotografisch – auf, was in amtlichen Statistiken nicht vermerkt ist: Schwarzbau, Kriminalität,
Straßenstrich. Die leichten Damen des Bois de Boulogne sind

auf den Aufnahmen ebenso zu erkennen wie Dealer und Auto-knacker. In den Fangnetzen der Dokumentationssysteme landet jede Menge justiziabler Beifang: Dealer, die auf offener Straße Drogen verkaufen; Typen, die in Balkone einsteigen; Häftlinge in Gefängnisuniform, die irgendwo auf Landstraßen unterwegs sind; Gangster, die Passanten mit Schusswaffen bedrohen.[10] Foucault hätte seine wahre Freude an dem Tool gehabt. Google kann in Echtzeit sehen, wo in welcher Region nach Pornografie, Escort-Damen oder Baby-Nahrung gesucht wird. Eine so hoch-auflösende Sicht auf den Gesellschaftskörper hatte bislang we-der ein Staat noch ein privater Akteur.

Facebook ist mit über zwei Milliarden Nutzern faktisch eine Statistikbehörde, die diverse soziodemografische Variablen wie Geschlecht, Alter, Religion und Beruf registriert und mittels Status-Updates («Was machst du gerade?») als erzählerisches Moment bemäntelte Repräsentativbefragungen durchführt. Das Karrierenetzwerk Linkedin, das anhand von Profilen regelmä-ßig Arbeitsmarktanalysen durchführt, weiß anhand der Daten, in welchen Regionen gerade eingestellt wird und in welche Branchen es College-Absolventen zieht. Google verwaltet Kon-ten, Postfächer und Branchenverzeichnisse und erfüllt eine ad-ministrative Funktion als Auskunftei. Konkurrent Apple zählt derweil die Schritte von über 800 Millionen Menschen auf der Welt – so viele aktive iPhone-Nutzer gibt es, die sich per Pedo-meter tracken lassen. Die digitalen Apparaturen erlauben, ein Echtzeit-Monitoring durchzuführen und den Puls der Gesell-schaft zu fühlen. Herrscht gerade Bluthochdruck? Wo ist die Herzfrequenz tagsüber am höchsten? Wo wird im Durchschnitt besonders viel, wo besonders wenig geschlafen? Foucault be-zeichnete die im Absolutismus einsetzende Datensammelwut als *arcana imperii*, als Staatsgeheimnis. Der Staat musste das Wissen über seine Populationen gegenüber Geheimdiensten schützen. Dieses Herrschaftswissen geht in der informatisier-

ten Herrschaft an private Konzerne über, die mit ihren «Arkan-
formeln» die Gesellschaft berechnen – und steuern.

Google wurde ein Patent auf eine *Smart-Home*-Lösung bewilligt, die die Bewohner lückenlos überwacht.[11] Das erklärte Ziel
des Konzerns ist es, Informationen über Demographie zu gewinnen. In dem Patentantrag heißt es: «Eine in der Küche [...]
platzierte Videokamera kann über mehrere Tage und Wochen
hinweg eine Bildverarbeitung durchführen, um (anhand der ge-
sammelten Daten) zu bestimmen, [...] wie viele Bewohner im
Haus leben». Mittels Audio-Analysen könne das System zudem
Alter und Geschlecht der Bewohner feststellen. Mit dieser dyna-
mischen «Volkszählung» und Verhaltenskontrolle bricht Google
die Gouvernementalität von der Makro- auf die Mikroebene der
Haushalte herunter. Nicht die Gesellschaft wird steuerbar, sondern deren Keimzelle: die Familie. Durch die Vernetzung des
Heims wird eine Politik möglich, die in einer pluralisierten und
atomisierten Gesellschaft schon rein technisch nicht zu realisieren war: die Kontrolle des Freizeitverhaltens. Ein smarter Haus-
haltsmanager (household policy manager) überwacht, wie lange
Kinder vor Bildschirmen sitzen, wie viel Zeit die Familie zusammen am Tisch verbringt und in welchem Ton man miteinander
redet. Das *Smart Home* befindet sich mithin im normativen
Kräftefeld von Big Tech. Die großen Internetfirmen Google,
Amazon, Facebook und Apple (GAFA) mutieren zu parastaatli-
chen Akteuren, die Verhaltensregeln aufstellen (Siri rät dem
Nutzer etwa vom Rauchen ab)[12], Bevölkerungskontrollen durchführen oder Beweise für den Strafprozess sammeln.

Amazon hat ein Patent auf eine Technologie angemeldet, die
anhand von Stimmanalysen (sog. *voice prints*) den Akzent der
Nutzer feststellen kann.[13] Damit könnte zum Beispiel ermittelt
werden, aus welcher Region Flüchtlinge kommen – und ob ihre
Herkunftsangaben stimmen. Die gigantischen Datenmengen
(Stichwort *Big Data*) erlauben neuartige Berechnungs- und Ana-

lyseverfahren, wie sie mit den Werkzeugen der Statistik vormals unmöglich schienen. Die Bearbeitung der Zukunft, die «Verwaltung offener Serien», die für Foucault konstitutiv für die gouvernementale Praxis waren, ist durch datenanalytische Prognosetechniken viel effektiver.

Vom französischen Journalisten, Publizisten und Politiker Emile de Girardin (1806–1881) stammt die Weisheit «gouverner, c'est prévoir», was übersetzt so viel bedeutet wie «Regieren bedeutet Vorsorge zu treffen». Oder: «Regieren heißt, vorauszuplanen». Die Gouvernementalität zielt nicht mehr allein auf die Bevölkerung als Wissensobjekt ab (Geburtenregister, Sterblichkeitsrate, Lebensdauer), sondern auf die Vorhersagbarkeit ihrer Handlungen und Verhaltensweisen. In ganz Europa versuchen öffentliche Verwaltungen mit datengestützten Prognosetechniken, frühzeitig Risiken in der Gesellschaft zu identifizieren. In Großbritannien nutzen Behörden Analytics-Systeme, um Missbrauchsfälle in Familien zu erkennen.[14] Die US-Bundessteuerbehörde IRS (Internal Revenue Service) greift auf intelligente Software zurück, um Steuervergehen vorherzusagen.[15] Und in zahlreichen Ländern setzt die Polizei Algorithmen bei der Verbrechensbekämpfung ein. War früher die Statistik die zentrale Regierungstechnologie, ist es heute Big Data. Eine neue politische Arithmetik ist im Entstehen, bei der Gefährdungslagen (objektiv) oder Gefährder (subjektiv) nach mathematischen Scores ermittelt werden. Der Technologiekonzern IBM beschreibt die Anforderungen des «kognitiven Regierens» (Cognitive Government) so: «In der heutigen wissensbasierten, datengetriebenen Ökonomie benötigen Regierungen die Fähigkeit, zu verstehen, was die Trends und Vorhersage-Indikatoren in kritischen Systemen wie Arbeitsmarkt, Gesundheit, Bildung, Finanzmarkt, öffentlicher Sicherheit, Verkehr und natürlicher Ressourcen sind.»[16]

Die belgische Rechtsphilosophin Antoinette Rouvroy spricht

in diesem Kontext von einer «algorithmischen Gouvernementalität»: Darunter versteht sie «einen bestimmten (a)normativen oder (a)politischen Rationalitätstypus, der auf der automatischen Auswertung, Aggregierung und Analyse massenhafter Daten beruht, um mögliche Verhalten zu modellieren, vorherzusehen oder zu beeinflussen.» Es gehe nicht mehr darum, die Wirklichkeit zu regieren, sondern von der Wirklichkeit her zu regieren.[17]

Der Staat, der mit prädiktiven Algorithmen aus der Privatwirtschaft Verbrechen oder Sozialhilfebetrug vorhersagen will[18], agiert wie ein Zocker: Er spekuliert auf das zukünftige Verhalten seiner Bürger. Wo ist der nächste Einbruch? Wo der nächste Missbrauchsfall? Wo die nächste Demonstration? Wo sitzt der potenzielle Steuerhinterzieher? Die öffentliche Ordnung wird mit Daten besichert.

Die Stadt Boston hat unter ihrem digitalaffinen Bürgermeister Martin J. Walsh einen «CityScore» eingeführt, der das Wohlergehen der Stadt in einer Zahl ausdrückt. Der Score berechnet sich nach der «Performanz» der Stadt: Reaktionszeit der Notrufzentrale, Bibliotheksnutzung, Müllproduktion, Zahl der Schlaglöcher, Staus etc. Auf der Webseite können die Bürger den aktuellen Score für den jeweiligen Tag einsehen. Es gibt sogar einen «Trend» für Messerstechereien und Schießereien: Regieren nach Daten. Diese börsenähnliche Darstellung der Stadtgesellschaft führt dazu, dass die Verantwortlichen nur noch in Zahlen denken (wobei diesen Modellen ja auch ein gewisser Werterelativismus zugrunde liegt, wenn Werte wie öffentliche Sicherheit oder Gerechtigkeit zu mathematischen Werten verkommen). Ein «CityScore» von 1 ist «normal», 1,25 ist ein perfekter Wert. Alles, was unter 1 liegt, ist besorgniserregend.[19]

Foucault ging in seiner Disziplinargesellschaft von einer institutionellen Normativität aus: Staat und Kirche legten autoritativ fest, wer als gesund oder krank, was als «normal» oder

LAST UPDATED
1/5/2016

# CITY SCORE

LEGEND
< 1 (FOLLOW UP)
= 1 (MAINTAINING)
> 1 (EXCEEDING)

| | DAY | WEEK | MONTH | QUARTER |
| --- | --- | --- | --- | --- |
| STABBINGS (TREND) | 2.48 | 1.24 | 1.87 | 2.21 |
| SHOOTINGS (TREND) | 2.21 | 2.21 | 2.08 | 2.34 |
| PART I CRIMES | 1.69 | 1.50 | 1.31 | 1.30 |
| LIBRARY USERS | 1.56 | 1.72 | 1.65 | 1.64 |
| BFD INCIDENTS | 1.25 | 1.25 | 1.25 | 1.19 |
| MISSED TRASH ON-TIME % | 1.25 | 1.22 | 1.21 | 1.21 |
| SIGNAL REPAIR ON-TIME % | 1.25 | 0.99 | 0.77 | 0.82 |
| EMS INCIDENTS | 1.13 | 1.12 | 1.12 | 1.07 |
| ON-TIME PERMIT REVIEWS | 1.09 | 1.10 | 1.10 | 1.12 |
| POTHOLE ON-TIME % | 1.07 | 0.82 | 0.95 | 0.96 |
| EMS RESPONSE TIME | 1.03 | 0.97 | 1.00 | 0.97 |
| BPS ATTENDANCE | 0.97 | 0.97 | 0.95 | 0.97 |
| BFD RESPONSE TIME | 0.95 | 0.89 | 0.92 | 0.90 |
| 311 CALL CENTER PERFORMANCE | 0.95 | 0.94 | 0.99 | 1.01 |
| STREETLIGHT ON-TIME % | 0.76 | 0.83 | 0.93 | 0.93 |
| CONSTITUENT SATISFACTION SURVEYS | 0.50 | 0.93 | 0.86 | 0.91 |
| PARKS MAINTENANCE ON-TIME % | 0.36 | 0.56 | 0.79 | 0.80 |
| GRAFFITI ON-TIME % | | 1.18 | 1.18 | 1.11 |
| HOMICIDES (TREND) | | 2.78 | 4.10 | 2.98 |
| SIGN INSTALLATION ON-TIME % | | 0.65 | 0.86 | 0.92 |
| TREE MAINTENANCE ON-TIME % | | 1.25 | 1.23 | 1.22 |
| | 1.21 | 1.20 | 1.29 | 1.27 |

«CityScore» der Stadt Boston

«pervers» gilt. Soziale Normen wurden in einem hierarchischen Verfahren von oben nach unten abgesteckt, etwa die Sitzordnung in einer Schulklasse. In der informatisierten Herrschaft kehrt sich dieser Prozess um: Die Norm, die standardisierte Form sozialen Verhaltens, wird nicht mehr über die institutionellen Archive, sondern über mathematisch-statistische Verfahren bestimmt. Wer heute krank, kreativ oder kreditwürdig ist, entscheiden Algorithmen. War es in der Disziplinargesellschaft die Psychiatrie, die Abweichungen definierte, ist es in der informatisierten Herrschaft der Programmcode. Der italienische Philosoph und Medientheoretiker Matteo Pasquinelli spricht von einem neuen Typus, einer computerisierten Norm bzw. «Rechennorm». «Seit den späten 1970er Jahren, also seit Beginn der Informationsrevolution, hat sich die Erkennung von Mustern allmählich als die neue Rechennorm der Macht erwiesen.

Sie hat diese Macht ausgedehnt und in einigen Fällen alte institutionelle Normen ersetzt. (...) Der Raster dieser neuen Norm wird nicht mehr von oben beglaubigt, sondern statistisch von unten errechnet. Er ist eine Rechennorm im Gegensatz zu einer Institutionsnorm, indem die Digitalrechnung die Arbeit der Institution im großen Stil automatisiert.»[20] In einer datengetriebenen Gesellschaft determinieren Computer die binären Codes wahr/falsch, Recht/Unrecht, legal/illegal, gut/böse, Integrer/Gefährder, gesund/krank, normal/abnormal. Der Programmcode ist Sprache, Medium und Anweisung zugleich. Man könnte sagen: Überall, wo der Code eingeschrieben ist, wirkt auch eine Form von Macht.

In der Disziplinargesellschaft, wie sie Foucault beschrieben hat, gab es noch Institutionen wie Schulen oder Kasernen: Apparate, die den Menschen zwar dressierten und züchtigten, aber prinzipiell reformierbar waren. Der Pazifist konnte den Kriegsdienst verweigern, der Lehrer den Dienst quittieren, der Pennäler aufbegehren. In der programmierten Gesellschaft gibt es jedoch keine Institutionen im Sinne transparenter Verfahrensregeln oder Körperschaften mit Postanschrift mehr. Damit schwinden der Raum des Diskursiven und die Möglichkeit der Grenzübertretung. Computerbefehle können nicht verweigert werden. Algorithmen machen kurzen Prozess. Warum ein Gesichtserkennungssystem den Zugriff bzw. Zugang verweigert oder ein Kommentar gelöscht wird und wer den Code dafür geschrieben hat, erschließt sich dem Betroffenen nicht. Es gibt nichts und niemanden, den man für sein Handeln verantwortlich machen könnte, keine Stelle, wo man Einspruch erheben könnte.

Dem digitalen Subjekt ergeht es ein wenig wie der Hauptfigur in Franz Kafkas Roman «Der Proceß». Josef K. wird an seinem 30. Geburtstag verhaftet. Die beiden Wächter, die sich keiner Behörde zugehörig zu erkennen geben und auch seine «Legitimationspapiere» nicht akzeptieren, offenbaren ihm lediglich: «Sie dürfen nicht weggehen, Sie sind ja gefangen.»[21] Es ist die Begegnung mit einer (Staats-)Gewalt, die selbst mit Winkeladvokaten nicht greifbar ist. Ein Strafprozess im eigentlichen Sinne findet nicht statt: Es gibt keine präzise Vorladung, keinen Haftbefehl, keine Anklageschrift, keine Tat, keine moralische Vorwerfbarkeit; die Verfahren sind geheim. K. muss den in einer maroden Mietskaserne befindlichen Gerichtssaal erst suchen. Das Urteil wie auch den Grund seiner Verhaftung erfährt er nicht. Der nicht stattfindende bzw. durch eine opake Verwaltungsmaschinerie kleingekochte Prozess nimmt die Strafe vorweg. Man kann Kafkas düsteren Roman – er soll laut seinem Biografen Max Brod beim Vorlesen gelacht haben – als Metatheorie zur programmierten Gesellschaft lesen. Auch dort sind die Machtzentren geheim, verbirgt sich das Gesetz hinter (algorithmischen) Türhütern, wird mit einer untergründigen Moralität operiert. Es ist ein diffuses Gefangen- und Verhaftetsein in einer Datenumgebung, in der undurchdringbare Befehlsketten am Werk sind. Der erste Satz des Romans – «Jemand musste Josef K. verleumdet haben, denn ohne dass er etwas Böses getan hätte, wurde er eines Morgens verhaftet» –, mit dem das «Böse» wie eine Urgewalt hereinbricht, klingt wie ein Echo des alten Wahlspruchs von Google «Don't be evil» («Sei nicht böse»), den man auch als Aufforderung einer Nichteinmischung deuten kann. Vom ehemaligen Google-Chef Eric Schmidt stammt die Aussage: «Wir wissen, wo du bist. Wir wissen, wo du warst. Wir wissen mehr oder weniger, worüber du nachdenkst.»[22] So oder so ähnlich könnte auch der Chef einer Geheimpolizei argumentieren.

Wir leben in einer Gesellschaft, in der wir von automatisierten Systemen abgeurteilt und bewertet werden, wo wir, ohne angehört und benachrichtigt zu werden, auf irgendwelchen Listen (etwa einer No-Fly-List) landen, wo uns Maschinen ständig den

Prozess machen. Digitale Speichertechnologien, die jedes Wort, jeden Laut und jeden Schritt aufzeichnen und möglicherweise gegen uns verwenden, machen das Leben zum perpetuierten Indizienprozess. Mit flächendeckenden Abhöranlagen, Beobachtungsregistern und Verlaufsprotokollen wird eine Geständnis-Maschinerie ins Werk gesetzt, welche Daten zum Reden bringt und die Beweisaufnahme obsolet macht. Der (Computer-)Prozess hat bereits angefangen, bevor der Strafprozess beginnt. Jedes Speichern ist Arrest, jede biometrische Gesichtserkennung eine Festnahme mit darauf folgender erkennungsdienstlicher Behandlung – eine computerisierte Leibesvisitation, bei der Individuen für eine juristische Sekunde festgehalten werden und ihre Daten in Untersuchungshaft landen. Die Daten werden abgegriffen, untersucht und eingehend befragt. Diese permanenten Festnahmen werden nur deshalb nicht als übergriffig empfunden, weil hier nicht der physische Körper abgetastet, sondern allein der Datenkörper untersucht wird. Diese *Mikro-Festnahmen*, wie ich sie nennen möchte, werden sich mit der zunehmenden Ausbreitung von Gesichtserkennungssystemen zu einer panoptischen Haft verdichten.

Foucault hat in «Überwachen und Strafen» ausgeführt, wie mit dem Panoptikon – jener ringförmigen Anlage, in deren Mitte ein Aufseher in einem Turm Einblick in die geöffneten Zellen hat – eine Überwachungsmaschinerie entsteht, welche die «Macht automatisiert und individualisiert». Der psychologische Trick an der Architektur ist, dass Kontrolle auch dann funktioniert, wenn der Häftling gar nicht unter Beobachtung steht. Es genügt die Illusion der Überwachung. «Die Wirkung [...] ist permanent, auch wenn ihre Durchführung sporadisch ist; die Perfektion der Macht vermag ihre tatsächliche Ausübung überflüssig zu machen; der architektonische Apparat ist eine Maschine, die ein Machtverhältnis schaffen und aufrechterhalten kann, welches vom Machtausübenden unabhängig ist; die

Häftlinge sind Gefangene einer Machtsituation, die sie selber stützen.»[23]

Man muss Menschen nicht mehr wie im Mittelalter in Kerker und dunkle Verliese stecken. Sie inhaftieren sich selbst. Sie legen sich freiwillig elektronische Fußfesseln wie Smartphones oder Fitnesstracker an und unterwerfen sich einem elektronischen Hausarrest namens *Smart Home*. Wir bauen uns unser eigenes Datengefängnis – mit Mikrofonen, Kameras und Sensoren, die uns wie im Strafvollzug 24/7 überwachen. Das Datengefängnis ist architektonisch nicht sichtbar: Es gibt keine Mauern, keine Zellen, keine Aufseher, keine Untersuchungsrichter. Die Überwachungstechnik ist subtiler Art: Man bewegt sich scheinbar frei im öffentlichen oder privaten Raum, doch mit jedem Schritt, mit dem das mobile Endgerät Standortdaten funkt, kommt man ungefragt Meldepflichten nach. Das Datengefängnis braucht keine Mauern, weil der Freigänger stets auf dem Radar der Kontrollbildschirme ist. Wo Datenkörper fixiert und in algorithmische Untersuchungshaft verbracht werden, besteht keine Fluchtgefahr.

Alexa, Siri und Cortana machen genau das, was ein Gefängniswärter tut: Sie überwachen die Gefangenen, hören sie ab, beobachten ihr Verhalten, durchsuchen ihre Räume, kontrollieren Schritte und Anwesenheit, beaufsichtigen sie beim Aufenthalt im Freien oder in der Zelle (dem Zuhause), führen Gespräche und leiten gegebenenfalls Disziplinarmaßnahmen ein.

Wir haben es mit einer neuen Form der Internierung und Normierung zu tun, in der nicht Psychiatrien und Haftanstalten das Feld des Gangbaren zonieren und codieren, sondern smarte Apparaturen und ihre algorithmischen Systeme. Gerade diese Unmerklichkeit der Kontrollen, das kafkaeske Nicht-Zeigen-Wollen polizeilicher Gewalt, die totale Immaterialisierung von Macht machen die eigentliche Bedrohung aus.

Foucault schreibt von einer «Strafgewalt, die innerhalb des

gesamten Gesellschaftskörpers verteilt ist, überall als Sehen, Spektakel, Zeichen, Diskurs gegenwärtig ist», die durch «eine ständige Rekodifizierung des Geistes» wirke und «das Verbrechen bekämpft, indem sie der Idee des Verbrechens Hindernisse entgegensetzt».[24] Die Strafgewalt ist auch heute noch präsent, aber sie kommt eben nicht nur in Gestalt von Wasserwerfern, Reiterstaffeln und Gerichten daher, sondern als vermeintlich harmlose Gadgets, als smarter «Freund und Helfer», die als polizeiliche Vorfeldorganisation Nutzer abhören und mögliche Verfehlungen an die Strafverfolgungsbehörden weiterleiten.

Über den Einzelnen wird laufend Protokoll geführt: Internetprotokolle, Aktivitätenprotokolle, Suchhistorien, Browserhistorien, Chroniken, Routen, Logins, Check-ins. Die Datenpunkte verdichten sich zu einem elektronischen Führungszeugnis, einem elektronischen Vor-Strafen-Register, das jeder Person ausgestellt wird. Man ist nicht *vor*bestraft im engeren juristischen Sinn, es wurde keine Strafe in einem Strafprozess ausgesprochen oder ein Strafbefehl verhängt. Vielmehr wurde mit der Produktion von Daten (Suchdaten, Geodaten, Bewegungsdaten, Fahrdaten) schon ein Mindestmaß an Verdacht erzeugt, gewissermaßen eine Eintragung im Register, was der rechtsstaatlichen Unschuldsvermutung zuwiderläuft.

Die Digitalisierung führt ein neues Delikt ein: das Vorverbrechen. Ein Verbrechen kann schon indiziert sein, wenn es noch gar nicht zur Ausführung gelangte, sondern bloß gedacht wurde oder der Beschuldigte «verbrechertypische» Datenpunkte offenbarte. Mit sogenannten *Precrime Units* versuchen Polizeibehörden auf der ganzen Welt mit Daten aus der Vergangenheit Wahrscheinlichkeiten für Delikte in der Zukunft zu berechnen (*Predictive Policing*). Wenn das System eine hohe Einbruchswahrscheinlichkeit für ein Wohnquartier errechnet, schickt die Polizei eine Streife vorbei und kommt den Tätern zuvor. Die Prognosetechniken dienen nicht allein dem Zweck, Kriminalität vorherzusagen, sondern *ex ante* zu verhindern. Der Prädiktion folgt Präemption.[25] Es geht darum, über die Suspension zukünftiger Entwicklungen den Status quo aufrechtzuerhalten, das Soziale gewissermaßen einzufrieren. In einer solchen *Post-Strafgesellschaft*, wie ich sie nennen möchte, wird die Freiheit durch subtile Mechanismen *a priori* eingeschränkt, wird Gesetzestreue programmiertechnisch induziert, sodass schon gar nicht gegen Normen verstoßen werden kann und in der Konsequenz gar keine Strafe verhängt werden muss. Die Sanktion ist vorgelagert – sie liegt in der Unausführbarkeit der Handlung. Strafen ohne Strafen.

Je mehr der Staat auf «vorausschauende» Polizeiarbeit setzt, desto unschärfer wird die Gegenwartskontrolle. Die Polizeistreife, die in einem Gebiet mit hohem Risiko patrouilliert, weiß ja nicht, ob ihre schiere Präsenz den Einbruch vereitelt und die Täter abgeschreckt hat – oder ob die Prognose falsch und gar kein Einbruch geplant war.[26] Die Prognosetechniken produzieren also neue Unsicherheiten, auf die der Staat immer präventiver, restriktiver und mithin autoritärer reagieren muss. Der algorithmengetriebene Staat wird zu einer hochneurotischen Maschine. Der militärisch-industrielle Komplex muss laufend Bürger screenen, damit die metastabile Ordnung aufrechterhalten wird. Doch je mehr Daten generiert werden, desto instabiler wird die Ordnung. Es verändert sich etwas Grundlegendes an der Statik des Staates: Das System ist permanent im Ausnahmezustand. Prädiktiv-paranoide Algorithmen, die in statistischen Häufigkeitsverteilungen überall Risiken und verdächtige Verbindungen identifizieren, sorgen dafür, dass immer mehr Überwachungssysteme installiert werden und perpetuieren damit eine Paranoia, vor der wir uns nur noch in Datensicherungssystemen flüchten können. Wir sind gefangen in der Datenmatrix.

# 2

## Endstation Flughafengate

### Wenn der Algorithmus die Ausreise verweigert

Eigentlich wollten Karina und Isam Marnissi einen schönen Karibik-Urlaub auf Kuba verbringen.[1] Unter Palmen einen Cuba Libre schlürfen, durch die pittoreske Altstadt von Havanna flanieren, vielleicht eine Zigarre am Strand rauchen – das war der Plan des jungen Ehepaars aus Stuttgart. Nur: So weit kam es nicht. Doch der Reihe nach: Am 20. Juli 2018 fuhren die beiden mit Tickets und gültigen Visa von Stuttgart zum Münchner Flughafen. Sie hatten bereits eingecheckt und mussten nur noch das Gepäck für den Flug nach Varadero aufgeben. Am Schalter angekommen, erspähten sie neben der Tastatur der Eurowings-Mitarbeiter einen Zettel, auf dem handschriftlich ihre Namen notiert waren. «Da dachten wir schon, o je, da stimmt was nicht», erzählte Isam Marnissi, ein deutscher Staatsbürger tunesischer Herkunft, dem Nachrichtenmagazin «Spiegel». Nachdem das Paar die Pässe vorgezeigt hatte, verständigte die Eurowings-

Angestellte telefonisch eine unbekannte Stelle. Ob sie Waffen im Gepäck mitführten, wurden sie gefragt. Dann offenbarte die Eurowings-Angestellte dem Paar: «Es tut uns leid, sie dürfen leider nicht mitfliegen.»

Die USA hatten Isam Marnissi die Einreise verweigert. Zunächst stellt das kein Hindernis dar. Doch weil die Flugroute nach Kuba über den US-Luftraum führt, durfte Marnissi die Maschine erst gar nicht betreten. Er musste am Boden bleiben. Der wahrscheinliche Grund: Der tunesisch-stämmige Fluggast war auf der Flugverbotsliste der USA, der sogenannten *No-Fly-List* gelandet. Den Grund dafür kennt das Paar bis heute nicht. Weder von der Fluggesellschaft noch den US-Behörden erhielten sie Auskunft. Marnissi muss sich wie Josef K. in Kafkas «Prozess» gefühlt haben – verhaftet, ohne zu wissen warum. Die einzige plausible Erklärung sehen die Marnissis in einem Vorfall aus dem Jahr 2017: Damals wollte das Paar mit ein paar Freunden nach Istanbul reisen, doch die Reisegruppe schaffte es nicht weiter als bis zur Passkontrolle. Der mögliche Grund: Ein Freund der Marnissis mit kurdischen Wurzeln hieß mit Vornamen Erbil, wie die Hauptstadt der autonomen Region Kurdistan im Nordirak. Und weil der türkischen Regierung so ziemlich alles suspekt ist, was mit dem Komplex «Kurdistan» in Verbindung steht, ließen sie die Gruppe erst gar nicht einreisen. Nicht auszuschließen, dass die türkischen Behörden diese schwarze Liste den US-Behörden übermittelten.

Die Marnissis sind nicht die einzigen Reisenden, die so ein kafkaeskes Schicksal ereilte. Es gibt eine ganze Reihe von Fällen, in denen Fluggäste unverrichteter Dinge wieder abziehen mussten, weil sie auf eine No-Fly-List gesetzt wurden.[2] Der des amerikanischen Staatsbürgers Steve Washburn etwa, einem ehemaligen Offizier der US-Luftwaffe, der von Dublin in seine Heimat nach New Mexico fliegen wollte. Beim Boarding wurde ihm vom Personal mitgeteilt: «Tut uns leid, wir dürfen Sie nicht an Bord lassen. Sie stehen auf der No-Fly-List.» (Washburn schaffte es schließlich doch noch bis nach New Mexico, nachdem er eine 72-stündige Odyssee über Deutschland, Brasilien, Peru und Mexiko auf sich nahm und über die Grenze zu Mexiko in die Vereinigten Staaten einreiste – und so einen Überflug des US-Luftraums vermied). Kevin Iraniha, einem iranisch-amerikanischen Friedensaktivisten, wurde der Flug von Costa Rica nach San Diego untersagt. Und Abe Mashal, ein Marine-Veteran und Hundetrainer, durfte für Besuche bei seinen Kunden keine Inlandsflüge mehr absolvieren.[3] Als er im April 2010 vom Flughafen Chicago Midway starten wollte, wurde er bei der Sicherheitskontrolle von Mitarbeitern der TSA umringt und davon unterrichtet, dass sein Name auf der Flugverbotsliste vermerkt ist. Die FBI-Agenten machten ihm ein unmoralisches Angebot: Wenn er sich als Informant des Geheimdienstes verpflichtete, würde sein Name von der No-Fly-List gestrichen.[4] Mashal lehnte dankend ab – und bezahlte mit der Einschränkung seiner Reisefreiheit und mit Umsatzeinbußen.

Die Sicherheitsparanoia macht selbst vor Prominenten nicht Halt. So stand der Freiheitskämpfer und Friedensnobelpreisträger Nelson Mandela bis 2008 auf einer US-Terror-Watchlist, bis er durch ein Dekret des damaligen US-Präsidenten George W. Bush von der Liste entfernt wurde.[5] Bollywood-Star Shah Rukh Khan musste im August 2009 bei der Einreise in die USA eine eingehende Befragung der US-Grenzbeamten über sich ergehen lassen. Mehrmals wurde er von der Grenzpolizei festgehalten.[6] Schnell wurden Vorwürfe laut, die USA würden ein *Racial Profiling* betreiben und Khan nur deshalb festhalten, weil er Muslim sei.[7]

Wie viele Bürger auf dem Index der US-Geheimdienste stehen, ist unklar – die Listen sind geheim. Schätzungen gehen von ca. 80 000 Personen aus. Die Bürgerrechtsorganisation ACLU geht davon aus, dass in der übergeordneten Datenbank

TSDB (*Terrorist Screening Database*) sogar 1,1 Millionen Personen registriert sind.[8] Über die Gründe, die dazu führen, dass jemand auf eine Liste gesetzt wird, kann nur spekuliert werden. Die Behörden veröffentlichen die Register nicht und erteilen auch keine Auskünfte. Den einzigen Anhaltspunkt bildet das von der Enthüllungsplattform «The Intercept» geleakte Regierungsdokument «Watching Guidelist».[9] In Punkt 3.6 dieses eigentlich geheimen Papiers heißt es, dass Social-Media-Posts einen hinreichenden Verdachtsmoment für Terrorismusaktivitäten begründen könnten. Auch der «Walk-in», das «Einlaufen» in die Wartehalle, wird bewertet (wer sich jemals darüber gewundert hat, warum er bei der Einreise in die USA während der Abgabe seiner Fingerabdrücke von diskreten Mitarbeitern der TSA beobachtet wird, dem sei gesagt, dass es sich hierbei um ein Verhaltensscreening handelt).[10] Es gibt mehrere Kriterien, welche die Aufnahme in die nationale Terrordatenbank begründen: der Besuch einer Schule, in der eine radikale Ideologie gelehrt wird; eine Reise an einen Ort mit terroristischen Aktivitäten, ohne einen «rechtmäßigen» oder «legitimen Zweck»; Denunziation in sozialen Medien; ein naher Verwandter, der in der wachsweichen Definition der US-Sicherheitsbehörden bereits als Terrorist gebrandmarkt wurde.

Interessant ist, welche Informationen die Behörden von Terrorverdächtigen sammeln: Fotos, Fingerabdrücke, Event-Tickets (zum Beispiel für Konzerte oder Sportereignisse), Reisepläne, Hotelbuchungen, Adressbücher, Prepaid- und Versicherungskarten, iPods, DVDs, Briefe. Hinzu kommen Social-Media-Accounts wie Facebook, Twitter, MySpace, LinkedIn und ICQ (obwohl MySpace und ICQ praktisch tot sind, lässt sich in den Archiven noch belastendes Material finden).[11] Ein Algorithmus gleicht daraufhin die Passagierliste mit der Terrordatenbank ab und schlägt bei einem Treffer Alarm. Das Problem ist, dass diese automatisierten Systeme jede Menge falsch positive Ergebnisse produzieren. Laut einer Studie der University of Western Ontario werden allein in Kanada 100 000 unbescholtene Bürger als Terroristen geführt.[12] Der Sechsjährige Syed Adam Ahmed landete – wohl wegen seines Namens und seiner Religion – auf einer No-Fly-List, was landesweit für Schlagzeilen sorgte.[13] Hunderte Kinder sollen fälschlicherweise als Terroristen klassifiziert worden sein. Die kanadische Presse hat für die Stigmatisierten einen Namen kreiert: «No-Fly-List-Kids.»[14] Es ist bedenklich, wenn ein Staat einen nicht unbeträchtlichen Prozentteil seiner Bevölkerung und sogar Kinder auf der Grundlage fragwürdiger Informationen als Terroristen einstuft – und damit kriminalisiert. Ist man erstmal auf einer No-Fly-List gelandet, fällt es schwer, den Eintrag wieder löschen zu lassen. Es gibt keine geregelten Verfahren, keinen effektiven Rechtsschutz, keine Anlaufstelle. Als Nicht-US-Bürger ist man faktisch schutzlos. Schon Eugen Roth schrieb: «Auf Listen stehen ist gefährlich.»[15] Der malaysischen Architektur-Professorin Rahinah Ibrahim, die irrtümlicherweise auf den Index gesetzt wurde, gelang es als erster Person, sich auf gerichtlichem Wege von der No-Fly-List «herunterzuklagen».[16] 2010 war der damaligen Standford-Doktorandin die Einreise nach San Francisco verweigert worden: Sie wurde vom FBI, dem Department of Homeland Security und der Polizei in Gewahrsam genommen und ohne Angabe von Gründen abgewiesen.[17] Am nächsten Tag flog sie zurück nach Malaysia. Der amerikanische Schriftsteller und Netzaktivist Cory Doctorow bezeichnete diese intransparenten computergestützten Verfahren als «Big Data Kafka». Demzufolge beruht Schuldspruch des Algorithmus gerade auf der Intransparenz seiner Funktionsweise: Man darf die Parameter nicht kennen, auf deren Grundlage man abgeurteilt wird.[18]

Das Department of Homeland Security (DHS) will Terroristen mit intelligenter Software aufspüren. Die Sicherheitsbehörde hat die Firma «DataRobot» beauftragt, ein Vorhersagemodell zu entwickeln, das verdächtige Passagiere («High risk passengers») in weniger als einer Sekunde erkennen kann.[19] Die Software soll anhand demographischer Angaben und Reisedaten (Name, Alter, Reisebüro, Abflugort, Sitzreihe, Gepäckgewicht) vorhersagen, ob jemand ein Terrorist ist. Wer bei einem usbekischen Online-Reisebüro ein One-Way-Ticket in die USA bucht, unter 30 ist, auffällig wenig Gepäck dabei hat und für das vegetarische Menü im Flugzeug optiert (kein Schweinefleisch, weil Muslim), hat möglicherweise ein erhöhtes Terrorrisiko. Die Software, die sich mithilfe maschinell lernender Algorithmen selbst beibringen soll, wer die «bad guys» sind, könnte Flughafenbetreibern auf der ganzen Welt zur Verfügung gestellt werden.

Im April 2016 haben das Europäische Parlament und der Rat eine Richtlinie verabschiedet, die Fluggesellschaften verpflichtet, Fluggastdatensätze «24 bis 48 Stunden vor der planmäßigen Abflugzeit sowie sofort nach Abfertigungsschluss» an die Zentralstelle jenes Mitgliedstaats zu übermitteln, in dessen Hoheitsgebiet der betreffende Flug ankommt oder von dem er abgeht. Die von den Fluggesellschaften erhobenen sogenannten «PNR»-Angaben («Passenger Name Record») umfassen neben den Eckdaten wie Name, Adresse, Buchungscode und Abflugzeiten unter anderem auch einen Vielflieger-Eintrag, Reisebüro, Sachbearbeiter, Sitzplatznummer sowie nicht angetretene Flüge (no-show).[20]

In Umsetzung der Richtlinie hat der Deutsche Bundestag im April 2017 ein Fluggastdaten-Gesetz erlassen. Auf dieser Rechtsgrundlage speichert das Bundeskriminalamt seit 2018 Informationen über Passagiere auf allen Flügen von und nach Deutschland für bis zu fünf Jahre – anlasslos und verdachtsunabhängig.[21] Die insgesamt 60 Einzeldaten, darunter auch Essenswünsche, werden zunächst sechs Monate «unmaskiert» aufbewahrt, wie das im juridisch-technischen Sprachgebrauch heißt, und anschließend viereinhalb Jahre ohne direkten Personenbezug archiviert, wobei ein Hintertürchen die «Re-Identifizierung» der Daten erlaubt.[22]

Bedenkt man, dass laut Eurostat, dem Statistischen Amt der Europäischen Union, jedes Jahr 170 Millionen Passagiere von Deutschland aus mit dem Flugzeug ins Ausland reisen, kommt dabei ein beträchtlicher Datensatz zusammen.[23] Algorithmen, wie sie das Department of Homeland Security einsetzt, verrühren diese Angaben zu einem kruden Brei und errechnen daraus ein statistisches Sicherheitsrisiko. Man möchte sich nicht vorstellen, zu welchen Ergebnissen es führt, wenn ein KI-System sich selbst eine Terrorismus-Definition beibringt und auf dieser Basis Terroristen erkennt.

Ein Deep-Learning-Algorithmus basiert vereinfacht gesagt auf Mustererkennung: Man füttert den Algorithmus mit ein paar Tausend oder noch besser ein paar Millionen Katzenfotos als Trainingsdaten, und irgendwann erkennt das System automatisch die Morphologie des Tieres. Die Modelle unterstellen dabei eine gewisse Statik. Das Problem ist nur, dass es eben keine typische Erscheinungsform von Terrorismus gibt und Fehlschlüsse induktiver wie deduktiver Art bei dieser Methode vorprogrammiert sind. Wer Pech hat und die mit Terrorismus korrelierten Flugdaten aufweist, landet schnell in algorithmischer Sippenhaft. Nur: Terrorismus ist vielgestaltig, es gibt nicht «den» Terroristen. Ein Fluggast, der dieselben Merkmalseigenschaften wie ein überführter Terrorist aufweist – Muslim, Pakistani, wohnhaft in Karachi – muss ja selbst keiner sein. Genau das unterstellen die Modelle aber. Die Systeme operieren mit der Annahme, man könne mit mathematischer Gewissheit den Terroristen in den Datenmengen ausfindig machen – dabei herrscht ja nicht mal im gesellschaftlichen Diskurs Einigkeit darüber, was nun eigentlich als Terrorismus zu qualifizieren ist und wo die Grenze zwischen Terrorist und Amokläufer verläuft. In der Hoffnung, mehr Sicherheit zu haben, programmiert man in die Systeme Unsicherheiten hinein, die wiederum neue Unsicherheiten produzieren, weil sich niemand sicher sein kann, ob er nun als Terrorverdächtiger gelistet ist.

Möglicherweise besteht die allgemeine Verunsicherung auch darin, dass niemand weiß, ob bei allem Datensammeln nicht doch etwas Entscheidendes übersehen wurde. Dahinter steckt ein machtstrategisches Kalkül: Der Bürger soll wissen, dass es da ein Arkanum gibt, einen Macht-Wissen-Komplex hinter den Kulissen der Regierung, in dem möglicherweise belastendes Material gegen einen gespeichert ist; er soll aber keine Kenntnis über dieses Herrschaftswissen und seine Gewinnung haben. Dass sich die Exekutive nur über das Medium ahnungsvoller Andeutungen offenbart, ist ein Beispiel kafkaesker Regierungskunst. Die Transparenz der kritischen Netzöffentlichkeit, der es durch investigative Recherchen gelingt, die Arkanpraktiken ans Tageslicht zu zerren, wirkt paradoxerweise systemstabilisierend, insofern, als dass das Sprechen über die dubiosen Listen und ihre arbiträren Kriterien diese eher noch mächtiger und geheimnisvoller erscheinen lässt. Das Führen solcher Listen erlaubt es dem militärisch-industriellen Komplex, an der Öffentlichkeit vorbei – und ohne irgendwelchen Begründungspflichten nachzukommen – Bürger- und Freiheitsrechte wie das Recht auf Freizügigkeit massiv einzuschränken oder temporär auszusetzen. Das verbriefte Klagerecht der Bürger ist faktisch ein stumpfes Schwert, weil es keinen benennbaren Beklagten gibt. Im Grunde ist es so, als würde der Staat nur ein paar Wächter vorschicken, die den Betroffenen über seine Ausreisesperre in Kenntnis setzen, ohne seinen Justizdienst überhaupt antreten zu lassen. Ein juristisches *No-Show*.

Der britische Physiker und Informatiker Dan McQuillan argumentiert, dass das Tracking und Data Mining zu einem Wandel der Gouvernementalität geführt habe, den man als «algorithmische Ausnamezustände» (*algorithmic states of exception*, im

Plural) bezeichnen könne. Er rekurriert dabei auf Giorgio Agambens Überlegungen zum Ausnahmezustand, der von dem italienischen Philosophen als «verfassungsmäßige Diktatur»[24] charakterisiert wird: Der moderne Ausnahmezustand sei der «Versuch, die Ausnahme in die Rechtsordnung selbst einzuschließen, und zwar durch die Schaffung einer Zone der Unbestimmtheit, in der Tatsache und Recht zusammenfallen».[25] Nach Agamben eröffnet der Ausnahmezustand einen Raum, «in dem Anwendung und Norm ihre Getrenntheit zur Schau stellen».[26] Er scheide die Norm von ihrer Anwendung, um Letztere zu ermöglichen.[27] Agamben beruft sich dabei auf die Arbeiten von Carl Schmitt: «Außerhalb der Rechtsordnung zu stehen und doch zu ihr zu gehören: das ist die topologische Struktur des Ausnahmezustands (...).»[28]

McQuillan überträgt diese Figur des simultanen Innen- und Außenseins auf die Raumstruktur, die durch den «algorithmischen Apparat» geschaffen werde: «Während sie an klar verfasste organisatorische und technische Systeme gebunden sind, haben diese neuen Operationen das Potenzial, soziale Konsequenzen zu zeitigen, die vom Recht nicht adressiert werden.»[29] Wenn Facebooks Algorithmen entscheiden, dass ein Nutzer gegen die Gemeinschaftsstandards verstoßen habe, hätten sie keinen Regressanspruch und auch keine Klagebefugnis. McQuillan führt diese instruktive Analogie theoretisch leider nicht weiter aus, doch man könnte argumentieren, dass auch soziotechnische Systeme wie Algorithmen eine Art Ausnahmezustand bilden. Algorithmen sind Teil der Rechtsordnung, weil sie nach einem regelbasierten Verfahren Befehle von rechtsstaatlichen Institutionen exekutieren. Auf der anderen Seite operieren Algorithmen außerhalb der Rechtsordnung, weil sie gesetzliche Normen suspendieren und in maschineller Dezision eigene Normen erzeugen. Der Algorithmus ist, um mit Agamben zu argumentieren, eine «verfassungsmäßige Diktatur», eine autoritäre Normproduktionsmaschine. Er führt die Gesetze der Mathematik in die Zone des Rechts ein, um dessen Normen zu beglaubigen. Mit Agamben könnte man sagen, dass der Ausnahmezustand der Versuch ist, technische Regeln in das Recht zu integrieren. Durch die Übersetzung juridischer in mathematische Werte wird eine Suspension des Rechts erreicht: Die Norm gilt, ohne angewandt zu werden. Durch diesen verfahrensrechtlichen Kniff kann man einer Norm – zum Beispiel allen Muslimen aus Pakistan die Einreise zu verweigern – Geltung verschaffen, ohne ein Gesetz anzuwenden, für das es mangels Abstraktheit keine verfassungsmäßige Grundlage gäbe. Der Algorithmus bildet hier das Scharnier zwischen dem Geradenoch-so-Rechtmäßigen und dem Bereits-Unrechtmäßigen.

Der Fluggast, der am Gate abgewiesen wird, weil sein Name auf einer No-Fly-List steht, weiß nicht, ob er von einem Menschen oder einem Computer darauf platziert wurde. Im Ergebnis mag das für den Betroffenen keinen Unterschied machen. Ob man nun wegen eines rigiden Algorithmus oder dank eines dogmatischen Amtswalters nicht ins Flugzeug steigen darf, ist gleichermaßen frustrierend – und vordergründig nicht von Belang. Im Hinblick auf den politischen Modus markiert es jedoch einen Paradigmenwechsel: Die Maschine dekretiert die Ausnahme – und im Umkehrschluss die Regel. Doch wenn die Algorithmen irgendwann mal Amok laufen – hat der Mensch dann noch die Oberhand, den Notstand zu verhängen? Von Carl Schmitt stammt das berühmte Diktum: «Souverän ist, wer über den Ausnahmezustand entscheidet.»[30] Für die Zukunft heißt das wohl: Souverän ist, wer die Algorithmen beherrscht.

# 3

## Code is Law

### Wer braucht noch Gesetze, wenn es Programmcodes gibt?

Die libertären Entrepreneure aus dem Silicon Valley sind schon länger der Ansicht, dass der Staat mit seinem tradierten Werkzeugkasten von Verwaltungsakten und Gesetzen nicht mehr auf die Herausforderungen einer datengetriebenen Gesellschaft reagieren könne. Der Staat ist in ihren Augen eine alte Hardware, die ein neues Software-Update benötige.

Google-Gründer Larry Page beklagte 2013 auf der hauseigenen Entwicklerkonferenz, dass er nicht das richtige «Interface» für die Regierung finde. «Wir verändern uns schnell, aber manche unserer Institutionen wie einige Gesetze gehen diesen Veränderungsprozess nicht mit. Die Gesetze können nicht richtig sein, wenn sie 50 Jahre alt sind.»[1] Das klang wie ein neo-schmittianisches Diktum, dem Staat die Legitimation abzusprechen. Page entwarf die Vision eines techno-libertären Utopias, in dem sich soziale Experimente durchführen lassen. «Ich denke, als Technologisten sollten wir ein paar sichere Orte haben, an denen wir neue Dinge ausprobieren und herausfinden können, was die Effekte auf die Gesellschaft sind (...).»[2] Wozu braucht man Gesetze, wenn es Codes gibt?

«Code is Law», der Code ist das Gesetz, formulierte der amerikanische Verfassungsrechtler Lawrence Lessig in seinem Buch «Code and Other Laws of Cyberspace» (1999). Damit meinte er die strukturierende Wirkung, die der «Code» – gemeint war damit sowohl die Software als auch Hardware – auf die Architektur des Cyberspace hat. In dieser Architektur sind beschriebene Prinzipien niedergelegt, die definieren, was im Netz möglich ist und was nicht. Der Code – und hier muss man Lessig weiterdenken, indem man ihn wörtlich liest – ist jedoch mehr als nur das strukturgebende Gewebe des World Wide Web: Er ist so etwas wie eine Bauvorschrift, das funktionale Äquivalent eines Gesetzes. Wer den Code kontrolliert, hat die Macht. Schon der Computerpionier Joseph Weizenbaum schrieb in seinem Werk «Die Macht der Computer und die Ohnmacht der Vernunft» (1976): «Der Programmierer ist [...] der Schöpfer von Universen, deren alleiniger Gesetzgeber er selbst ist.»[3] Ein Programm zu schreiben, bedeute, einer Welt Gesetze zu geben. «So wie die Welt jetzt ist», sekundiert Lessig, «sind Programmierer zunehmend Gesetzgeber. Sie determinieren, was die Standards im Internet sein werden; ob Privatsphäre geschützt sein wird; der Grad, bis zu dem Anonymität erlaubt ist.»[4]

Als praktischen Anwendungsfall dieses codierten Rechtsregimes nennt Lessig das Online-Spiel «Second Life», das kulturkonservativen Kritikern anfangs als gefährliche virtuelle Parallelwelt galt. Im realen physischen Raum schreibt das Gesetz bzw. die Bauordnung fest, wo das Grundstück in der Höhe endet und Überflugrechte beginnen (Lessig nennt hier beispielhaft 15 Meter Höhe). Wer gegen die Vorschrift verstößt, wird bestraft. In der virtuellen Computerwelt von Second Life könnte man gegen die 15-Meter-Regel nicht verstoßen. «Die Regel ist Teil des

Codes. Der Code kontrolliert, wie man in Second Life ist. Es gibt keine Wahl, der Norm zu gehorchen oder nicht, genauso wenig wie man eine Wahl hat, der Schwerkraft zu folgen.»[5] Der Code wie auch dessen Befolgung hat die Qualität einer Naturgesetzlichkeit. «Der Code ist das Gesetz. Dieser Code bzw. diese Norm setzt seine Kontrolle ins Werk.»[6]

Lessig bemüht das Beispiel von Autoradio-Diebstählen. Der Gesetzgeber könnte das Strafmaß erhöhen, um potenzielle Straftäter abzuschrecken. Eine zweite (Macht-)Technik wäre, statt der Gesetze die Architektur der Autoradios zu verändern. «Man stelle sich vor, die Hersteller von Autoradios würden die Geräte so programmieren, dass sie nur in einem Fahrzeug funktionieren – ein Sicherheitscode, der das Radio elektronisch an das Auto bindet. Wenn das Radio entwendet wird, wird es nicht mehr funktionieren. Es gibt also eine Code-Beschränkung für den Diebstahl von Autoradios.»[7] Salopp gesagt: Was der Knast kann, kann auch der Code.

Der Programmcode ist aber nicht das funktionale Äquivalent der gesetzlichen Norm, sondern zuweilen das Vehikel, diese zu untergehen. In der sogenannten Diesel-Affäre erfuhr die Öffentlichkeit, dass VW und andere Autohersteller mithilfe einer illegalen Software die Abgasreinigung ihrer Dieselfahrzeuge für die Prüfzyklen manipuliert hatten.[8] Die Abschaltvorrichtung (*defeat device*) nutzte bestimmte Umweltparameter, darunter die Zeit und gefahrene Distanz, um einen standardisierten Emissions-Test-Zyklus zu erkennen: Wenn der Fahrcomputer – das Kontrollmodul des Motors – erkannte, dass sich das Fahrzeug nicht auf dem Prüfstand befand, deaktivierte es die Emissionskontrolle und emittierte das bis zu 40-fache des erlaubten Stickoxidwertes.

Forschern der Ruhr-Universität Bochum und der University of California ist es durch ein *reverse engineering* gelungen, einen Blick unter die Motorhaube in den faulen Code zu werfen und

die Deaktivierungsbedingungen in der Firmware zu durchleuchten.[9] Der Wert stNsCharCor = o bedeutet, dass sich die
Kontrolleinheit im normalen Fahrmodus befindet. stNsCharCor
= 1 indiziert, dass das Fahrzeug auf dem Prüfstand steht. Man
muss diese kryptischen Kürzel nicht verstehen. Doch selbst
dem Laien wird hier klar, dass sich mit einer binären Logik von
Nullen und Einsen zwischen Legalität und Illegalität «switchen»
lässt.

Der Soziologe Niklas Luhmann führte in seiner Systemtheorie den Begriff des «binären Codes» ein, der einen positiven
Wert (Information) und einen negativen Wert (Nichtinformation) einnehmen kann und mit dem ein System unterscheidet,
welche Elemente zu ihm gehören und welche nicht.[10] Nach
der Systemtheorie verfügt jedes System über sogenannte Programme, die eigene Operationen durchführen. Betrachtet man
die computerisierten Fahrzeuge als eigenes System – da der
Code sowohl Anweisung als auch Medium ist und Fahrzeuge
mit anderen Objekten kommunizieren, kann man sie massen-
medial untersuchen –, hätte das System bzw. der Programmierer binär entschieden, dass das Gesetz eine Nichtinformation
darstellt und die Luftreinhaltungsmaßnahmen außerhalb des
Systems in der Umwelt stattfinden. Das Fahrzeug folgt einem
eigenen «Programm» und lässt sich vom Code des Rechts nicht
steuern. Insofern kann man die nächste Entwicklungsstufe, das
autonome Fahren, auch begrifflich als Absage an die regulative
Umwelt deuten. Der Code des Rechtsstaats (Recht/Unrecht)
wird vom binären Machtcode überwölbt. Die Frage ist: Welcher
Code gilt im Zweifelsfall?

Im Herbst 2017 wurde eine digitale 3D-Replik von Jeff Koons'
Plastik «Balloon Dog» im New Yorker Central Park ausgestellt.
Das Besondere an der Installation: Sie war nicht im physischen
Raum, sondern in der erweiterten Realität zu sehen. Snapchat-
Nutzern, die sich dem Park näherten, wurde die virtuelle Skulp-

**Der Elefant im Raum? Die Collage von Sebastian Errazuriz zeigt eine virtuelle Plastik von Jeff Koons im New Yorker Central Park – sichtbar nur für ein digitales Publikum**

tur auf ihren Displays angezeigt. Die Schau war somit ein exklusives Vergnügen. Der chilenische Künstler Sebastian Errazuriz kreierte daraufhin eine eigene, mit Graffiti beschmierte Version des «Balloon Dog» und platzierte sie mittels identischer Geokoordinaten an dieselbe Stelle der Snapchat-Version.[11] Es war der erste Fall von virtuellem Vandalismus.

Mit der subversiven Aktion wollte der Künstler seinem Protest gegen die Dominanz der Marken Ausdruck verleihen – das Feld der erweiterten Realität dürfe nicht den Technologiekonzernen überlassen werden. «Warum sollten Konzerne die GPS-Koordinaten umsonst mit Geotags versehen?», fragte Errazuriz rhetorisch. Der Central Park gehöre der Stadt New York, und die Konzerne sollten wie im physischen Raum für Werbetafeln Geld bezahlen. Die Frage ist nur: Wem gehört die erweiterte Realität? Ist das Terrain überhaupt aneignungsfähig? Bräuchte es bei digitaler Kunst eine Versionsgeschichte wie auf

Wikipedia, in der das Editieren transparent gemacht wird? Und wenn es so etwas wie einen öffentlichen Raum auf der virtuellen Ebene gibt, müsste das Beschmieren von Kunstwerken hier nicht genauso unter Strafe gestellt werden wie im realen Raum?

Es geht bei diesen Fragen nicht bloß um den Schutz kollektiver Güter, sondern auch um Individualrechte wie das auf Eigentum und Persönlichkeitsrechte. Angenommen, ein Konzern verkauft eine digitale Werbefläche und platziert an den Geokoordinaten eines Hausbesitzers ein digitales Billboard, das jedem, der dort mit seiner Datenbrille vorbeiläuft, angezeigt wird – was passiert, wenn der Eigentümer damit nicht einverstanden ist? Wenn er nicht will, dass vor seiner Haustür für ein bestimmtes Produkt geworben wird? Ist das ein Eingriff in das Grundrecht auf Eigentum? Wie weit reicht der Schutz in die digitale Sphäre? Gehört die erweiterte Realität noch zum Grundstück? Darf man per Geotagging Informationen an Häuser pinnen, zum Beispiel, dass der Mieter gerade im Urlaub ist oder vor einer Woche einen neuen Fernseher gekauft hat, was eine Einladung an Einbrecher wäre und die physischen Mauern einreißen würden? Ein weiterer kritischer Punkt: Kann man als Hauseigentümer für das, was Anarcho-Geeks im virtuellen Raum an Objekten verteilen (zum Beispiel obszöne Bilder, Hassbotschaften, Gewaltaufrufe) haftbar gemacht werden? Muss man den Müll beseitigen? Wie kann man sich dagegen wehren, wenn jemand vor der Haustür einen PokéStop platziert?

Man kann das Szenario noch weiter zuspitzen: Was würde passieren, wenn Hacker in der erweiterten Realität ehrverletzende Parolen wie «Kinderschänder» oder «Mörder» vor die virtuelle Hauswand schmieren? Das erfüllte zweifellos den Tatbestand der Verleumdung bzw. der üblen Nachrede. Eine Hauswand ist schnell überpinselt. Doch im virtuellen Raum ist eine Löschung bzw. eine Überschreibung der Informationen nicht so einfach. Das in der Datenschutz-Grundverordnung verankerte

Recht auf Vergessenwerden (das ja nicht die Person, sondern die Daten vergessen machen soll) sieht sich technologischen Hürden ausgesetzt, weil Kopien und Back-ups auf irgendwelchen Servern lagern und am anderen Ende wieder aufpoppen können. Google etwa kann Links schon technisch nicht löschen, sondern lediglich deindexieren, das heißt aus den Suchergebnissen entfernen – die Originaldaten bleiben erhalten. Wie das Recht auf Vergessenwerden im Medium der erweiterten Realität, deren Existenzberechtigung ja im Ausspielen von Informationen liegt, implementiert werden soll, ist noch gar nicht absehbar. Das Problem liegt darin, dass das Ping-Pong-artige Wiederherstellen der Vorgängerversion keinem deliberativen Verfahren zuführbar ist.

Die ultimative Killer-App für AR-Brillen (AR steht für «Augmented Reality», zu Deutsch «Erweiterte Realität») wäre eine Anwendung, die Personen per Gesichtserkennung identifiziert und sämtliche Informationen einblendet: Name, Familienstatus, Religion, Kinder, sexuelle Vorlieben. Eine Art Instant-Check-Funktion des Facebook-Profils. Hat gerade Bier getrunken, hatte gestern Sex. Die sozialen Implikationen einer solchen hypertransparenten Gesellschaft wären dramatisch. Die Eigenschaften eines Menschen verkämen zur bloßen Produktinformation, Kommunikation würde zum Screening.

Die Wissenschaftler Primavera De Filippi und Samer Hassan haben Lessigs Konzept dialektisch umgekehrt: Sie argumentieren, dass das Gesetz mit der Verbreitung der Verschlüsselungstechnologie Blockchain in Code geschrieben wird (*law is code*). Das Kryptographieverfahren funktioniert ähnlich wie ein digitales Kassenbuch, das sämtliche Transaktionen erfasst und in einer Kette von Datenblöcken speichert. Die Blockchain-Technologie ermögliche einen Regulierungstyp durch Code, der – in Kombination mit sogenannten Smart Contracts – das Recht verändert. Bei Smart Contracts handelt es sich um webbasierte Computerprotokolle, in denen Vertragsinhalte als Programmcode formuliert werden. Typische Anwendungsgebiete sind Kauf- oder Mietverträge. Der Besitzer stellt ein, wie hoch der Mietpreis und die Kaution sind. Gerät der Mieter in Zahlungsverzug oder Liquiditätsschwierigkeiten, würde der Schlüssel beim Betreten der Wohnung automatisch blockieren (vergleichbar dem Sperren einer Kreditkarte). Die Vertragsparteien müssen sich nicht mehr begegnen. Analog dazu würde ein Leasing-Fahrzeug (bei entsprechender Sensorik und Konnektivität) nicht mehr fahren, wenn die Rate nicht pünktlich bezahlt wurde. Die Bezahlung der Leasing-Rate wird binär codiert (bezahlt/nicht bezahlt). Der Jurist und Softwareentwickler Markus Kaulartz beschreibt das Prinzip so: «Juristische Sprache wird […] durch Computersprache ersetzt: Der programmierte Vertrag beschreibt den Leistungsaustausch und legt die Rechtsfolgen fest. So könnte er etwa vorsehen, dass der Geldfluss automatisch eingeleitet wird, sobald ein bestimmter Börsenkurs erreicht ist oder die Post die Zustellung des Waschpulvers bestätigt. Die Rechnung der Ware bezahlt sich selbst. Der Verkäufer muss nicht auf sein Geld warten und der Käufer nicht in Vorleistung treten. Das Geld fließt, wenn die Programmlogik es vorsieht. Der Smart Contract ist damit nicht nur selbstausführend, sondern auch selbstdurchsetzend.»[12]

Die aus der Cypherpunk-Bewegung stammende Idee wurde erstmals 1994 von dem Computerwissenschaftler Nick Szabo entwickelt. Er definierte einen smarten Vertrag als ein «computerisiertes Transaktionsprotokoll, das Vertragsinhalte exekutiert».[13] Diese Protokolle würden dem Eigentümer einer beweglichen oder unbeweglichen Sache automatisch die Schlüsselgewalt geben. Dass Szabo soziale Härten oder lebendbedrohliche Risiken aus den Protokollen ausschließen wollte – etwa ferngesteuert den Motor bei voller Geschwindigkeit auf der Autobahn abzuschalten – ist ehrenwert, zeigt aber, dass die libertäre Gedankenwelt bis zum Äußersten gesponnen wird. In dem Code lassen sich Bedingungen nach dem deterministischen Muster «if,then» (If <condition> then <do this>) formulieren. Je mehr der Code Gesetzesform annimmt, desto mehr werden auch Rechtspositionen unter eine aufschiebende oder auflösende Bedingung gestellt und damit bedingt – ein Umstand, der der Unveräußerlichkeit von Grundrechten fremd ist.

Auch auf dem Gebiet der Urheber- und Leistungsschutzrechte ließen sich smarte Verträge implementieren. Eine DVD könnte nur für die Märkte in den USA und Europa lizenziert und so programmiert werden, dass sie nur in diesen geografischen Regionen abgespielt werden kann. Der Paradigmenwechsel besteht nun darin, rechtswidrige Handlungen wie zum Beispiel Produktpiraterie oder die Nutzung illegaler Streamingdienste nicht mehr *ex post* durch staatliche Interventionen zu sanktionieren, sondern *ex ante* durch den Code technisch unmöglich zu machen. Der Vorteil dieser codeförmigen Governance besteht darin, dass sich jeder an die Spielregeln hält und auf strafrechtliche Sanktionsmaßnahmen weitgehend verzichten werden könnte.

Allein wenn der Code Gesetzesrang bekäme, würde das bedeuten, dass Programmierer wie die Softwareingenieure von VW ihre eigenen Gesetze schreiben und das Prinzip der Gewaltenteilung aushebeln könnten. Das materielle Recht hätte nur noch deklaratorischen Charakter, seine Ausführung hinge vom Programmcode als einer Art Ausführungsgesetz ab; der Gesetzgeber wäre entmachtet. Die in den Protokollen niedergelegten Smart Contracts sind nur nicht deklaratorisch, sondern zudem performativ in dem Sinn, als sie auch bestimmte Rechtsfolgen bzw. Ereignisse (wie das Sperren der Zündung) herbeiführen.

Kaulartz konstatiert: «Der Vertrag unterliegt also voll und ganz der Herrschaft des Programmcodes. Rein technisch könnte nicht einmal ein Gericht den Programmablauf und damit die Durchführung des Vertrags beeinflussen, da keine Kontrollstellen vorgesehen sind, sondern die Blockchain als ein großes Netzwerk agiert.»[14]

Demokratietheoretisch ist diese (Selbst-)Ermächtigung problematisch, weil die Programmierer für die Statuierung allgemeinverbindlicher Regeln nicht vom Souverän legitimiert worden sind. Die unverhohlene Rhetorik vom «Cutting out the Middlemen» (die Mittelsmänner herausschlagen), die noch den antiinstitutionellen Geist des «Whole Earth Catalog» atmet, zielt darauf ab, demokratische Institutionen abzuschaffen. Die kryptolibertäre Vision eines sich selbst exekutierenden Rechtsstaats könnte sich in die Dystopie einer computerisierten Schnelljustiz verwandeln, wo Algorithmen kurzen Prozess machen und Bürger seriell abgeurteilt werden. Wenn Bedingung erfüllt, dann Freilassung. Ansonsten Haft. Der Rechtsschutz, etwa der Räumungsschutz, der Mieter vor einer Zwangsvollstreckung schützt, würde disruptiert. Der Gerichtsvollzieher ist ja ein staatliches Organ, der in Ausübung seiner hoheitlichen Befugnisse eine Verwaltungsaufgabe (ähnlich einer Behörde) ausführt. Würde er durch Smart Contracts ersetzt und würde nun der Vermieter einer Wohnung über das Vehikel der Blockchain eigenmächtig den Wohnungsschlüssel sperren, wäre dies ein Fall von Selbstjustiz.

Dass die Struktur des Rechts und seine Konditionalprogramme grundsätzlich programmierfreundlich und mit dem Code kompatibel sind, bedeutet nicht, dass jedes Gesetz in Programmcode formuliert werden könnte.[15] Juristische Sprache hat die Eigenschaft, zuweilen vage, mehrdeutig formuliert und auslegungsbedürftig zu sein. Unbestimmte Rechtsbegriffe wie «Gefahr» verlangen eine Wertung im Einzelfall; Kann-Vorschriften erlauben dem Rechtsanwender einen Ermessensspielraum. Diese Flexibilität kann von Vorteil sein, weil sich damit eine

Vielzahl von Fällen regeln lässt, die vom Gesetzgeber möglicherweise gar nicht bedacht wurden. Sie kann sich aber auch nachteilig auswirken, wenn Sinn und Zweck der Norm nicht klar ermittelbar sind. Die Formalisierung von Gesetzen in Computersprache birgt die Gefahr, dass Programmierer Werte absolut setzen.[16] Der Programmcode kann nur solche Rechtsfolgen auslösen, die vorab in den Protokollen definiert wurden. Zum Beispiel: Wenn Lieferung eingetroffen, dann Zahlung. Oder: Wenn Miete bis zum Zeitpunkt X nicht überwiesen, dann Schlüsselsperre. Der Programmcode ist streng formal auszulegen. Das führt nicht nur zu unbilligen Härten, sondern entzieht Auslesungspraktiken dem Diskurs. Der Code ist die ökonomischste und effektivste Form der Strafe: Er wirkt unmittelbar und muss auch nicht bekannt gemacht werden – er exekutiert sich selbst.

Apple hat im Jahr 2011 ein Patent für eine Technik bewilligt bekommen, mit der es möglich sein soll, Handy-Kameras auf Konzerten per Infrarot zu blockieren.[17] In der Verbotszone würde ein Störsender installiert, der mithilfe von Infrarot-Signalen die Kamera ausschaltet. Um zu verhindern, dass Konzertbesucher heimlich mitfilmen und Konzertmitschnitte kostenlos im Netz landen, müsste der Hausherr kein Film- und Fotografieverbot erwirken, sondern einfach die Funktion im Handy sperren. Es wäre der perfekte Nanny-State: Niemand würde gegen ein Gesetz verstoßen, weil man Verstöße durch technische Voreinstellungen unmöglich macht und Gesetzestreue programmiert. Man könnte die «Funktion» Freiheit einfach deaktivieren. Wo schon die bloße Möglichkeit ausgeschlossen ist, kann auch nicht dagegen verstoßen werden. Apple hat seinem Betriebssystem iOS 11 eine Funktion («Beim Fahren nicht stören») hinzugefügt, die per Bluetooth oder Bewegungssensoren automatisch erkennt, dass der Nutzer gerade im Auto sitzt und eingehende Anrufe, SMS und Benachrichtigungen während der Fahrt abstellt.[18] Foucault sprach von der «Aufhebung der Phänomene durch die Phänomene selbst»: «Die Mechanismen streben auch ganz und gar nicht nach einer Aufhebung der Phänomene in der Form des Verbots: ‹Du sollst dies nicht tun›, nicht einmal ‹das soll es nicht geben›, sondern nach einer fortschreitenden Aufhebung der Phänomene durch die Phänomene selbst.»[19] Das Perfide an dieser Machttechnik ist, dass Freiheitsrechte nicht mehr eingeschränkt werden müssen, sondern erst gar nicht ausgeübt werden können. Die Metamacht liegt auf der Ebene der Programmierung, wo Funktionalitäten wie das Fotografieren und damit Rechte freigeschaltet bzw. gesperrt werden.

Das Patent offenbart ein seltsames Freiheitsverständnis. Zu einer liberalen und offenen Gesellschaft gehört die (zumindest) theoretische Möglichkeit, gegen Normen zu verstoßen. Der Bürger kann ja selbst entscheiden, ob er einen Konzertmitschnitt illegal zum Download anbietet oder eine Raubkopie vervielfältigt – und dafür eine Strafe in Kauf nimmt. Der Rechtsstaat geht vom mündigen Bürger aus. Das Code-Is-Law-Regime dagegen bevormundet den Bürger, indem es strafbare Handlungen schon von vornherein unmöglich macht. Die Botschaft, die im Subtext der Programmierzeilen mitschwingt, lautet nicht «Du sollst das nicht machen», sondern schlicht: «Du machst das nicht». Es findet keine Debatte über die Sinnhaftigkeit von Normen statt. Es wird einfach programmiert. Nicht die Freiheit des Bürgers steht am Anfang, sondern die Freiheit der Programmierer, spezifische Trajektorien zu programmieren. Der Code spannt einen Möglichkeitsraum, in dem der Bürger sich bewegen kann, erst auf. Je stärker unser Alltag codiert wird, desto mehr schrumpft der Freiheitsraum und desto mehr hängt die Ausübung von Freiheitsrechten vom Programmcode ab. Das Recht, seine Meinung zu äußern oder zu fotografieren, ist nicht mehr im Grundgesetz verbrieft, sondern in den Programmcodes, die binär entscheiden, ob die Funktion (Kommentarfunktion, Fotografie) freigegeben wird oder nicht (wobei Freigabe hier wörtlich im Sinne einer Gabe bzw. Schenkung von Freiheit zu verstehen ist).

Indem politische Probleme mathematisiert und technisiert werden, werden sie in einen Modus der Informatik überführt und dem Zugriff der bürgerlichen Öffentlichkeit entzogen. Die Probleme sind dann gar nicht mehr politisierungsfähig – ihre «Lösung» ist eine rein technische Angelegenheit. Regieren wird zur Prozesssteuerung, in der Programmierer Soll- und Störgrößen definieren und Probleme nur noch «regeln».

Vorstellbar wäre, dass ein autonomes Fahrzeug, das den wegen Stalkings vorbestraften Insassen per Gesichtsscan identifiziert, bestimmte Stadtgebiete, in denen seine Opfer wohnen, schon gar nicht mehr anfährt – eine programmierte Straftechnik. Das Roboterfahrzeug würde zu einem Vehikel des Vollzugsdiensts. Pläne dafür liegen bereits in der Schublade: Das Europäische Netz technischer Dienste für die Strafverfolgung (ENLETS), eine Arbeitsgruppe der EU, arbeitet an einer Technik «zum ferngesteuerten Stoppen von Fahrzeugen durch Lahmlegung der Bordelektronik».[20] Das Gerät, das standardmäßig in alle im EU-Binnenmarkt zugelassenen Fahrzeuge eingebaut werden soll, erlaubt es der Polizei, Fluchtfahrzeuge elektronisch abzuschalten.[21] Die Einsatzkräfte müssten sich keine wilde Verfolgungsjagd mit einem Bankräuber oder mutmaßlichen Terroristen mehr liefern, sondern könnten per Knopfdruck die Zündung abschalten und das Fahrzeug so zum Stehen bringen. Das Delikt der Fahrer- oder Unfallflucht ließe sich telematisch verhindern.

Beim Anschlag auf dem Berliner Breitscheidplatz im Dezember 2016, bei dem der Attentäter Anis Amri mit einem Lastwagen in einen Weihnachtsmarkt raste und zwölf Menschen tötete, soll ein automatisches Bremssystem dafür gesorgt haben, dass die Zugmaschine nach 70 bis 80 Metern zum Stehen gekommen ist.[22] Der Bordcomputer löste bei einem Aufprall eine Vollbremsung aus. Das automatische Unfallwarnsystem, mit dem der Sattelschlepper ausgerüstet war, verhinderte womöglich Schlimmeres. Die Auswertung der GPS-Daten ergab zudem, dass der Lkw zwischen 15 und 19 Uhr immer wieder angelassen wurde, ohne bewegt worden zu sein. Hätte eine Kamera mit Mustererkennung die merkwürdigen Manöver bemerkt? Wäre mit Hilfe eines Gesichtserkennungssystems und einem Abgleich mit Gefährderdaten Alarm ausgelöst worden? Hätte man dem Täter dann das Handwerk legen können?

Schon heute sind Fahrzeuge mit Unfalldatenspeichern ausgestattet, die Fahr- und Ereignisdaten wie Längsbeschleunigung, Radgeschwindigkeit oder Bremsen sowie kritische Fahrsituationen wie das Touchieren eines Bordsteins aufzeichnen.[23] Neben dem Unfallschreiber sind in Autos zahlreiche weitere Überwachungsmodule integriert, die jede Menge Daten speichern: von den zurückgelegten Kilometern auf Landstraßen über die Betriebsstunden der Fahrzeugbeleuchtung bis hin zur Zahl elektromotorischer Gurtstraffungen.[24] Autos sind rollende Rekorder, die den Ablauf eines Ereignisses lückenlos und gerichtsverwertbar dokumentieren. Fraglich ist nur, ob Strafverfolgungsbehörden auch Zugriff auf die Fahrdaten Nichtbeteiligter erlangen dürfen. In einigen EU-Mitgliedsstaaten wie Frankreich oder Finnland schreiben nationale Gesetze für bestimmte Fahrzeugtypen (etwa Schulbusse) den Einbau sogenannter «Alkohol-Interlocks» vor, eine Alkohol-Wegfahrsperre, die eine Trunkenheitsfahrt im Straßenverkehr verhindern soll. Der Fahrer muss vor dem Losfahren mit einem Handgerät mit Mundstück eine Atemalkoholmessung durchführen. Fällt das Ergebnis negativ aus, gibt die elektronische Steuereinheit das Anlasserrelais des Fahrzeugs frei.[25] Stellt der Sensor einen erhöhten Alkoholwert fest, wird der Anlasser blockiert. In Belgien sind Autofahrer, die bereits alkoholauffällig geworden sind, verpflichtet, ein solches

Gerät in ihr Fahrzeug einzubauen – sozusagen als Bewährungs-auflage.

Freilich wird mit einer Alkohol-Zündschlosssperre ein legiti-mer Zweck verfolgt. Alkohol ist eine der größten Gefahren im Straßenverkehr. Allein 2017 starben in Deutschland 231 Men-schen durch Alkoholeinfluss im Straßenverkehr.[26] Die Frage ist nur, ob eine solche Präventionstechnik, die eine Polizeikontrolle im Straßenverkehr gewissermaßen zur Standardmaßnahme macht, mit dem Grundrecht des Einzelnen auf freie Entfaltung der Persönlichkeit vereinbar ist und hier Polizeibefugnisse nicht unzulässig an Private delegiert werden. Jeder würde es als Ein-schränkung seiner Freiheit und letztlich als Willkür empfinden, wenn er auf dem Weg zur Arbeit morgens und abends in eine Polizeikontrolle geriete. Durch den serienmäßigen Einbau sol-cher Werkzeuge werden Polizeikontrollen normalisiert. Die Aus-nahme wird zur Regel.

Darin zeigt sich die Mechanik der *Post-Strafgesellschaft*: Der Gesetzgeber will durch den Einsatz präemptiver Techniken die Ausübung eines Delikts wie Trunkenheit im Straßenverkehr schon im Vorfeld verhindern, sodass das Strafrecht im Nachhi-nein erst gar nicht zur Anwendung kommen muss. Die Strafe besteht nicht im nachträglichen Freiheitsentzug (Führerschein-entzug, MPU, Haft), sondern in einer vorgeordneten Freiheits-einschränkung. Die Frage ist: Was kommt als nächstes? Ein Aggressionstest, der verhindert, dass man dem Vordermann zu dicht auffährt? Einmal angenommen, man steigt morgens in sein autonomes Fahrzeug, will wie gewohnt zur Arbeit fahren – und plötzlich blockiert die Zündung. Auf der Windschutz-scheibe poppt ein Warnhinweis auf: «Achtung. Der automati-sche Sicherheitscheck hat ein erhöhtes Risiko errechnet, dass Sie einen Überfall planen.» Denkbar wäre auch, dass in einer computerisierten Kontrollgesellschaft die Datenbrille sexisti-sche Werbung ausblendet oder das biometrische Boarding am

Terminal den Zugang verweigert, weil Person X im Duty Free Shop eine Cognac-Flasche entwendete. Das klingt dystopisch. Technisch wäre es kein Problem. Ein solches System setzt freilich voraus, dass man zu jeder Zeit weiß, wo sich Bürger aufhalten. Und das kann nur in einem Überwachungssystem funktionieren.

| | Herrschaft des Rechts | Informatisierte Herrschaft |
|---|---|---|
| Herrschaftsform | demokratisch | informatisch-autoritär |
| Machttechnik | Regieren | Prognostizieren |
| Normen | Recht/Gesetze | Codes/Programmiervorschriften |
| Legitimation | Wahlen, parlamentarisch oder plebiszitär | keine |
| Gewaltenteilung | Ja | Nein |
| Wirkweise | mittelbar | unmittelbar |
| Mittel der Normbefolgung | Gehorsam | Gamifizierung |
| Logik | axiomatisch | mathematisch |
| Nachvollziehbarkeit | transparent | opak |
| Stoßrichtung | normativ | instrumentell |
| Anfechtung/Einreden | möglich | keine |
| Strafrechtlicher Anknüpfungspunkt | Taten | Gedanken |
| Moralische Vorwerfbarkeit | Handlungen | Gedanken |

## Die Programmierung der Macht

Was passiert, wenn informatische Machttechnologien mit autoritären Politiksystemen verschaltet werden, zeigt sich in China. Das Regime wird 2020 ein Sozialkreditsystem einführen, das Bürgern Zensuren ausstellt. Gute Taten werden belohnt, Missetaten bestraft. Wer das Regime in sozialen Netzwerken kritisiert oder bei Rot über die Ampel geht, dessen Score fällt. Wer Familienangehörige pflegt, bekommt Punkte gutgeschrieben. Es ist eine Art Schufa des moralisch guten Lebens – moralisch im Sinne der Staatsführung in Peking. Die möchte mit dem Sozialkreditsystem eine «Kultur der Aufrichtigkeit» etablieren.[27] Das Kontrollregime, das die Regierung ins Werk setzt, ist subtiler Natur: Man braucht nicht mehr den Knüppel, um Bürger zu disziplinieren, es genügen Abzüge beim Score. Eine perfide psychopolitische Machttechnik.

An den Punktestand ist wiederum der Zugang zu Sozial- und Verwaltungsleistungen geknüpft – zum Beispiel die Führerscheinvergabe oder die Grundschulzulassung. Bürger mit niedrigem Punktestand haben eine geringere Internetgeschwindigkeit und eingeschränktes Reiserecht, Bürger mit höherem Score bekommen dagegen schneller eine Wohnung oder einen Kredit. Mit 700 Punkten erhält man im Schnellverfahren ein Visum nach Singapur. Und ab 750 Punkten kann ein Priority-Boarding am Flughafen von Peking ergattert werden. Man kann sich den Credit Score als ein Punktesystem à la Payback vorstellen, das neben Zahlungsmoral und Kundentreue auch noch die Sozialmoral als Kriterium berücksichtigt.

Es gibt in China bereits einige derartige Bewertungssysteme, beispielsweise «Sesam Credit» des Online-Riesen Alibaba, dessen Skala von 350 bis 950 Punkten reicht. Das Sozialkreditsystem soll als landesweit einheitliches Melderegister alle Bonitätssysteme bündeln. Der dynamische Score kann wie ein Aktienkurs minütlich steigen oder fallen. So kann der Bürger auf seinem Smartphone sehen, was er moralisch und monetär auf der Haben- und Sollseite hat. Es hat etwas von einem Computerspiel, bei dem man sich durch Fleiß und Geschicklichkeit über verschiedene Level hocharbeiten muss und sich nach und nach neue Spielwelten oder Features eröffnen. Mittlerweile werden Bonitätsprüfungen sogar an der Bar durchgeführt. Eine Nutzerin beschwerte sich: «Ich habe einen Kredit nicht zurückbezahlt.

Jetzt bekomme ich kein einziges Date. Selbst die Typen, die ich an der Bar treffe, fragen mich nach dem Sozialkredit, bevor sie mir einen Drink ausgeben. Bei allem unter 500 laufen sie zum nächsten Mädchen.»[28] Frauen als bloße Nummern – diese Entwicklung zeigt, wie schnell Menschen eine krude, algorithmisch erzeugte Bewertungslogik internalisieren. Die Journalistin Rachel Botsman schrieb im Technikmagazin «Wired» von einem «gamifizierten Gehorsam».[29] Folgsamkeit fühle sich wie ein Spiel an. Der linientreue Bürger muss nicht mehr stramm wie ein Soldat dastehen, sondern einfach das Spiel der Überwachung mitspielen. Mit dem Bewertungssystem gelingt es dem Regime, eine gamifizierte Form des Überwachungsstaates zu installieren, an der die Bürger bereitwillig mitwirken. Doch das Spiel, als das die Punktesammelei erscheint, ist keines.

Die Stadt Suining in der südwestchinesischen Provinz Sichuan war eine der ersten Kommunen, in der 2010 das Sozialkreditsystem in einer Testphase erprobt wurde. Jeder der 1,1 Millionen Einwohner begann mit einem Startguthaben von 1000 Punkten.[30] Die Beamten begannen daraufhin mit einem Assessment der Bürger anhand verschiedener Kriterien wie Ausbildungsstand, Online-Verhalten und Ordnungswidrigkeiten im Straßenverkehr. Bei der Pflege von Familienangehörigen wurden 50 Punkte «gutgeschrieben», Armenhilfe wurde mit 10 Punkten honoriert. Wenn die Medien über die Almosen berichteten, heimste man sogar 5 Bonuspunkte ein, bekam also insgesamt 15 Punkte auf einen Schlag. Wer dagegen betrunken im Straßenverkehr unterwegs war, dem wurden 50 Punkte abgezogen. Nach der Punktvergabe wurden den Bürgern Verhaltensnoten ausgestellt: A-Bürger wurden bei der Schulzulassung und bei Bewerbungen im Beruf bevorzugt, während D-Bürgern Führerscheindokumente und andere Verwaltungsleistungen verweigert wurden. Der Staat teilt seine Bürger wie Waren in Güteklassen ein. Indem der Staat auf mathematischer Grundlage Zensuren vergibt, definiert er gleichsam, wer ein guter und wer ein schlechter Bürger ist. Disziplin wird algorithmisch hergestellt.

Es ist im Grunde eine computerisierte Form von Überwachen und Strafen, wie sie Foucault bereits beschrieben hat:

«Dieser Zweitaktmechanismus ermöglicht eine Reihe von Operationen, die für die Disziplinarjustiz charakteristisch sind. Zunächst die Qualifizierung der Verhaltensweisen und Leistungen auf einer Skala zwischen Gut und Schlecht. (...) Das gesamte Verhalten fällt unter gute oder schlechte Noten, unter Gutpunkte oder Schlechtpunkte. Und das lässt sich sogar quantifizieren und zu einer Zahlenökonomie ausbauen. Eine ständig auf den neuesten Stand gebrachte Buchführung legt die Strafbilanz eines jeden jederzeit offen. (...) Mit Hilfe dieser Quantifizierung, dieses Geldumlaufs von Guthaben und Schulden, dieser ständigen Notierung von Pluspunkten und Minuspunkten hierarchisieren die Disziplinarapparate die ‹guten› und die ‹schlechten› Subjekte im Verhältnis zueinander. In dieser Mikro-Ökonomie einer pausenlosen Justiz vollzieht sich die Differenzierung – nicht der Taten, sondern der Individuen selber: ihrer Natur, ihrer Anlagen, ihres Niveaus, ihres Wertes.»[31]

Es ist, als hätte die kommunistische Führung in Peking Foucault als Betriebsanleitung für das Sozialkreditsystem gelesen. Der Citizen Score ist die smarteste und effektivste Diktatur, die es jemals in der Geschichte gegeben hat: Der Staat muss keine Gewalt ausüben, weil die Bürger als Komplizen der Polizeigewalt diese Aufgabe eigenverantwortlich wahrnehmen. Das Datensubjekt diszipliniert sich selbst. Während in den USA und Europa das Drohgemälde eines orwellschen Überwachungsstaats entworfen wird, findet das Bonitätssystem in China selbst erstaunlich große Zustimmung. Laut einer Erhebung des Mercator Institute for China Studies unterstützen 80 Prozent der Befragten das Sozialkreditsystem.[32] Interessant, aber wenig überraschend, sind die höchsten Zustimmungsraten unter den Privilegierten zu finden: den wohlhabenden, gut ausgebildeten urbanen Teilen der Bevölkerung. Im Gegensatz zu den korrupten Kadern und Eliten in der Kommunistischen Partei Chinas gilt das Berechnungsverfahren als unbestechlich. Die Menschen vertrauen Zahlen mehr als den Lippenbekenntnissen von Funktionären.

Das fundamentale Ziel dieses Sozialkreditsystems, schreibt der Sinologe Rogier Creemers, sei es, «kybernetische Mechanismen der Verhaltenskontrolle (zu institutionalisieren), wo Individuen und Organisationen überwacht werden, um sie automatisch mit den Konsequenzen ihrer Handlungen zu konfrontieren.»[33] Darin liegt die Effizienz dieses Überwachungssystems begründet: Man braucht lediglich Maschinen, um den Vollzug zu kontrollieren. Der Bürger bekommt für Fehlverhalten sofort die Quittung: Er sieht auf seinem Kontoauszug, ob für ein Verhalten Punkte gutgeschrieben oder abgezogen werden. Indem das Modell der Staatsbürgerschaft in eine Kontoführung überführt wird, können Dissidenten mit buchhalterischer Genauigkeit zu digitalen *have-nots* und Minusbürgern herabgestuft werden.

Auch hier kommt die «Mathematik der Macht» ins Spiel: Der formale Punktegleichstand zu Beginn ist lediglich eine Fiktion von Gleichheit, die sich im Lauf des «Spiels» wandelt. Dieses dynamische Teilhabemodell, bei dem sich der Zugang zum System wie eine IP-Adresse ändert, kehrt das Rechtsstaatlichkeitsprinzip um: Der Bürger hat nicht von Geburt an wohlerworbene Rechte, sondern erhält diese über eine staatliche Kreditverbriefung, eine Art Vertrauensvorschuss, den er zurückbezahlen muss. Das Leben wird zur Hypothek und der Bürger zum Schuldner, der verpflichtet ist, dem Staat Daten und gute Taten zu liefern. Das Individuum muss im Sozialkreditsystem seine Bonität ständig unter Beweis stellen. Ist das Guthaben aufgebraucht, hat sich auch das Recht auf Teilhabe erschöpft.

Das Punktesystem ist letztlich die Simulation von Freiheit: Es wird der Eindruck erweckt, als ließe sich Freiheit maximieren, als könne man durch Tugendhaftigkeit und Strampelei im algorithmischen Hamsterrad einen Bonus ergattern, doch jeder gesammelte Punkt stabilisiert das Datenregime. Was die staatliche Ordnung aufrechterhält, ist der Algorithmus. Er ist das Basisrezept des guten Betragens, nach dessen Formelwerk Handlungen prämiert oder abgestraft werden. Die Politikwissenschaftlerin Samantha Hoffman argumentiert, dass es sich beim «Sozialen Management» um einen Prozess handele, bei dem staatliche Sicherheit «programmiert» werde.[34] Jeder Einzelne konfiguriere sich im System selbst, das heißt, er passt sich an die Ordnungszahlen des Scores an.

Wo in einer Demokratie Mehrheiten organisiert und in einer Diktatur Minderheiten unterdrückt werden müssen, könnte man in einer computergestützten Autokratie gesellschaftliche Ziele programmieren. Will das Regime die Konjunktur ankurbeln, muss es restriktiver bei der Punktevergabe sein. Will es die häusliche Pflege fördern, erhöht es in diesem Bereich die Prämien für das Punktekonto. Die Programmiervorschriften werden damit automatisch zu Verhaltensvorschriften im täglichen Leben. Diese algorithmische Steuerung der Gesellschaft funktioniert wohlweislich nicht ohne einen Überwachungs- und Militärapparat, der im Notfall intervenieren kann. Bis zum Jahr 2020 werden in China 300 Millionen Überwachungskameras installiert sein. Polizisten tragen Datenbrillen, die mit einer diskreten Kamera ausgestattet sind und mithilfe von Gesichtserkennungsalgorithmen Verdächtige aus der Masse herausfiltern.[35] Polizeiroboter patrouillieren beim Parteitag der Kommunistischen Partei.[36] Und in Städten werden Rot- und andere Verkehrssünder per Gesichtserkennung identifiziert und auf Riesenbildschirmen an Straßenkreuzungen an den Pranger gestellt.[37] Allein in der Millionenstadt Shenzhen wurden 14 000 Rotsünder in zehn Monaten gebrandmarkt – an nur einer Kreuzung. Mittelalterliche Methoden paaren sich mit moderner Informationstechnologie.[38] «Mit Millionen Kameras und Milliarden Zeilen Code baut China eine High-Tech-autoritäre Zukunft», berichtete die «New York Times».[39] Wie der Algorithmus der Macht funktioniert, ist jedoch völlig unklar. Vergleichbare Bonitätssysteme von Alibaba sind eine Black Box. Diese Intransparenz ist kalkuliert: So lange die Kriterien undurchschaubar sind, verhalten sich die Bürger in vorauseilendem Gehorsam normkonform. Der Überwachte überwacht sich selbst.

# 4

## CSI Google

### Per Suchbefehl zum Täter

Der New Yorker Polizist Gilberto Valle führte ein Doppelleben. Im Beruf präsentierte er sich als integrer und loyaler Polizeioffizier, der für Recht und Ordnung sorgt. Im Privaten lebte er seine Gewaltfantasien aus. Valle träumte davon, mindestens 100 Frauen zu kidnappen, zu foltern, zu kochen und zu essen. Fotos, Namen und Adressen seiner möglichen Opfer entnahm er heimlich einer polizeilichen Datenbank. Im Internet meldete er sich unter dem Pseudonym «Girlmeat Hunter» in verschiedenen Kannibalen-Foren an, wo er sich mit Gleichgesinnten über Tötungspraktiken austauschte. Er googlete Sätze wie «Wie verabreicht man einem Mädchen Chloroform?» oder «Wie entführt man ein Mädchen?». Die Auswertung seiner Google-Suchhistorie sollte später ergeben, dass er bei seinen umfangreichen Recherchen auch einen Artikel mit dem Titel «Wenn Sie jemanden kidnappen, suchen Sie vielleicht besser nicht ‹Kidnappen› bei Google» aufrief. Er prahlte mit seinem Ofen und seinen anatomischen Kenntnissen. Und er fasste Pläne, wie er

Frauen entführen und verkaufen könnte. Mit einem Automechaniker soll er sich über Monate hinweg darüber ausgetauscht haben, wie man ein potenzielles Opfer – eine Frau oder ein Kind – entführt, einkerkert und tötet. Auf die Frage eines Komplizen, wie groß sein Ofen sei, antwortete er: «Groß genug, damit eines dieser Mädchen hineinpasst, wenn ich ihre Beine falte.»[1] Einem Mann, der vorgab, ein Metzger aus Pakistan zu sein, malte er detailliert aus, wie er sein Opfer mit einem Elektroschocker außer Gefecht setzen, es in den Ofen stecken und bei geringer Hitze schmoren will – «nur zu meiner Unterhaltung und ihrem Leiden». «Mir läuft das Wasser im Mund zusammen», beschrieb er seine kranke Fantasie.[2]

Valles Frau, Kathleen Cooke Mangan, kam das Verhalten ihres Mannes, der nächtelang vor dem Computer saß, seltsam vor. Eine Verschwörung witternd, installierte sie heimlich eine Spyware auf dem PC, welche das Suchverhalten aufzeichnete und Benutzereingaben protokollierte. Mangan entdeckte auf dem Rechner Bilder von nackten, blutüberströmten Frauen, von denen einige tot zu sein schienen.[3] Zu ihrem Entsetzen stieß sie auf eine Todesliste mit über 100 Frauen, auf der auch ihr Name stand. Mangan zeigte ihren Mann bei der Polizei an, die sofort einen Durchsuchungsbefehl erwirkte und den Computer beschlagnahmte. Die Daten zeichneten ein komplett anderes Bild jenes nach außen hin rechtschaffenen Mannes, der auf einem katholischen College studiert hatte und eine bürgerliche Existenz zu führen schien. Die Eltern zeigten sich schockiert über die Gewaltfantasien ihres Sohnes.

Im Oktober 2012 wurde Valle von der Polizei festgenommen und vom Dienst suspendiert. Dem «Cannibal Cop», wie ihn die Presse apostrophierte, wurde der Prozess gemacht. Die Anklage lautete auf versuchte Entführung und Tötung. Der Boulevard weidete sich genüsslich an dem spektakulären Fall und breitete die abscheulichen Details der Kommunikationsinhalte in aller

Öffentlichkeit aus. Es war ein reiner Indizienprozess, der auf der Auswertung von Chatprotokollen und Suchhistorien beruhte. Die Verteidigung brachte vor, dass die Chats Teil eines Rollenspiels gewesen seien. Die Details seien allesamt imaginiert, nichts davon entspräche der Wirklichkeit. Valle log über sein Alter, seinen Namen, seinen Wohnort. Es liege damit auch keine Tötungsabsicht vor. Das Gericht überzeugte diese Argumentation nicht. Obwohl der Polizist seine Pläne nicht in die Tat umsetzte, sprach ihn eine Jury für schuldig. Das Urteil sorgte für heftige Kontroversen. Kann eine Fantasie ein Verbrechen, kann Suchen Sünde sein? Ist das Ausleben eines Fetischs justiziabel? Wie weit muss ein Gedanke ausgereift sein, damit eine Tat im Versuchsstadium angelangt ist?

Irritierend ist, wie gedankenlos die Staatsanwaltschaft den Begriff der «Normalität» anführte (zum Normalitätsbegriff siehe auch Kapitel 10), um Valle als abnormes Monster zu stilisieren. «Das ist nicht normal», sagte der Staatsanwalt Randall Jackson in der Verhandlung. «Das ist keine normale Pornografie für irgendeinen Menschen.» Diese Aussage impliziert, dass es auch «normale Pornografie» geben kann – immerhin ein Fortschritt zur Disziplinargesellschaft. Das Bild vom kranken Täter fußt noch auf tradierten kriminalistischen Vorstellungen.

«Er ist allein seiner sehr unkonventionellen Gedanken wegen schuldig», kritisierte Valles Anwältin Julia Gatto nach dem Prozess. «Wir sind nicht die Gedankenpolizei. Die Regierung sollte nicht in unseren Köpfen sein.»[4] Valle wurde also für etwas bestraft, was er dachte, aber nicht machte. Der Sender HBO verfilmte den verstörenden Fall in der packenden Dokumentation «Thought Crime» – zu Deutsch: «Gedankenverbrechen». In der Doku wird Valle mit den Worten zitiert: «Wenn du nachts hinter einem Computerbildschirm sitzt, weiß niemand, wer du bist, wo du bist.»[5] Und: «Ich war Teil dieser Cyber-Community, wo Leute abnorme Gedanken und ihre Fetische ausprobieren.» Die

Anonymität erlaube es, sich in andere Personen hineinzuversetzen: «Wer kann der Krankere sein? Wer kann der Verdorbenere sein? Das Baby schlief. Die Mutter schlief. Es gab halt nichts zu tun.» Alles nur ein Spiel? Er beteuerte: «Ich bin nicht zu Gewalt fähig. Ich kann keiner Fliege etwas zuleide tun.»[6]

Im Juli 2014 hob ein Gericht in New York den Schuldspruch aus Mangel an Beweisen auf.[7] Der «Cannibal Cop» kam nach 21 Monaten Haft gegen Kaution frei. In der Urteilsbegründung schrieb der Richter, dass trotz der «abartigen und verdorbenen» Fantasien Valles kein Verbrechen stattgefunden habe. «Niemand wurde je entführt, keine Entführung wurde je versucht, und in der realen Welt wurden keine Schritte unternommen, jemanden zu kidnappen.»[8] 2015 errangen Valle und seine Anwälte einen erneuten Erfolg vor dem Berufungsgericht. Richter Barrington D. Parker begründete die knappe 2:1-Mehrheitsentscheidung der Jury so: «Wir sind unwillig, der Regierung die Macht zu geben, uns wegen unserer Gedanken und nicht wegen unserer Handlungen zu bestrafen. Das schließt die Macht ein, den Ausdruck sexueller Fantasien zu kriminalisieren, egal wie pervers oder verstörend sie sein mögen.»[9] Das Urteil atmete einen aufklärerischen Geist. Gilberto Valle war damit zumindest rehabilitiert. Doch gesellschaftlich war er am Ende: Er verlor Job, Frau und Kind.

Es gab einen ähnlich gelagerten Fall in Deutschland: Drei Männer hatten sich über einen Chat des Fernsehsenders RTL zu einem Verbrechen verabredet. Der Tatplan: Zwei Frauen samt kleiner Tochter sollten entführt, missbraucht und dann getötet werden. Die Männer tauschten bis zu 100 kostenpflichtige SMS am Tag aus, darunter auch Fotos von Minderjährigen und sexuell stimulierten Männern.[10] Der Strippenzieher René G. aus Heidenheim bot als Opfer seine Ex-Freundin und deren Tochter an, dazu seine 22 Jahre alte Nachbarin, eine Altenpflegerin.[11] Doch was für den Ideengeber aus Heidenheim Ernst war, war für die anderen beiden Chatteilnehmer offenbar bloß Spaß. In der Verhandlung vor dem Landgericht Ellwangen gaben sie an, es sei alles nur ein Rollenspiel gewesen.[12] Sie waren arbeitslos und von «Langeweile» getrieben. «Das waren alles Spinnereien, die für mich zum Rollenspiel dazugehören», sagte der 54 Jahre alte Mann aus Eitorf in Westfalen.[13] Das Landgericht hatte darüber zu befinden, ob es sich bei den Angeklagten um perverse Sexfantasten oder potenzielle Mörder handelt.[14] Das Gericht verurteilte im Dezember 2012 den Hauptangeklagten René G. zu drei Jahren und vier Monaten Haft. Die beiden anderen Angeklagten erhielten Bewährungsstrafen wegen Besitzes von kinderpornographischen Inhalten.

Chatprotokolle oder Suchmaschinendaten sind für polizeiliche Ermittler ein kriminalistischer Datenschatz. Zwar wurde von IT-Rechtlern in der Diskussion immer wieder das Argument ins Feld geführt, das Internet sei – wie das Telefon – ein Kommunikationsmedium, sodass es praktisch keinen Unterschied mache, ob man jemandem am Telefon oder in einem Online-Chat seine kruden Fantasien offenbart. Doch wenn man eine Suchmaschine konsultiert und nach Dingen wie «Wie bereitet man menschliches Fleisch zu?» googelt, ist da am anderen Ende kein Mensch, sondern ein Algorithmus, der jede Sucheingabe akribisch mitschreibt. Man muss nur einmal seine eigene Google-Suchhistorie unter der Rubrik «Meine Aktivitäten» einsehen. Dort wird man erstaunt feststellen, wonach alles gesucht wurde. Das Verzeichnis liest sich – ganz unabhängig vom konkreten Inhalt – wie das Protokoll eines Verhörs. Google listet in geradezu kriminalistischer Manier haarklein das gesamte Suchverhalten auf. Darüber hinaus speichert Google auch die Stimme und Audioaktivitäten – vordergründig, um seine Spracherkennung zu verbessern.[15] Man vertraut der Suchmaschine Geheimnisse an, die man selbst dem Partner oder den engsten Familienangehörigen nicht offenbaren würde.

Die ständige Datenspeicherung (durch Selbstverdatungsprozesse) erinnert an die strafaufschiebende Wirkung der Verschleppung aus Kafkas «Prozess». «Die Verschleppung», erklärt der Maler Josef K., «besteht darin, dass der Prozess dauernd im niedrigsten Prozessstadium erhalten wird. Um dies zu erreichen, ist es nötig, dass der Angeklagte und der Helfer, insbesondere aber der Helfer in ununterbrochener persönlicher Fühlung mit dem Gericht bleibt.»[16] Der Nutzer einer Suchmaschine oder eines Gadgets steht über die Datenverbindung seiner virtuellen Helfer ja auch ständig in Kontakt mit Gerichten – wobei gar nicht klar ist, ob die Gerichtsbarkeit nun in der Justiz oder in irgendwelchen Serverarmen zu verorten ist. Die Datenprozessmaschinerie steht niemals still.

Immer wieder wurden Täter aufgrund von Google-Suchen überführt. Im Jahr 2004 erschoss die Rechtsanwältin Melanie McGuire ihren Ehemann. Tage zuvor hatte sie nach Mordanleitungen und Giftdosen gegoogelt. Auch der Pilot Andreas L. suchte vor dem im März 2015 gezielt herbeigeführten Absturz der Germanwings-Maschine nach Suizidmöglichkeiten.[17] Der 60-jährige Brite David Connaughton, der im August 2013 seine Ehefrau mit Hammerschlägen und Messerstichen ermordete und sich später selbst tötete, hatte einige Wochen vor der Tat die Frage «Wenn dich jemand ankotzt, ist es wert ihn zu töten?» gegoogelt. Und im Fall des 16-jährigen Schülers Bailey Gwynnes, der von einem Mitschüler eines Elite-Internats in Aberdeen erstochen wurde, fanden die Ermittler im Rahmen einer computerforensischen Analyse heraus, dass der Mörder auf seinem Laptop im Internet den Unterschied zwischen Mord und Totschlag recherchiert und sich das Tatmesser auf Amazon beschafft hatte.[18] Für die Suchanfragen interessieren sich nicht nur Werbekunden, sondern auch Strafverfolgungsbehörden. In einem Mordfall in Raleigh im US-Bundesstaat North Carolina verlangte die Polizei von Google die gespeicherten Account-

Informationen aller Mobilfunkgeräte, die sich zum Zeitpunkt des Vorfalls ausweislich ihrer Standortdaten in der Nähe des Tatorts aufhielten.[19] Im Zeitraum Januar 2018 bis Juni 2018 erhielt Google insgesamt 135 000 Auskunftsersuchen von Strafverfolgungsbehörden; über 7000 davon kamen aus Deutschland.[20] In gut zwei Drittel der Fälle wurden die Daten dem Antragsteller übermittelt. Je nachdem, ob es sich um eine Vorladung, eine gerichtliche Verfügung oder einen Durchsuchungsbefehl handelt, legt Google bei seinen Diensten *Gmail*, *YouTube*, *Google Voice* und *Blogger* Registrierungsdaten, IP-Adressen, Metadaten, Weiterleitungsnummern, gespeicherte SMS-Inhalte, Kopien privater Videos sowie Inhalt «privater» Nachrichten offen.[21] In den Postfächern befindet sich mitunter brisantes Material: Der US-Sonderermittler Robert Mueller ließ das *Gmail*-Konto von Donald Trumps früherem Anwalt Michael Cohen nach Hinweisen auf illegale Spenden untersuchen (daneben wurde auch ein Durchsuchungsbefehl für dessen *iCloud* erwirkt).[22] Gut möglich, dass der eine oder andere Verdächtige aufgrund seiner Suchhistorie überführt wurde. Die Frage ist: Dürfen diese Daten im Strafprozess ausgewertet werden?

Der Bundesgerichtshof hat 2011 in einem wegweisenden Urteil entschieden, dass ein im Auto abgehörtes Selbstgespräch nicht als Beweismittel in einem Strafprozess verwendet werden darf. In dem Fall ging es um einen 46-jährigen Familienvater, dessen von ihm getrennt lebende Frau plötzlich verschwand. In seinem Auto, in dem er sich unbelauscht wähnte, redete er laut denkend vor sich hin: «[...] die L ist schon lange tot, die wird auch nicht wieder [...] kannste natürlich nicht sagen [...] Wir haben sie tot gemacht.» Was der Angeklagte nicht wusste: Die Polizei hatte sein Auto verwanzt und mitgehört.[23] Der vielsagende Monolog, den er während der Fahrt mit sich selbst führte, konnte als Geständnis für den Mord an seiner Frau gewertet werden.

Die Richter urteilten jedoch, dass der Mitschnitt aus dem

Auto nicht als Beweismittel zulässig sei. «Die Gedanken sind grundsätzlich frei, weil Denken für Menschen eine Existenzbedingung darstellt», heißt es in dem Urteil.[24] Die Gedanken sind auch im Auto frei. Der Staat darf nicht auf sie Zugriff nehmen, «weil eine Störung von Denkvorgängen aus Angst auch nur durch partielles Eindringen in den Denkvorgang die Subjektstellung und Personalität des Einzelnen negieren würde».[25] Denken und Sprache sind konstitutiv für das Menschsein. Folglich ist jeder Eingriff in Denkprozesse an sich geeignet, die menschliche Eigenschaft des Einzelnen ist Frage zu stellen. Das nichtöffentlich geführte Selbstgespräch, das «Alleinsein mit sich selbst», so das Urteil der Richter, gehöre zum absolut geschützten Kernbereich der Persönlichkeitsentfaltung und unterliege einem Beweisverwertungsverbot von Verfassungs wegen.[26] Das gilt selbst dann, wenn der Abgehörte wie in diesem Fall einen Mord gesteht. Dass man einen geständigen Mörder für seine Tat nicht bestrafen kann, mag für die Rechtsgemeinschaft ein unerträglicher Zustand sein. Doch letztlich ist hier der Kernbereich der Persönlichkeitsentfaltung tangiert, für den absoluter Schutz gilt. Ein Staat, der zur Sühne eines Verbrechens seine rechtsstaatlichen Prinzipien aufgibt, ist kein Rechtsstaat mehr.

Analog müsste auch eine Google-Suche als Selbstgespräch qualifiziert werden, weil hier eine Form des «inneren Sprechens» stattfindet, ein innerer Monolog, ein verbalisierter Denkprozess, bei dem man versucht, unfertige Gedanken maschinell zu sortieren. Grundrechte sind Abwehrrechte gegen den Staat, aber über die mittelbare Drittwirkung strahlen sie auch auf das Recht der Privaten aus. Das heißt: Auch private Unternehmen dürfen keinen Zugriff auf Denkvorgänge haben. Zwar könnte man argumentieren, dass es bei einer Google-Suche am Erfordernis der Nichtöffentlichkeit der Gedankenäußerung fehlt, weil Sucheingaben Einfluss auf die Suchergebnisse anderer Nutzer haben und quasi öffentlich sind. Allerdings ist eine Äußerung nicht allein deshalb öffentlich, weil man sie einer Maschine offenbart. Es kommt ja auch nicht auf die faktische Umgebung als vielmehr die Wahrnehmung des Einzelnen an. Der Nutzer geht von der Flüchtigkeit seiner Worte, einem Alleinsein mit sich selbst aus. Das Wissen um eine algorithmische Auswertung von Suchmaschinendaten und deren mögliche Weitergabe an Strafverfolgungsbehörden ändert prinzipiell nichts an der Schutzwürdigkeit von Gedanken. Auch das «laute» Denken gehört nach Ansicht des BGH zur Gedankenfreiheit.[27]

Die Frage ist nur, wo die Grenze zwischen Gedanken und Handlungen, zwischen Fantasie und Verbrechen zu ziehen ist. Wie weit muss ein Gedanke gesponnen werden, damit er sich zu einem Tatvorsatz verdichtet? Ab wann wird aus einem Rollenspiel Ernst? Wo endet die Fantasie, wo beginnt der Vorsatz? Ab wann ist eine Tat eine Tat? Wo setzt man die Strafbarkeit an? Ist ein im Kopf durchgespieltes, fiktives Szenario bereits eine Straftat? Ist dies eine – nach deutschem Recht straflose – Vorbereitungshandlung? Foucault sprach in seinem Werk «Les Anormaux» von der «Virtualität des Verbrechens», die jedem Wahnsinn zugrunde liege.[28]

Die Rechtslehre stellt für den Versuch auf Handlungen ab. Entscheidend ist das «unmittelbare Ansetzen», mit dem der Täter subjektiv die Schwelle zum «Jetzt geht es los» überschreitet: das Klingeln an der Wohnungstür; das Warten eines Geldkuriers am Treffpunkt; das Rütteln an den Vorderrädern eines Autos etc.[29] Nicht davon umfasst ist das bloße Sinnieren über mögliche Tatabläufe, das sich noch in keine Vorbereitungshandlung konkretisiert. Man läuft ja häufiger mit Wut im Bauch herum und denkt sich: Dem würde ich am liebsten eine reinhauen! Würde man diese Gedanken auslesen und sichtbar machen, müsste man gefühlt täglich jeden dritten Bürger wegen versuchter Körperverletzung belangen, und das, ohne dass tatsächlich eine Tat geplant wurde. Diese Fantasien bleiben verborgen, da man einem Menschen nicht in den Kopf schauen kann – oder doch? Durch die Auswertung von Handydaten und Browserverläufen lassen sich menschliche Gedanken lesen. Das Smartphone (in Verbindung mit der Cloud) ist eine externe Festplatte des Gehirns, auf der das gesamte Inventar des Alltags gespeichert ist: Fotoalben, Adressen, Musik, Kontonummern, Erinnerungen, Gesprächsdaten, Chatprotokolle, Intimes. Genau das macht das Auslesen von Daten so problematisch: Gedanken sind das letzte Bollwerk, das selbst ein totalitärer Staat nicht zu durchbrechen vermag. Das Eindringen in die Gedankenwelt und die moralische Bewertung dessen, was dort zutage tritt, ist damit erst recht Ausdruck eines totalitären Überwachungsstaats.

Das Urteil gegen den «Cannibal Cop» markiert einen Rückfall in eine mittelalterliche Gesinnungsjustiz, in der man Menschen nicht nach ihren Taten, sondern nach ihrer Gesinnung aburteilte. Der Tenor lautet: Du bist krank, also wirst du bestraft! In der programmierten Gesellschaft ist der Anknüpfpunkt der Strafbarkeit nicht mehr die Tat oder Handlung, sondern der bloße Gedanke oder das biometrische Datum. Der Vorsatz wird hier in die physiopsychologische Sphäre verlagert, in der weder der Staat noch private Akteure etwas zu suchen haben.

Der Fall erinnert an George Orwells dystopischen Roman «1984», wo die Gedankenpolizei im totalitären System «Ozeanien» die Bürger einer permanenten Gesinnungsprüfung unterzieht und sich in ihren «Privatapparat» einklinkt. Es ist ein paranoides System der Überwachung, in dem man sich jederzeit fürchten muss, bei irgendetwas entlarvt zu werden. «Gedankendelikte», heißt es in dem Roman, «ließen sich nicht auf ewig geheim halten. Man konnte wohl eine Weile, oder sogar ein paar Jahre lang, erfolgreich durchrutschen, aber früher oder später schnappten sie einen doch.»[30]

Sind die Gedanken noch frei? Oder verfolgen sie einen? Facebook arbeitet an einer Technik, mit der sich Gedanken in Schrift umwandeln lassen. «Was, wenn Sie direkt von Ihrem Gehirn aus tippen könnten?», fragte Facebook-Managerin Regina Dugan.[31] Nichtinvasive Sensoren sollen Hirnströme auslesen und neuronale Signale in Text verwandeln. «Brain Click» nennt Dugan diese Technik, mit der es möglich sein soll, durch bloße Gedanken Meldungen in Datenbrillen wegzuklicken. Das Gehirn als Klickmaschine. In ein paar Jahren soll die Technik in der Lage sein, aufgrund der Hirnströme bis zu 100 Wörter pro Minute zu schreiben. Alles Denken wäre öffentlich – und würde radikal kapitalisiert. Mit jedem neuronalen Impuls klingelt die Werbekasse von Facebook. Noch mag das nach Science-Fiction klingen. Dass aber an solchen Technologien geforscht wird, sollte Anlass zur Sorge geben.

Die Frage ist, bis zu welchem Zeitpunkt Gedanken privat sind und ab wann das Denken öffentlich wird. Blogs, Foren, Suchmaschinen sowie soziale Netzwerke sind ja kein privates Tagebuch, sondern Medien, in denen man bewusst bestimmte Dinge öffentlich macht oder zumindest damit rechnen muss, dass Dritte darauf zugreifen können. Wissenschaftler des Center for Information Technology Policy an der Princeton University haben herausgefunden, dass nahezu alle der 500 meistbesuchten Websites, darunter namhafte Seiten wie microsoft.com, adobe. com und skype.com, Tastatureingaben ihrer Nutzer aufzeichnen.[32] Während der nichtsahnende Nutzer gutgläubig Formularfelder ausfüllt, sieht der schnüffelnde Betreiber mit ein paar Sekunden Zeitverzögerung, was der Nutzer am anderen Ende in die Eingabemaske tippt: Name, Adresse, Telefonnummer, Bankverbindung. Und zwar schon bevor der Nutzer auf Absenden drückt. Das ist der Clou an der Sache. Es ist, als hätte jemand heimlich ein Kartenlesegerät unter die Tastatur gelegt – nur ohne physischen Zugriff. Am rechten Bildschirmrand kann der Beobachter jeden Mausklick und jede Tastatureingabe des jeweiligen Nutzers einsehen. Auch die Inaktivität oder Aktivität wird angezeigt.

Eigentlich sollte man meinen, dass Tastatureingaben, etwa in einem Chatfenster oder Formularfeld, noch in der Sphäre des Senders liegen – also bei einem selbst –, so wie ein Gedanke, den man sich im Kopf zurechtlegt, bevor man ihn artikuliert. Doch das ist im Netz eine Illusion. Alles wird registriert und ausgewertet – sogar Gedankengänge, die noch unfertig sind. Im Jahr 2013 wurde eine Studie der Carnegie Mellon University publiziert, wonach Facebook auch solche Tastatureingaben analysiert, die der Nutzer noch gar nicht abgesendet hat.[33] Der Konzern wollte damals dem «Last-minute Self-Censorship» auf den Grund gehen – er wollte wissen, warum Beiträge in letzter Minute doch wieder zurückgezogen werden. Verworfene Gedanken, das Nichtgeschriebene und Nichtgesagte sind häufig interessanter als das Geschriebene und verraten mehr über die Persönlichkeit, weil dem bewussten Verbergen ja eine Wahrheit innewohnt. Damit tritt genau das ein, was Internet-Aktivisten als «Schere im Kopf» bezeichnen: Man zensiert sich selbst. Man überlegt sich zweimal, ob man in Google nach «Wie tötet man seine Frau?» oder «Wie mischt man Gift?» sucht. Folgt man dem Urteil des Bundesgerichtshofs, sind diese klandestinen Abschöpfungspraktiken verfassungswidrig, weil sie schon in den Entstehungsprozess von Gedanken eingreifen und damit jede Form von Selbstkommunikation unmöglich machen.

Selbst wenn man die Daten im Strafprozess verwerten würde, besteht das Problem häufig darin, dass man aus Suchanfragen kein Motiv ableiten kann. Vielleicht sucht ein Chemielehrer ja nach toxischen Verbindungen. Oder ein Buchautor interessiert sich aus rein journalistischem Interesse für die Trefferliste zur Suchanfrage «Wie tötet man seine Frau?» – ganz ohne Tötungsabsicht. Wie will man das im Strafprozess zweifelsfrei klären? Das bloße Googeln erzeugt hier bereits einen Verdachtsmoment. Das wäre ungefähr so, als würde man jemanden dafür bestrafen, dass er ein Fachgeschäft für Schneidwerkzeuge aufgesucht hat und fünf Sekunden lang staunend vor den Küchenmessern stand, die er als Mordwerkzeug nutzen könnte. Doch Suchmaschinenalgorithmen differenzieren hier nicht. Sie knüpfen Beziehungen und Scheinkausalitäten, die unbescholtenen Bürgern zum Verhängnis werden können. Indem man durch Tracking-Technologien schon das bloße Herumspinnen, das unkontrollierte Heraussprudeln von Ideen dokumentiert und speichert, weicht man die Grenze zwischen straffreier Vorbereitungshandlung und strafbarem Versuch immer weiter auf, weil kognitive Prozesse zu einer datenförmigen, auslesbaren Masse werden, an die man wie auch immer geartete moralische Vorstellungen oder Sittlichkeitsstandards anlegt. Bloße Kontemplation ist nicht mehr möglich; jeder Blick, jeder Klick erzeugt Verdachtsspuren.

Das Strafrecht hat ja auch eine generalpräventive Wirkung, das heißt, es will zum Schutz der Rechtsordnung Täter abschrecken, mögliche Straftaten zu begehen. Das Signal, das von dem ersten Urteil im Prozess gegen den «Cannibal Cop» ausgeht, ist jedoch, dass man das Perverse, Abartige nicht mehr denken darf. Doch wer definiert, was pervers oder abartig ist? Man gleitet hier schnell auf eine moralische Ebene ab, die die strafrechtliche Diskussion stets vermeiden will.

Natürlich herrscht in einer liberalen Demokratie kein Geständniszwang, doch wenn man Selbstverdatungsmaschinen wie eine Suchmaschine nutzt, ist man systemisch dazu gezwungen, sagen zu müssen, was man getan hat, was man vergessen hat, was man verbirgt, was man nicht zu denken denkt. Das ist ja gerade der Kniff einer Suchmaschine: dass sie auch Verbotenes verbalisiert. Google ist eine kontinuierlich mitlaufende Geständnismaschinerie.

# 5

## Der Körper als Spurensicherung

### Wie das Internet der Dinge zum Tatort von morgen wird

Im November 2017 hat die amerikanische Arzneimittelbehörde FDA erstmals eine «smarte» Pille zugelassen, die überwacht, ob Patienten auch regelmäßig ihre Medizin nehmen. Das Präparat, das wie eine gewöhnliche Tablette aussieht, enthält einen winzig kleinen, verdaulichen Sensor von der Größe eines Sandkorns, der mit einem Patch kommuniziert, den der Patient wie ein Pflaster am Körper trägt.[1] Wenn der Sensor mit Magensäure in Kontakt kommt, löst er einen elektrischen Impuls aus. Der Patch, der das Signal nach wenigen Minuten erkennt, sendet die Daten via Bluetooth an eine App: «Herr Müller hat um 7.20 Uhr seine Medikamente genommen.» Die Daten kann der Patient dann auf eine Datenbank hochladen, auf die er und sein Arzt Zugriff haben. Der behandelnde Arzt kann seinen Patienten aus der Ferne überwachen – und nachvollziehen, ob sich dieser an die verordnete Medikation hält. So wie der smarte Vertrag seinen eigenen Vollzug überwacht, kontrolliert die smarte Pille ihre Einnahme. Die App erfasst darüber hinaus auch die Stimmung des Patienten und seine Ruhephasen.[2] Die Feministin Donna Haraway schrieb schon 1985 in ihrem Manifest für Cyborgs: «Kein Objekt, Raum oder Körper ist mehr heilig und unberührbar. Jede beliebige Komponente kann mit jeder anderen verschaltet werden, wenn eine passende Norm oder ein passender Kode konstruiert werden kann, um Signale in einer gemeinsamen Sprache auszutauschen.»[3]

«Abilify MyCite», wie das Medikament heißt, soll Krankheiten wie Schizophrenie, bipolare Störungen oder Paranoia therapieren. Die smarte Pille könnte, so versprechen es die Hersteller, eines der drängendsten Probleme des Gesundheitswesens lösen: die Säumigkeit der Patienten. US-Studien zufolge hält sich rund die Hälfte der Erkrankten nicht an die ärztlichen Absprachen, beendet die Therapie vorzeitig oder nimmt die Medikamente erst gar nicht ein. Das verursacht Folgebehandlungen und Kosten in Milliardenhöhe. Überflüssige Einweisungen, Notaufnahmen und Hausbesuche sollen das US-Gesundheitssystem Studien zufolge mit jährlich 290 Milliarden Dollar belasten.[4] Mit smarten Pillen ließe sich erreichen, dass Patienten ihre verschriebene Medizin regelmäßig einnehmen und chronische Krankheiten effektiver bekämpft werden: Das spart nicht nur Kosten im Gesundheitswesen, sondern fördert gleichzeitig auch die Wirtschaft, indem der Krankenstand reduziert wird. Dass diese smarte Medikation auf der paternalistischen Annahme beruht, dass der Arzt besser weiß, was gut für die Patienten ist und das Patientenrecht ignoriert, das besagt, dass ein mündiger Bürger eine Medikation auch ablehnen kann, ist die eine Sache. Die andere Sache ist, dass der Patient sich mit Einnahme einer smarten Pille in eine Kontrollmaschinerie begibt, in der er lückenlos überwacht wird.

Durch das Mikroskop der Daten sieht der Arzt genau, ob sich

der Patient an die Absprachen hält, ob er vom Plan abrückt, ob er sich ungesund ernährt oder keinen Sport macht. Es braucht nicht länger das Spital mit seinen regelmäßigen Visiten, Kontrollgängen und Registrierungen als «Ort der Erkenntnisbildung und -übertragung» und medizinischen Disziplin, wie es Foucault noch in «Überwachen und Strafen» beschreibt.[5] Die Erkenntnisbildung und Disziplinierung erfolgt nun automatisiert über die Cloud. Das Panoptikon wird internalisiert, die Kontrolle externalisiert.

Foucault zeichnet in seinen Vorlesungen zur Gouvernementalität nach, wie die «Medizinische Polizei» in der zweiten Hälfte des 18. Jahrhunderts ins Zentrum einer neuen Biopolitik rückt, «die in der ‹Bevölkerung› ein Ensemble von Lebewesen mit spezifischen biologischen und pathologischen Merkmalen sah».[6] Durch die «Technologien des Selbst» wie smarte Pillen oder Herzschrittmacher, mit denen Ärzte eine Zugangskontrolle zum biologischen Körper erlangen, verschwimmen die Grenzen der Körperschaften. Der kontrollierende Arzt ist ein Gesundheitspolizist, eine medizinische Polizei, die den Körper screent. Der Patient, dessen Körperzellen zum Panoptikon werden, wird ein Internierter und Internist. Die Apple Watch 4 etwa verfügt über ein Elektrokardiogramm (EKG), das Vorhofflimmern erkennen soll, sowie eine integrierte Sturzerkennung. Wenn die smarte Uhr anhand des Bewegungssensors feststellt, dass der Träger sich nach dem Sturz eine Minute lang nicht bewegt, ruft sie proaktiv den Rettungsdienst und übermittelt den Ort des Sturzes.[7] Die Beobachtungstechniken, mit denen Smartphone- oder Gadget-Nutzer einem Dauer-Monitoring unterzogen werden, sind diejenigen der Medizin: Der Einzelne wird abgehört (nicht nur seine inneren Organe, sondern auch sein Kommunikationsverhalten), durch Drucksensoren abgetastet und durchleuchtet. Der algorithmische Blick ist ein klinischer: Es geht darum, ganz nüchtern, mit chirurgischer Präzision, Anomalien oder auffällige Muster zu erkennen und datendiagnostisch zu behandeln. Damit einher geht auch eine Normalisierung «ärztlicher Beobachtungen» (Visiten, Kontrollen, Protokolle), die man bislang nur aus dem klinischen Kontext kannte und die sich nun auf den Gesellschaftskörper ausdehnen. Die «Medizinisierung der Gesellschaft», von der Foucault sprach, beginnt bei der Überwachung und Untersuchung von (Daten-)Körpern und endet mit der Feststellung von gesund/krank. Wir erleben die Geburt der *Nanoklinik*, wo – stationär am Handgelenk – Vitalfunktionen wie Atmung, Puls und Temperatur überwacht und ambulante (Rechen-)Operationen durchgeführt werden.

Der Bioethiker Arthur Caplan sagte, er könne sich vorstellen, dass ein Richter eine smarte Pille nutzen könne, um die Medikation als Teil einer Strafe anzuordnen. Vergisst du eine Tablette, wird die Haftaussetzung rückgängig gemacht.[8] Die Versuchung, im Rechtswesen zu sagen «Ich kann dich beobachten und sicherstellen, dass du keine Bedrohung bist», sei groß. Das wäre auch ein Konditionalprogramm: Wenn smarte Pille geschluckt, dann Freiheit. Wenn nicht, dann Unfreiheit – exekutiert durch ein Pharmazeutikum und überwacht durch ein biopolitisches Management.

## Von der Biopolitik zur BIOS-Politik

Drei Millionen Menschen leben weltweit mit einem Herzschrittmacher.[9] Immer mehr lassen sich eine smarte Variante dieser Technik verpflanzen, bei der Gesundheitsdaten per «telemetrischer Fernüberwachung» von zu Hause an die Klinik gesendet werden. «Kontinuierliche Betreuung Ihrer Herzerkrankung, ohne dass Sie sich beim Arzt persönlich vorstellen müssen» –

so bewirbt der Medizintechnik-Konzern Medtronic seine Geräte.[10] «Sie sind auch zu Hause oder auf Reisen mit Ihrem Arzt verbunden. Auch bei Auslandsreisen bleiben Sie verbunden, da Ihr Patientenmonitor weltweit über das Mobilfunknetz Informationen senden kann – ohne dass Zusatzkosten für Sie entstehen.» Das Monitoring mag für Risikopatienten von Vorteil sein, doch bergen diese Geräte auch immer die Gefahr der Überwachung. Man kann ja theoretisch sehen, wann jemand Sport macht, Sex hat oder schläft. Zwar betonen die Hersteller Datenschutz und Datensicherheit. Doch sobald Daten erhoben und in Datenbanken gespeichert werden, können sie von unbefugten Dritten gehackt werden (einmal abgesehen davon ist die Idee, den Körper zur mobilen Arztpraxis aufzurüsten, eine neoliberale, weil sie die Zahl der Arztbesuche auf ein Minimum reduzieren soll).

Wie es sich anfühlt, mit einem smarten Herzschrittmacher zu leben, hat die Kulturwissenschaftlerin Neta Alexander für das US-Magazin «The Atlantic» dokumentiert.[11] Die Autorin beschreibt darin, wie ihr einen Monat vor ihrem 34. Geburtstag ein internetfähiger, Cloud-vernetzter Herzschrittmacher implantiert wurde: ein Gerät von Medtronic. «Mein kleines Gerät sammelt konstant Daten, die automatisch an eine zentrale Patientenüberwachung gesendet werden, wann immer mein Arzt einen telemedizinischen Termin vereinbart. Während dieser Fernbehandlung, die alle vier bis sechs Monate stattfindet, sendet der Monitor meine Metriken an einen sicheren Server. Ein Arzt untersucht dann die übermittelten Daten und informiert über das Smartphone, ob weitere Eingriffe notwendig sind.» Die Autorin schildert eindrücklich, wie sie über den Datenabfluss zunehmend ihre digitale Souveränität verliert und ureigene Körperfunktionen mit Dritten teilen muss. «Auf gewisse Weise ist mein Herz nicht mehr ganz meines – ich teile es mit Medtronic und den US-Krankenhäusern, in denen es eingesetzt wurde.»

Die Überwachung sei bedrohlich, weil man nicht wisse, wer alles Zugriff auf die Daten habe und wozu sie verwendet werden. Im Gegensatz zu einem iPhone- oder Amazon Echo-Nutzer könne man auch nicht aufhören, Daten zu produzieren – das Herz schlägt immer weiter. Als Einwanderin laufe sie aufgrund der politischen Lage in den USA besonders Gefahr, dass ihr Herzschlag sie eines Tages verrät. Zeigt er vielleicht an, dass sie einen Ort besucht hat, den sie nicht hätte aufsuchen sollen? Wie soll man einer Maschine im Körper vertrauen, die auf proprietärem Code läuft und intransparent ist? Gehören die biometrischen Daten noch der Person? Wo endet ihr Körper? Alexander fragt: «Wird mein Körper weiter Daten senden, selbst wenn mein Gehirn nicht mehr funktioniert? Wird es in Zukunft möglich sein, mich aus der Ferne zu ‹deaktivieren›?» Die Autorin sorgt sich vor allem um die Sicherheit der Geräte in ihrem Körper und mögliche Hackerangriffe.

Die Befürchtungen sind nicht ganz unbegründet. 2017 ordnete die amerikanische Arznei- und Lebensmittelaufsicht FDA eine Rückrufaktion für rund 465 000 Herzschrittmacher an, nachdem erhebliche Sicherheitsmängel an den Geräten des Herstellers St. Jude Medical festgestellt wurden.[12] Aufgrund einer Sicherheitslücke konnten sie per Funk bedient werden. 500 000 Patienten mussten sich in Krankenhäuser begeben, um sich ein Software-Update aufspielen zu lassen – als wären sie Maschinen, die zur Reparatur in die Werkstatt gerufen werden. Auch Diesel-Fahrzeuge mussten sich einem Software-Update unterziehen. Das zeigt, dass der Unterschied zwischen Mensch und Maschine immer kleiner wird. Der frühere US-Vizepräsident Dick Cheney ließ von seinem Kardiologen seinen Herzschrittmacher deaktivieren – aus Angst, Terroristen könnten diesen abschalten.[13] Man mag das für paranoid halten, doch wenn sich der Mensch zum Cyborg aufrüstet, um mit der künstlichen Intelligenz Schritt zu halten, wird der Körper kompromittierbar. Cyberkriminelle könnten die Kontrolle über uns gewinnen.

Mit digitalen Apparaturen wie Herzschrittmachern oder smarten Pillen übernehmen Konzerne heute – um mit Foucault zu sprechen – «die Verantwortung für das Leben» und verschaffen «der Macht Zugang zum Körper»[14]. Diese Biopolitik 2.0 hat jedoch eine ganz andere Qualität als ihre Vorgängerin: Der menschliche Körper wird mit Computern verschaltet – und damit selbst zum Empfänger von Programmierbefehlen. Statt mit einer Biopolitik im klassischen Foucault'schen Sinne haben wir es folglich mit einer *BIOS-Politik* zu tun. Das «BIOS» (die Abkürzung steht für Basic Input/Output System) steuert die zentralen Funktionen eines Computers. Im Grunde wird der menschliche Körper durch die Implantation eines smarten Herzschrittmachers ähnlich «initialisiert»; standardisierte Zugriffsmöglichkeiten auf das Gerät bzw. auf den Körper werden über eine Programmierschnittstelle hergestellt. Das «Programm» des Menschen kann – genau wie das eines Computerprogramms – über eine Benutzeroberfläche «konfiguriert» und kontrolliert werden.

Die «Medizinische Polizei», von der Foucault schreibt, muss in der programmierten Gesellschaft wörtlich verstanden werden: Sie versucht, mit dem gespeicherten Wissen über den menschlichen Körper Verbrechen aufzuklären. Wissenschaftler der University of California in San Diego haben einen flexiblen Wearable-Sensor entwickelt, der anhand der Transpiration der Haut den Alkoholpegel der Person messen und die Daten drahtlos an mobile Endgeräte senden kann. Das Miniatur-Messgerät besteht aus einem temporären Tattoo, das über den Schweiß elektrochemisch den Alkoholgehalt im Blut ermittelt, und einer tragbaren Leiterplatte, die über einen Magneten mit dem Tattoo verbunden ist und die Information via Bluetooth an das mobile Gerät funkt. Nach Angaben der Universität könnte das Messgerät sowohl von Ärzten als auch von der Polizei für ein «kontinu-ierliches, nichtinvasives Echtzeit-Monitoring des Alkoholge-halts» genutzt werden.[15] Der Autofahrer müsste bei einer Verkehrskontrolle nicht mehr in ein Röhrchen pusten; stattdes-sen könnte der Verkehrspolizist einfach per Klick das menschli-che Blut überprüfen – eine dystopische Vorstellung.

In den USA hat ein Herzschrittmacher einen Versicherungs-betrüger überführt. Im September 2016 war das Haus des da-mals 59-jährigen Ross Compton in Middletown im Bundesstaat Ohio in Flammen aufgegangen.[16] Compton sagte später gegen-über der Polizei aus, dass er, nachdem er von dem Feuer aufge-weckt worden war, einige Wertgegenstände zusammengepackt und mit einem Stock das Fenster eingeschlagen hatte, um aus dem Flammeninferno zu seinem Auto zu flüchten.[17] Die Feuer-wehr stellte bei der Untersuchung der Brandursache fest, dass das Feuer an mehreren Stellen im Haus ausgebrochen war – sie ging deshalb schnell von Brandstiftung aus. Die Ermittler wur-den schließlich misstrauisch, als sie Spuren von Benzin auf Comptons Kleidung fanden. Der Mann, so der Verdacht, habe den Brand absichtlich gelegt, um die Gebäudeversicherung zu kassieren. Abgesehen von den Spuren auf der Kleidung gab es für diese Theorie aber keine handfesten Beweise.

Der Beschuldigte beteuerte, dass das Feuer außer Kontrolle geraten sei und er kein Motiv gehabt hätte, sein Wohnhaus nie-derzubrennen. Compton gab bei der Vernehmung an, einen smarten Herzschrittmacher zu tragen – das Gerät wurde ihm schließlich zum Verhängnis. Die Ermittler erwirkten einen «Durchsuchungsbefehl», der sie dazu ermächtigte, die Daten vor und nach dem Feuer aus dem elektronischen Gerät auszule-sen. Die Auswertung widersprach den Aussagen des Verdächti-gen. Ein Kardiologe stellte fest, dass Comptons Schilderungen nicht zu seinen gemessenen Herzrhythmen passten.[18] In der Zeit, in der er zu schlafen vorgegeben hatte, musste Compton, gemessen an den Daten seines Herzschlags, hellwach gewesen sein. Der Kardiologe kam zu dem Urteil, angesichts des gesundheitlichen Zustands sei es höchst unwahrscheinlich, dass der unter Herzbeschwerden leidende Mann in einer derartigen Stresssituation hektisch seine Sachen zusammenpacken und aus dem brennenden Haus flüchten konnte. Doch Comptons Puls – das dürfte das belastendste Indiz gewesen sein – blieb während des Brands erstaunlich ruhig. Die Kriminalisten schlossen daraus, dass Compton vorsätzlich gehandelt haben musste. Daten lügen nicht.

Der Fall wirft einige wichtige rechtspolitische und rechtstheoretische Fragen auf. In einem rechtsstaatlichen Strafverfahren darf niemand gezwungen werden, sich selbst zu belasten (*nemo tenetur se ipsum accusare*). Die Frage ist, ob der Grundsatz der strafprozessualen Selbstbelastungsfreiheit in einer programmierten Gesellschaft noch gilt. Sollte man nicht annehmen, dass analog zum Informationsträger auch dessen Daten unter das Zeugnisverweigerungsrecht fallen? Wo endet der Persönlichkeitsschutz: beim physischen Körper oder beim Datenkörper? Sind Herzschrittmacher nicht auch Teil des Körpers? Was bedeutet überhaupt «Ich» in einer Welt künstlicher Umgebungsintelligenz, in der Smartphones als externe Festplatten fungieren und virtuelle Assistenten als Persönlichkeitsprothese? Erfüllt das Auslesen der Daten nicht den Tatbestand der Körperverletzung? Andererseits: Dürfen Daten schweigen, wenn sie tatrelevante Informationen beinhalten?

Wo der Mensch schweigt oder lügt, lässt man eben den smarten Herzschrittmacher oder Fitnesstracker aussagen – nicht für, sondern im Zweifel gegen den Angeklagten. Der Körper wird zu einem Evidenzkörper, einem Doppelagenten, der nicht nur Spuren hinterlässt, sondern diese für Kriminalisten praktischerweise auch noch speichert. Der Körper als laufende Spurensicherung. Daten haben die für den Angeklagten ungünstige

Eigenschaft, dass sie nicht schweigen können. Sie sagen immer (etwas) aus – und können den Datenträger belasten. Das Auslesen der Daten ist faktisch ein durch Zwang erlangtes Geständnis, das im Strafprozess als Beweis nicht verwendet werden dürfte, weil der auf seine Daten reduzierte Beschuldigte gar keine kommunikative Wahl hat und damit in seiner Willensfreiheit verletzt wird. Die scheinbar schonende Behandlung – das Auslesen von Herzschrittmacherdaten ist für den Patienten vermeintlich ein geringerer Eingriff als das ärztliche Abtasten seines Oberkörpers mit dem Stethoskop – verbirgt eine brutale Praxis: Der Datenkörper wird gefoltert und zur Aussage gezwungen. Oder wie schon der Ökonom Ronald Coase bemerkte: «Wenn man die Daten lange genug foltert, werden sie gestehen.»[19]

Gesundheitsdaten werden in der Kriminalistik immer wichtiger. Das beweist ein weiterer Fall aus den USA: Am 13. September 2018 wurde die 67-jährige Pharmazeutin Karen Navarra tot in ihrer Wohnung in San José aufgefunden.[20] Nachdem sie tagelang nicht zur Arbeit erschienen war und auch auf Telefonanrufe nicht reagiert hatte, wollte ein Arbeitskollege bei ihr zu Hause nach dem Rechten sehen. Dort fand er die leblose Frau zusammengesunken auf einem Stuhl, mit schweren Kopfverletzungen und einem Messer in der Hand. Der Arbeitskollege verständigte daraufhin die Polizei. Als die Ermittler in der Wohnung eintrafen, stellten sie getrocknete Blutspuren auf dem Boden sicher. Die Autopsie bestätigte den Verdacht: Die Frau war einem Gewaltverbrechen zum Opfer gefallen. Doch wer war der Mörder? Ins Visier der Ermittler geriet Navarras 90-jähriger Stiefvater Anthony Aiello, der zu Protokoll gegeben hatte, dem Opfer am Tag der Tat nur selbstgemachte Pizza vorbeigebracht und nach einer Viertelstunde wieder den Nachhauseweg angetreten zu haben. Auf den Bildern einer in der Nachbarschaft aufgestellten Überwachungskamera war zwischen 15.12 Uhr und 15.33 Uhr das geparkte Auto von Navarras Mutter zu sehen. Die Mutter des Opfers selbst sagte aus, Aiello habe das Fahrzeug an jenem Tag benutzt.

Nun kommt ein weiteres, entscheidendes Detail hinzu: Das Opfer trug zum Tatzeitpunkt einen Fitness-Tracker am Handgelenk, der unter anderem den Herzschlag aufzeichnet und die Herzfrequenzdaten an einen Server sendet. Die Ermittler erwirkten daraufhin einen Durchsuchungsbefehl. Die Auswertung der Daten aus dem Fitness-Tracker ergab, dass Navarras Herzschlag um 15.20 Uhr rasant anstieg, um wenige Minuten später abrupt zu enden. Um 15.28 Uhr, kurz bevor der Schwiegervater das Haus verließ, registrierte das Gerät das letzte Lebenszeichen.[21] Für die Ermittler war damit der Beweis erbracht, dass Anthony Aiello seine Schwiegertochter umgebracht haben musste. Der Fitness-Tracker wurde zum Zeugen. Dem 90-jährigen Schwiegervater wurde der Prozess gemacht.

Es war nicht das erste Mal, dass Daten aus Fitness-Trackern als Beweismittel herangezogen wurden. In Seattle zeichnete ein GPS-Gerät den sexuellen Übergriff auf eine Joggerin auf – nach dem geraden Verlauf ihrer Jogging-Route ist auf der Karte eine wilde Zick-Zack-Linie zu sehen. Sie dokumentieren jene Momente, in denen der Sextäter versuchte, zuzuschlagen.[22] Im US-Bundesstaat Iowa gelang es Ermittlern, mithilfe von Fitbit-Daten den Mord an einer Studentin zu rekonstruieren, die nach ihrem Verschwinden tot in einem Waldstück aufgefunden wurde. In einem anderen Fall in Connecticut wurde ein Mörder aufgrund der Fitbit-Daten seiner Frau überführt – die Datenhistorie widersprach der Version des Täters. Und im australischen Adelaide half die *Apple Watch*, den Mord an einer 57-jährigen Frau aufzuklären.[23] Hier brachten die Gesundheitsdaten das Alibi der Schwiegertochter zu Fall, die in der Vernehmung angegeben hatte, ihre Schwiegermutter sei von Einbrechern getötet worden. Das Internet der Dinge beflügelt die Kontrollfantasien von Kriminalisten. Mark Stokes, Chef der digitalen und cyberforensischen Einheit der Londoner Metropolitan Police, verkündete: «Der Tatort von morgen wird das Internet der Dinge sein.»[24]

Im Freiburger Mord an einer Studentin führte die Auswertung der Handydaten des Täters zu einer völligen Neubewertung des Falles. Hussein K. hatte im Oktober 2016 die Medizinstudentin Maria Ladenburger am Dreisamufer vom Fahrrad gerissen, vergewaltigt und bis zur Bewusstlosigkeit gewürgt. Die 19-jährige Frau, die auf dem Nachhauseweg von einer Studentenparty war, ertrank später im Fluss. Der Angeklagte hatte behauptet, die Tat sei eine Affekthandlung gewesen.[25] Er sei der Frau zufällig begegnet, sagte er im Prozess aus. Er habe nicht gesehen, ob eine Frau oder ein Mann auf dem Fahrrad saß.[26] Die Staatsanwaltschaft vermutete allerdings, dass K. seinem Opfer am Flusslauf auflauerte. Um die Version zu widerlegen, wollten die Ermittler das konfiszierte Handy des Angeklagten, ein iPhone 6 s, auslesen. Das Problem: K. weigerte sich, den Pin herauszugeben. Die Staatsanwaltschaft wandte sich daher an die israelische IT-Sicherheitsfirma Cellebrite, die im Auftrag des FBI bereits zahlreiche Mobilgeräte entschlüsselt hat. Den IT-Spezialisten gelang es, das iPhone von Hussein K. zu knacken. Durch den Hack erlangten die Ermittler Zugriff auf sämtliche iPhone-Funktionen: Apps, Fotos, Chats, GPS-Daten.[27] Die Analyse der Bewegungsdaten ergab ein ganz anderes Bild des Tathergangs: Sie belegen, dass sich Hussein K. rund 30 Minuten vor dem Angriff und eine Stunde später am Tatort aufgehalten haben muss.[28] Die auf dem iPhone vorinstallierte «Health App» registrierte im fraglichen Zeitraum zweimal «Treppensteigen».[29] Die Cyberforensiker schlossen daraus, dass es sich um jene Momente gehandelt haben muss, in denen Hussein K. sein Opfer die Uferböschung hinunterzerrte, dort vergewaltigte und dann wieder hinaufkletterte. Die Ermittler stellten die Tat mit einer Person von ähnlicher Statur nach, um sicherzugehen, dass das GPS-basierte iPhone die Bewegungen und Höhenunterschiede korrekt als «Treppensteigen» verbucht. Die Rekonstruktion der Tat erzeugte dasselbe Bewegungsmuster wie auf dem Smartphone. Somit war klar: Hussein K. tötete nicht im Affekt, sondern aus Kalkül. So ein kriminalistischer Coup macht natürlich Eindruck bei Polizeibehörden. Doch so einfach lässt sich nicht von Bewegungs- oder physiologischen Daten auf Handlungen schließen. Nicht jeder, der an der Grenzkontrolle einen erhöhten Puls hat, plant einen Terroranschlag (auch wenn das von US-Sicherheitsbehörden gern behauptet wird). Und nicht jeder, der dieselben Geodaten wie ein Opfer hat, ist zwingend tatverdächtig. Wenn der Fitnesstracker keine Herzfrequenzdaten mehr sendet, muss die Person nicht zwangsläufig einen Herzstillstand erlitten haben – es kann auch einfach die Batterie ausgegangen sein. Auch Daten müssen am Ende noch befragt werden. Trotz solcher Unschärfen gewinnt die Sicherung von Datenspuren in der Kriminalistik zunehmend an Bedeutung.

Auch in einem mysteriösen Mordfall in den USA wurde Kommissar Technik konsultiert. Am 21. November 2015 lud James Andrew Bates drei Freunde in sein Haus in der Kleinstadt Bentonville im US-Bundesstaat Arkansas ein. Es wurde ein feuchtfröhlicher Abend. Die Männer tranken Bier und Wodka und sahen sich zusammen American Football an.[30] Am späten Abend verließ einer der Männer die bierselige Männerrunde und ging nach Hause. Die zwei verbliebenen Freunde beschlossen, die Nacht über zu bleiben, weil sie Streit mit ihren Ehefrauen hatten. Bates bot seinen Gästen an, auf der Couch bzw. einem Zustellbett im Zimmer seines Sohnes zu übernachten. Zu vorgerückter Stunde entschlossen sich die Männer, noch ein heißes Bad zu nehmen. Als Bates in der Nacht aufwachte und durch das Haus ging, fand er seinen Freund Victor Collins, einen ehemaligen Polizeioffizier, tot im Pool – der leblose Körper schwamm bäuchlings mit dem Gesicht nach unten auf der Wasseroberfläche.[31] War es ein Unfall? Oder doch Mord?

Die eingetroffenen Polizeikräfte schöpften schnell Verdacht, als sie den blutgetränkten Whirlpool vorfanden. Am Leichnam stellten die Ermittler schwere Verletzungen fest – unter anderem eine geschwollene Lippe und einen Cut am Augenlid –, was auf äußere Gewalteinwirkung hindeutete. Im Spa-Bereich entdeckten die Fahnder überdies Blutspuren, zerbrochene Flaschen sowie eine zersprungene Brille, die vom Opfer stammte.[32] Außerdem wurde der Gartenschlauch benutzt, um Spuren zu verwischen. Weil die dritte anwesende Person ein Alibi hatte, fiel der Verdacht schnell auf den Gastgeber. Bates beteuerte gegenüber der Polizei seine Unschuld. In den Vernehmungen gab er zu Protokoll, dass er sich um 1 Uhr schlafen gelegt und die beiden Männer im Pool zurückgelassen hatte. Bates' Anwalt brachte zu dessen Verteidigung vor, es habe sich um einen tragischen Unfall gehandelt.[33] Der Tote wies einen Blutalkoholgehalt von 0,3 Promille auf. Stutzig machten die Ermittler aber die Schnittwunden an seinem Handgelenk. Waren es Kampfspuren? Bates gab an, die Verletzungen stammten von seinen Katzen und Workouts. Die Ermittler nahmen ihm diese Story allerdings nicht ab.

Die rechtsmedizinische Untersuchung schien die Hypothese eines Gewaltverbrechens zu stützen: Die Obduktion ergab als Todesursache Strangulation und Ertrinkungstod. Daraufhin erwirkte die Polizei in Bentonville einen Durchsuchungsbefehl für Bates' Haus. Bei der Hausdurchsuchung stießen die Ermittler auf eine Reihe von Smart-Home-Geräten wie ein Nest-Thermostat, ein Honeywell-Alarmsystem sowie einen Smart Meter, der den Strom- und Wasserverbrauch aufzeichnet. Eine Auswertung der Verbrauchswerte, die die Polizei von den lokalen Stadtwerken einholte, ergab, dass zwischen 1 und 3 Uhr nachts, also unmittelbar nach dem wahrscheinlichen Todeszeitpunkt, 140 Gallonen (rund 530 Liter) Wasser verbraucht wurden – ein ungewöhnlich hoher Wert. Belastend genug war dies aber noch nicht. Die Polizei wollte in dem mysteriösen Mordfall daher noch eine weitere Zeugin befragen: Amazons Sprachassistentin Alexa. Amazon Echo zeichnet Sätze beziehungsweise Bruchteile von Sätzen auf und leitet diese an einen Cloud-Dienst weiter, wo sie von Algorithmen ausgewertet werden. Jedes Sprachkommando wird mit einem sogenannten Zeitstempel (*timestamp*) versehen.[34] Das Gerät weiß also genau, wer zu welcher Uhrzeit im Raum anwesend war. Der vernetzte Lautsprecher hört laufend mit – und kann ein tödliches Geheimnis hüten. Was geschah zur Tatzeit? Kam es zwischen den Freunden zum Streit? Gab es Schreie des Opfers?

Die Art und Weise, wie Amazon seinen Lautsprecher bewirbt, klingt wie eine Drohung: «Mit sieben Mikrofonen, Richtstrahltechnologie und Geräuschunterdrückung hört Echo Sie aus jeder Richtung – sogar wenn Musik läuft.»[35] Die Botschaft, die im Subtext mitschwingt, lautet: Unsere künstlichen Ohren hören alles! Eine Maschine kann nicht weghören.

Zwar sind auf dem Gerät nur wenige Daten gespeichert. Von den 4 Gigabyte Speicherplatz beansprucht den größten Teil das laufende Betriebssystem. Und der 250 Megabyte große Arbeitsspeicher, in dem möglicherweise Indizien schlummern, wird nach jedem Neustart gelöscht. Auch gibt es keine Schnittstelle, mit der sich die Daten aus dem Gerät auslesen ließen.[36] Etwaiges Täterwissen lagert in der Cloud. Die Polizei verlangte daher von Amazon die Herausgabe von Audiodateien samt transkribierter Aufzeichnungen. Amazon weigerte sich zunächst, gab die Daten aber schließlich frei. Die Ermittler konnten in den Sprachaufzeichnungen jedoch kein belastendes Material identifizieren. Die Anklage gegen Bates wurde fallen gelassen.[37] Anders sah die Sache in einem Mordfall in Miami aus: Der 20-jährige Pedro Bravo, der wegen Mordes an seinem Mitbewohner angeklagt war, soll versucht haben, Apples Sprachassistentin Siri zur Komplizin zu machen, indem er ihr offenbarte: «Ich muss meinen Zimmergenossen verstecken.» Die virtuelle Assistentin fragte daraufhin «Nach welchem Ort suchen Sie?» und schlug dann Optionen wie Sumpf, Sammelbehälter, Mülldeponien und Bergwerke vor.[38] Die Staatsanwaltschaft legte während der Verhandlungen jedoch keine Sprachaufzeichnungen als Beweis vor, sondern einen Screenshot, der auf dem Handy des Angeklagten sichergestellt wurde und das Sprachkommando mit den Antworten dokumentierte. Die Frage ist: Kann ein KI-System der Beihilfe des Mordes schuldig sein? Künstliche Agenten spielen eine ambivalente Rolle zwischen Kommissar und Komplize. Wobei sich die Frage stellt: Für wen und in wessen Namen handeln die Agenten eigentlich? Decken Alexa, Siri und Cortana ihre Nutzer? Oder ermitteln sie im Auftrag der Polizei und Geheimdienste? Sind sie so etwas wie klandestine Agenten, die den digitalisierten Alltag der Nutzer infiltrieren? Sammeln sie in Wahrheit nur Beweise für einen ständig laufenden Prozess?

Der französische Philosoph Paul Virilio schreibt in seinem Buch «Geschwindigkeit und Politik» (1980) über die «Abschaffung des Geständnisses»:

«Im Mittelalter wurde die Untersuchung mit Hilfe der Folterung eines Körpers durchgeführt, der die ‹Wahrheit kennt› und sie gegen seinen Willen preisgeben muss. Im 19. Jahrhundert wurde die Folter abgeschafft, und zwar nicht im Namen der Menschlichkeit, sondern weil man sich klar machte, dass jede Handlung (jede menschliche Bewegung) äußerlich eine Spur, einen ungewollten materiellen Abdruck hinterlässt. Seitdem bringt man die Beweise wissenschaftlich *zum Sprechen*, in gewisser Weise

lässt man sie an Stelle des Verdächtigen ‹gestehen›, indem man diese materiellen Spuren entsprechend eines
schlüssigen Verlaufes/Diskurses anordnet. [...] Man kann
glauben, dass auf dieser Ebene die Lücken und Zufälle
aufgrund der Ordnung der Tatsachen verschwinden könnten, da man mit Hilfe der Informatik die Anklage absolut
schlüssig oder zumeist nahe der absoluten Schlüssigkeit
formulieren könnte, indem man zugleich im Namen des
Subjekts und des Objekts verhandelt. Von da an kann man
auf das Geständnis des Angeklagten völlig verzichten, der
über sein Verbrechen weniger wüsste als der Computer
(...).»[39]

Das Geständnis wird in der programmierten Gesellschaft obsolet, weil die Daten im Moment ihrer Erhebung bereits geständig
sind. Wo der Alltag zum laufenden Beweisaufnahmeverfahren
wird, muss auch nichts mehr gestanden werden. Das Alibi, dass
man zur Tatzeit nicht am Tatort war, kann in der programmierten Gesellschaft nur das Positionsbestimmungssystem (GPS)
erbringen. Der Computer wird nicht nur zum Zeugen, sondern
auch zu einer juridisch-moralischen Instanz, welche die eigene
Unschuld testiert.

# 6

## Gefangen in informationeller Sippenhaft

### Wie Gene uns verraten

Im Dezember 2014 bekam Michael Usry, ein Filmemacher aus New Orleans, unerwarteten Besuch von der Polizei. Die Beamten verdächtigten den jungen Mann, der Mörder von Angie Dodge zu sein. Die 18-Jährige war 1996 in ihrem Apartment in Idaho Falls im US-Bundesstaat Idaho brutal ermordet worden. Der Fall sorgte landesweit für Schlagzeilen. Obwohl die Polizei damals DNA-Spuren am Tatort (Rückstände von Spermien) identifizieren konnte, ergab der Abgleich mit der nationalen Kriminaldatenbank keinen Treffer. Die Ermittler gingen davon aus, dass mehrere Angreifer gemeinschaftlich an dem Mord beteiligt waren. Der oder die Mörder liefen weiter frei herum. 18 Jahre später rollte die Polizei in Idaho den Fall erneut auf: Sie schickte die Sperma-Probe an ein privates Labor, um im Rahmen einer molekulargenetischen Analyse auch mögliche Verwandtschaftsbeziehungen des Täters zu klären:[1] Dabei wurde das Erbgut mit genetischen Markern der DNA des Y-Chromosoms, die über die väterliche Linie weitergegeben wird, abgeglichen.

Die DNA-Analyse ergab einen Beinahe-Treffer zwischen dem am Tatort gefundenen Sperma und dem Vater von Usry. 34 von 35 Allelen stimmten überein. Usry senior, der im Bundesstaat Mississippi lebte, hatte vor Jahren seine DNA im Rahmen eines von der Mormonischen Kirche gesponserten Projekts an eine gemeinnützige Stiftung gespendet, deren Gen-Datenbank vom US-Familiennetzwerk ancestry.com aufgekauft wurde. Das Netzwerk, das drei Millionen Stammbäume archiviert hat, ist für Kriminalisten eine wahre Fundgrube. Auf richterlichen Beschluss musste Ancestry.com die Daten offenlegen. So gelangte die Erbinformation an die Polizei. Die Fahnder durchforsteten Usrys Facebook-Profil und fanden dabei heraus, dass seine beiden Schwestern auf das College in dem Bundesstaat gingen, in dem der Mord geschah.[2] Über eine Google-Suche nach «Michael Usry» gelangten die Cops schließlich auf die Filmdatenbank IMDb, der zu entnehmen ist, dass der Mann Filmemacher ist und Filme mit Titeln wie «Murderabilia» drehte. Die Indizien – die hohe Übereinstimmung der DNA, sein soziales Umfeld sowie die Filmographie – waren für die Ermittler so belastend, dass sie einen Haftbefehl erwirkten.

Usry, der zum Tatzeitpunkt 19 Jahre alt war, gab in der Vernehmung an, dass er damals einen Skiurlaub mit drei Freunden verbrachte und keinen Fuß nach Idaho gesetzt hatte. Er hatte also ein Alibi. Usry fragte sich, ob einer seiner Verwandten, etwa Cousins der männlichen Linie in der Familie, etwas mit dem Verbrechen zu tun haben könnten. Der Verdächtige verblieb 30 Tage in Polizeigewahrsam. Aber war Usry auch der Täter?

Die Ermittler beauftragten einen Genetik-Spezialisten der Boise State University, der Zweifel an der Theorie äußerte. Seine Hypothese war: Der teilweise «match», also Treffer, könnte bedeuten, dass Usry und der Killer vor drei oder vier Generationen einen gemeinsamen Vorfahren hatten. Das hätte den Kreis der Verdächtigen erweitert – und die Beweiskraft der Reihenuntersuchung erheblich geschwächt. Ein weiterer, 2017 durchgeführter DNA-Test förderte schließlich das Ergebnis zutage, dass der Täter zu 88 Prozent nicht mit dem Verdächtigen verwandt war. Usry war damit entlastet. Doch der Mörder von Angie Dodge läuft noch immer frei herum.

Der bizarre Fall zeigt, wie man durch leichthändig abgegebene DNA-Proben von Verwandten in Verdachtsschleifen geraten kann. So wie man bei Facebook Informationen seiner Freunde preisgibt, gibt man mit der Hinterlegung seiner DNA auch Erbinformationen seiner Verwandten preis, obwohl diese unter Umständen gar nichts davon wissen und auch nicht ihr Einverständnis erklärt haben. In der programmierten Gesellschaft befinden wir uns alle in informationeller Sippenhaft – mitgehangen, mitgefangen. Was abermals zeigt, dass Identitäten nicht isoliert geschützt werden können und Datenschutz nicht allein vom Individuum gedacht werden kann, sondern aufgrund der Komplexität der sozialen Beziehungsnetze eine gesellschaftliche Aufgabe ist.

Mithilfe der Digitalforensik gelang es der US-amerikanischen Polizei, den berüchtigten «Golden State Killer» aufzuspüren. Joseph James DeAngelo steht im Verdacht, zwischen 1976 und 1986 zwölf Menschen ermordet und mindestens 50 Frauen vergewaltigt zu haben. Vier Jahrzehnte blieb das Verbrechen ungesühnt. Ein Cold Case, wie Kriminalisten sagen. Zwar konnten die Ermittler am Tatort DNA-Spuren finden. Der Abgleich mit Kriminaldatenbanken blieb jedoch erfolglos. Die Ermittler starteten später einen neuen Anlauf: Sie glichen das sichergestellte DNA-Material mit genetischen Informationen des Ahnungsforschungsportals GEDmatch ab. Unter den hunderttausenden hinterlegten Profilen stach eines hervor, das auffällige Ähnlichkeiten mit dem an einem der Tatorte sichergestellten

Genmaterial aufwies.[3] Aufgrund dieses Profils rekonstruierten die Fahnder den Stammbaum der Familie bis zurück ins 19. Jahrhundert und fanden mithilfe von Archivmaterial aus Behörden und Zeitungen den letzten gemeinsamen Vorfahren des Täters. Von dort führte die Spur nach Citrus Heights, einem Städtchen nördlich von San Francisco, wo der 72-Jährige DeAngelo den Polizisten nichtsahnend die Tür öffnete. Entfernte Verwandte hatten ihn verraten. Man kann Spuren verwischen, falsche Fährten legen, Taten verheimlichen, lügen. Seine Gene kann man aber nicht verbergen.

So spektakulär die Aufklärung klingen mag – der Fall wirft Fragen nach der genetischen Privatsphäre auf. Darf die Polizei ohne konkreten Verdachtsmoment eine groß angelegte Reihenuntersuchung durchführen? Wie muss es sich für den Cousin dritten Grades anfühlen, wenn seine Erbinformationen – sprich: sein Datenkörper – von der Polizei gescreent werden, um über die Konstruktion eines Stammbaumes zum Täter zu gelangen? Gehört das Genom noch einem selbst oder verkommt es zur Public Domain, die jeder durchforsten darf? Ist das nicht ein Hausfriedensbruch im Hinblick auf den eigenen Körper – und bräuchte man nicht für jedes Abprüfen einer Datei einen gesonderten Durchsuchungsbefehl?

Trotz aller Bedenken boomen Ahnenforschungsportale. Um mehr über ihre Abstammung zu erfahren, sind Menschen bereit, immer mehr Informationen über sich preiszugeben. In der Gendatenbank von Ancestry sind mittlerweile zehn Millionen Menschen gespeichert. Es ist die größte Gen-Datenbank der Welt. Ancestry bietet an, seine eigene Familiengeschichte zu erforschen. «Ihre DNA erzählt eine Geschichte», wirbt AncestryDNA auf seiner Webseite. «AncestryDNA gibt Aufschluss über die Gegenden, aus denen Sie ursprünglich stammen – und vieles mehr.»[4]

Das Prozedere verläuft immer gleich: Zunächst legt man ein

Nutzerkonto mit Angaben zur Person an. Für 89 Euro bestellt man ein Testpaket. Nach Erhalt des Pakets führt man über ein Röhrchen einen Speicheltest durch und schickt seine Speichelprobe ein. Die DNA-Probe wird dann in einem Labor analysiert. «Wir untersuchen 700 000 Marker in Ihrer DNA, um sie mit der DNA von Menschen auf unserem Referenzpanel zu vergleichen», heißt es auf der Webseite.[5] Nach sechs bis acht Wochen liegen die Ergebnisse vor. Die Idee hinter den Genealogie-Plattformen ist auch ein Networking-Gedanke. Wie auf Facebook mit Freunden, vernetzt man sich hier mit Cousins fünften Grades oder mit Leihmüttern. «Sind Gentest-Seiten die neuen sozialen Netzwerke?», fragte die «New York Times».[6] Über den genetischen Code knüpft man die familiären Bande wieder zusammen.

Die Frage ist: Wie steht es dabei um die Datensicherheit und mit wem werden diese Erbgutinformationen geteilt? Wer hat Zugriff auf den Datenpool? Versicherungen? Die Polizei? Geheimdienste? FamilyTreeDNA, eine der größten Ahnenforschungsportale in den USA, musste einräumen, dass es genetische Daten an das FBI weitergibt.[7] Ancestry weist auf seiner Webseite ausdrücklich darauf hin, dass Daten an Strafverfolgungsbehörden übermittelt werden können. Laut eigenem Transparenzbericht hat Ancestry 2017 34 rechtsgültige Auskunftsersuche zu Mitgliedern erhalten, darunter 8 aus Deutschland. In 31 dieser 34 Fälle sei dem Ersuchen stattgegeben worden.[8] Weiter heißt es, dass Ancestry genetische Daten an ausgewählte Forschungspartner weitergebe. Das Portal McClatchy berichtete, dass die Alphabet-Tochter Calico (California Life Company) im Rahmen einer Forschungskooperation Zugang zu den Gendaten und Stammbäumen von Ancestry habe.[9] Das Biotech-Unternehmen war 2013 von Google mit dem verwegenen Ziel gegründet worden, den Tod zu «lösen».[10] Google hätte damit Zugriff auf einen riesigen genetischen Datenpool.

Auch das von Google mitfinanzierte Biotechnologieunternehmen 23andMe (der Name ist eine Anspielung auf die 23 Chromosomenpaare des Menschen) verkauft DNA-Tests für zu Hause. «Die Entschlüsselung des menschlichen Genoms ist die aufregendste wissenschaftliche Entdeckung unserer Zeit», wirbt 23andMe auf seiner Webseite. «Ein geheimer Code in jedem von uns.» («A secret code in each of us!»)[11] Pikant: 23andMe wurde von Anne Wojcicki gegründet, die bis zu ihrer Scheidung im Jahr 2015 mit dem Google-Gründer Sergey Brin verheiratet war. Der Hauptsitz ist Mountain View, einen Steinwurf vom Google-Hauptquartier entfernt. Patrick Chung, Vorstandsmitglied von 23andMe, beschreibt die Ambitionen seines Unternehmens recht unverblümt: «Das langfristige Ziel ist es nicht, Geld mit dem Verkauf von (DNA-)Kits zu verdienen [...]. Hat man erst einmal die Daten, wird das Unternehmen zum Google personalisierter Gesundheitsvorsorge.»[12] Es klingt wie eine Dystopie: Ein Unternehmen, das den menschlichen Code in einer Suchdatenbank speichert.

In seinem Drama «Die Befristeten» entwickelt Elias Canetti die Utopie eines Staates, der die Menschen über den Faktor Zeit beherrscht.[13] Jeder Bürger bekommt mit der Geburt eine versiegelte Kapsel umgehängt. Darin befindet sich ein Zettel, auf dem das genaue Sterbejahr vermerkt ist. Wer die Kapsel verliert, öffnet oder einem anderen stiehlt, gilt als Mörder – und muss verhungern. Die Kapsel ist der Sozialvertrag, auf dem die Sicherheit des Staates gründet. Kriminalität sinkt auf ein Minimum. Die Information über Endlichkeit, die irgendwo in der DNA des Körpers eingeschrieben ist, kehrt sich nach außen, sie wird in einem Minitresor verschlossen, den nur der Staat öffnen darf. Dadurch hat er die Menschen in der Hand.

Man kann Canettis Drama auch als Allegorie der programmierten Gesellschaft lesen. Tech-Konzerne haben den Code des Lebens entschlüsselt: Sie wissen, welche Präferenzen wir haben, welche Krankheiten, Sorgen und Ängste, welche Geheimnisse, wie wir auf bestimmte Ereignisse reagieren, welches Produkt wir als nächstes kaufen. Ihre Algorithmen kennen uns besser als wir uns selbst. Die Kapsel, die wir alle mit uns herumtragen, sind Smartphones – Black Boxen, die wir zwar öffnen können, aus denen wir aber keine Informationen über unsere biologische «Halbwertszeit» herauslesen können. In den Simulationen der Großrechner wird unser Schicksal jedoch über Monate, vielleicht sogar über Jahre vorausberechnet. Gewiss, niemand trägt sein Sterbedatum um den Hals und wird zum Mörder erklärt, wenn er seinen genetischen Code entschlüsselt (aus dem man Dispositionen für Krankheiten herauslesen könnte). Doch möglicherweise besitzen Biotechnologieunternehmen Informationen über Erbkrankheiten, die sie unter Verschluss halten.

Die Dystopie scheint dort auf, wo ein Konzern biometrische, genetische und Suchdaten miteinander verknüpft und daraus Verhaltensprofile generiert. Person Y hat eine genetische Disposition für Magenkrebs und sucht häufig nach «Sodbrennen». Oder: Das Kind von Person Z, ein genetischer Anlageträger für Mukoviszidose, hustet häufig in den Smart Speaker. Ein solches Wissen über die Menschen hat es noch nie gegeben. Wer weiß, dass Bürger X ein Risiko für eine Krankheit hat, kann über diese Information verfügen – er kann sie veröffentlichen, verkaufen oder für den Verzicht auf solche Handlungen eine Gegenleistung erwirken. Eine Krankenkasse, die weiß, dass Person X ein hohes genetisches Risiko für Krebs hat, könnte einen Risikozuschlag erheben oder einen Patienten erst gar nicht versichern. Kuppelplattformen könnten Risikoprämien für Erkrankte verlangen oder «Matches» zwischen Merkmalsträgern programmiertechnisch verhindern. Ideen dafür gibt es bereits: Die Dating-App Pheramor verkuppelt Nutzer anhand ihrer DNA. «Pheramor nutzt Ihre Biologie und Ihre soziale Technologie.

Wir sammeln Ihre genetischen Daten (...) und erwerben Ihre Likes, Dislikes und Interessen von Social-Media-Profilen wie Facebook und Twitter», heißt es auf der Webseite.[14] Die durch Algorithmen erzeugten Homogenisierungseffekte in der Gesellschaft sind ohnehin schon groß. Durch ein genetisches Matching werden sie aber nochmal verstärkt. Es wäre ein Albtraum: Eine ethnisch homogene, inzestuöse Gesellschaft, die durch automatisierte Kupplungsprozesse immer wieder dieselben Merkmalsträger reproduziert.

Die Digitalisierung macht auch aus dem menschlichen einen Zeichenkörper, aus dem sich Informationen extrahieren und mittels assoziativer Pfade miteinander verknüpfen lassen. Der Körper konstituiert einen Hypertext, der kontinuierlich überschrieben und mit Hyperlinks versehen wird. <A HREF=«CFTR defunct»> <A HREF=«abnormer Blutdruck»>, <A HREF=«Google-Suche nach Hustreiz»> und so weiter – eine Art Informationskontinuum, in dem laufend Zeichenketten und Prüfzertifikate aneinander angehängt werden.

Der menschliche Körper war auch schon im analogen Zeitalter textförmig: Die DNA besteht aus drei Milliarden Buchstaben. Allein das CFTR, das bei einem Gentest einer Art Rechtschreibüberprüfung unterzogen wird, besteht aus rund 6500 Buchstaben. Insofern ist auch der präinformatische Körper ein Datenträger. Ebenso ist das Gesicht ein (maschinen-)lesbarer Text, der eine bestimmte Geschichte erzählt (Narben, Sorgenfalten, Augenringe). Und der menschliche Körper ist auch insofern ein Intertext[15], als er auf Prätexten, den genetischen Informationen seiner Vorfahren gründet. Dass man dieselben Augen- oder Mundpartien wie seine Mutter hat, ist gewissermaßen eine Texteigenschaft, die man mit den leiblichen Eltern teilt. Man kann diese Verwandtschaft augenscheinlich lesen und beschreiben. Im Analogen waren diese Baupläne jedoch verschlüsselt. Man wusste nicht, welche Krankheit jemand hat – man konnte die Krankheitsanzeichen, die Symptome, nur deuten. Mit moderner Technik lassen sich diese Informationen nun entschlüsseln und neu codieren: Durch gentechnische Verfahren ist es möglich, das menschliche Genom, den Quellcode des Körpers sozusagen, nicht nur auszulesen, sondern aktiv umzuformulieren. Mit CRISPR/Cas9, einer Methode des ethisch umstrittenen «Genome Editing», lassen sich Nukleotide, die «Buchstaben» im DNA-Text – die kleinsten semiotischen Einheiten im menschlichen Bausatz –, wie in einem Word-Dokument redigieren. Bestimmte Passagen können per Copy and Paste hin- und hergeschoben werden.

Gesichtserkennungssysteme lesen und entschlüsseln die Zeichen im Gesicht – zum Beispiel Mikroexpressionen. Es ist ein viel genaueres Lesen und Auslesen von Informationen als früher. Wenn Apple mit seiner Gesichtserkennungstechnologie Face ID postuliert «Dein Gesicht ist dein Passwort», schwingt im Subtext die Botschaft mit: Wir können dich lesen! Wir können dich entschlüsseln! Wir besitzen die Schreibrechte! Wir haben die Schlüsselgewalt über deine Identität! Für den Bürger bleiben diese Informationen verschlüsselt; sie werden in einem digitalen Silo weggesperrt. Ein Passwort kann man ändern, ein Gesicht nicht (außer vielleicht durch Schönheits-OPs oder Entstellungen nach einem Unfall). Die Identitätsbildung ist in der programmierten Gesellschaft hypertextuell: ein infiniter Schreibprozess, in dessen Verlauf Maschinen am Text des Lebens mitschreiben. Der Körper, mithin die menschliche Identität, wird zu einem les- und schreibbaren Text, an dem jeder mitschreiben kann: Genetiker, Bioingenieure, Programmierer, Algorithmen. Die DNA wird zum Open-Source-Programm.

Es gibt irgendwann keine Möglichkeit mehr, außerhalb seiner digitalen Repräsentationen zu leben. Man ist gefangen in seinem Datenkörper. In der Disziplinargesellschaft war der unterworfene Körper immer noch eine Trutzburg, aus der intime

Informationen (etwa Gedanken oder Krankheiten) nicht ohne Weiteres nach außen drangen. Deshalb zielte die von Foucault skizzierte «Kerkerinstitution» auch auf «Bestrafung» als «Technik des Einzwängens der Individuen» und nutzte «Dressurmethoden, die am Körper nicht Zeichen, sondern Spuren hinterlassen: die Gewohnheiten des Verhaltens.»[16] In der informatisierten Herrschaft kehrt sich diese Dialektik um: Am physischen Körper werden keine Spuren der Züchtigung hinterlassen. Dafür werden am Datenkörper jede Menge Zeichen hinterlassen. So manches Datensubjekt, das von Scoring-Systemen stigmatisiert wurde, trägt die Gefängnisnummer ein Leben lang wie ein Kainsmal mit sich herum.

Die Frage ist, ob man sich noch als Urheber seines Körpers fühlen kann, wenn dieser in immer kleinere digitale Sinneinheiten zerlegt wird, deren Bedeutung wiederum von maschinellen Interpretationen abhängt. Sind wir durch die omnipräsenten Vermessungstechniken noch «Patentinhaber» unserer biometrischen Merkmale? Gehört einem das Gesicht noch, wenn man Apples Gesichtserkennung Face ID nutzt oder den Facebook-Algorithmus, der auf hochgeladenen Fotos Gesichter screent? Oder hat man mit der Nutzung dieser Systeme bereits stillschweigend das Copyright abgetreten? Müssen wir bald Lizenzgebühren für die Nutzung unserer Daten zahlen, weil wir sie leichtfertig auf irgendwelchen Plattformen verschenkt haben?

Die Erhebung biometrischer Daten kommt faktisch einer Konfiskation des Körpers gleich, dessen Merkmale so behandelt werden, als hätte der Träger sie unrechtmäßig erworben und müsse sie mit der Gemeinschaft teilen. Biometriker sind Raubkopierer: Sie stehlen Persönlichkeitsmerkmale und machen sie zu einem produktfähigen Identitätsstandard. Intertextualität am Körper bedeutet auch ein radikal biopolitisches Zugriffs- und Verwertungsrecht, wo Dritte Identitätsmerkmale ab-, be- oder überschreiben und die Integrität der Information beeinträchtigen können. Die Biometrisierung der Gesellschaft stellt damit einige grundlegende humanistische Prämissen in Frage.

Die aufklärerische Moderne geht davon aus, dass der Mensch ein unbeschriebenes Blatt ist; jeder soll zum Autor seiner eigenen Geschichte werden. Dieses Ideal war durch genetische Prädispositionen und die soziale Herkunft (Identitätsmarker) immer schon verzerrt. Herkunft und Habitus sind gewissermaßen als Vorabdruck in das Dokument «Leben» eingeschrieben: Je nach Gesellschaftstypus wird man abgestempelt bzw. trägt ein Stigma mit sich herum. Doch in der analogen Gesellschaft waren der Mensch und das Leben auch ein Rätsel, das sich durch Erfahrungen entschlüsseln ließ – ein unbeschriebenes Buch, dem man immer wieder eine neue Erzählung und ein neues Kapitel hinzufügen konnte. Diese Erzählstruktur kehrt sich in der programmierten Gesellschaft um. Maschinen führen von Beginn an Protokoll über unsere Verhaltensweisen, Handlungen, Gedanken, ja sie entschlüsseln und entlarven uns. Wie in einem Textverarbeitungsprogramm wird jeder Klick, jede Spracheingabe in Zeichencode übersetzt. Das Leben ist ein Computerprotokoll, eine Aneinanderreihung von Datenblöcken, und wir sind allenfalls noch Koautoren unserer Geschichten. Je mehr der Mensch in Zahlen und Formeln aufgeht, desto mehr verschwinden auch Individualität und Vielfalt. Irgendwann endet die Erzählung des Menschen über den Menschen, weil Algorithmen uns besser kennen. Doch ein Mensch, der nichts mehr zu erzählen hat und nur noch in anonymen Formeln erzählt wird, hat keine Geschichte. Und wer geschichtslos ist, ist ein Mensch ohne Eigenschaften: ein Objekt wie eine Maschine. Wir können uns eine Zukunft vorstellen, in der der Mensch durch die Schaffung einer radikalen Indifferenz automatengerecht wird. Der erste Schritt in diese Richtung besteht darin, ihn zu formatieren.

# 7

## Die Formatierung der Datenkörper

### Wenn das Gesicht zum Pass wird

Gesichtsausdrücke offenbaren das Innenleben – und gehören zum Privatesten, was der Mensch hat. Doch in Zeiten von Überwachung und moderner Informationstechnologie ist das Gesicht so öffentlich wie nie zuvor. Bahnhöfe, Flughäfen, Shopping-Malls – an immer mehr Orten im öffentlichen und halböffentlichen Raum werden Gesichtserkennungssysteme installiert. Die Überwachung ist dabei zunehmend in den Konsum eingewoben. Airlines bieten biometrisches Boarding an, bei dem das Gesicht den Boarding-Pass ersetzt. Das iPhone X lässt sich per Gesichtsscan entsperren. Und beim Kreditkartenunternehmen Mastercard kann man bequem per Selfie bezahlen. Im Überwachungskapitalismus wird das Gesicht zum Barcode.

Der amerikanische New-Media-Guru Nicholas Negroponte sah diese Zukunft bereits in seinem 1995 erschienenen Buch «Being Digital» voraus: «Ihr Gesicht ist eigentlich Ihr Display-

Gerät, und Ihr Computer sollte in der Lage sein, es zu lesen, was die Erkennung Ihres Gesichts und seiner einzigartigen Ausdrücke erforderlich macht.»[1] Schon in der Antike glaubten die Menschen, das Gesicht sei das Fenster zur Seele. In der weniger prosaischen, dafür umso materialistischeren digitalen Gesellschaft wird das Gesicht zu einem Inter*face*, einer Schnittstelle zwischen Computer und Mensch. Mit biometrischen Verfahren wie der Gesichtserkennung wird dieser ständige Datenstrom nun zunehmend systematisiert und katalogisiert. Gesichtserkennung erfüllt neben der Identifikation und Verifikation vor allem einen Zweck: die Formatierung der Datenkörper. Alles wird auf ein maschinenlesbares Format gebracht.

Das australische Department of Immigration and Border Protection, die Einreise- und Grenzschutzbehörde des Landes, will ein System namens «World First» einführen, bei dem Passagiere ohne Vorzeigen ihrer Papiere «kontaktlos» einreisen können (wobei man fragen müsste, ob die kontaktlose Gesellschaft auch eine *taktlose* ist, weil über die Automatisierung von Interaktionen bestimmte Umgangsformen verlernt werden). Reisepass-Scanner und Antragsformulare sollen der Vergangenheit angehören. Unbürokratischer und schneller soll das Reisen durch die biometrischen Erkennungssysteme werden. «Ihr Gesicht wird Ihr Pass und Ihre Bordkarte», prophezeite der Chef des Flughafens in Sydney, Geoff Culbert.[2] Es klingt praktisch: Man muss nicht mehr in der Tasche nach seinem Reisepass kramen, und man kann das Ausweisdokument auch nicht vergessen. Das Gesicht führt man stets mit sich.

Nur ist die Technik extrem unpräzise. Die US-Bürgerrechtsorganisation ACLU (American Civil Liberties Union) bemängelt, dass schon eine neue Frisur, eine geringe Alterung oder eine Veränderung des Gewichts die Software vor erhebliche Schwierigkeiten stellen können.[3] Eine Studie des US-Verteidigungsministeriums stellte eine hohe Fehlerrate bei Gesichtserkennungssystemen selbst unter optimalen Bedingungen fest, wenn die Person bei idealen Lichtverhältnissen frontal in die Kamera blickt. Die Untersuchung fand eine große Zahl von Falschpositiven, also von Fällen, bei denen Personen mit dem Foto eines anderen gematcht wurden, und von Falschnegativen, bei denen es fälschlicherweise gar keinen Treffer in der Datenbank gab. Beim Champions-League-Finale 2017 im walisischen Cardiff markierte ein Gesichtserkennungssystem fäschlicherweise mehr als 2000 Menschen als Kriminelle.[4] In China verwechselte die Gesichtserkennung das Konterfei auf einer Buswerbung mit dem Gesicht einer vermeintlichen Rotgängerin. Die Werbeträgerin, die prominente Geschäftsfrau Dong Mingzhu, wurde daraufhin auf einem digitalen Bildschirm stigmatisiert.[5] Auf dem Kurznachrichtendienst Weibo sorgte der Fall für allgemeine Erheiterung. Es war, als hätte sich das Regime selbst an den Pranger gestellt.

Angenommen jemand unterzieht sich einer Schönheitsoperation oder hat infolge eines Unfalls eine Narbe im Gesicht. Die Erkennungssoftware identifiziert beim Abgleich zwischen dem aktuellen und dem hinterlegten Foto anhand bestimmter Klassifikatoren Abweichungen, die so groß sind, dass es sich nach ihrer Wahrscheinlichkeitsrechnung nicht um dieselbe Person handelt. Die Ampel springt auf Rot, die Person darf nicht einreisen. Heißt das, dass der Pass ungültig ist? Führt ein falscher mathematischer Wert zum Verlust der Identität? Muss man als Identitätsnachweis einen mathematischen Beweis führen? Was ist mit Menschen, deren Gesicht aufgrund einer Krankheit oder Kriegsverletzung entstellt ist? Sehbehinderten, bei denen kein Iris-Scan durchgeführt werden kann? Menschen, die bei einem Arbeitsunfall ihre Finger verloren haben? Würde man diesen Menschen die Einreise verweigern, weil sie nicht maschinenlesbar sind? Ist diese Person aufgrund ihrer biometrischen «Unleserlichkeit» dann staatenlos?

Auf die Frage, ob Fingerabdrücke genommen werden, wenn Finger fehlen oder verwundet sind, heißt es auf der Webseite des australischen Department of Home Affairs unmissverständlich: «Ja. Wenn Ihre Finger fehlen, müssen Scans von Ihren verbliebenen Fingern gemacht werden. Wenn Sie sich Ihre Fingerkuppen geschnitten oder zerstört haben, müssen Sie warten, bis die Verletzung abgeheilt ist.»[6] Wer keine Finger mehr hat, ist nicht oder nur bedingt rechtsfähig. Das zeigt, wie juristischer und biologischer Körper auf fatale Weise miteinander verschwistert sind. Die Sicherheitsutopie eines faszialen Ausweises erinnert an die düstere Erzählung von Paul Valéry, in der der Dämon zu Monsieur Teste spricht: «Gib mir einen Beweis. Zeige, dass du immer noch bist, der du zu sein glaubtest.»[7] Wie das Fantasiewesen Monsieur Teste muss auch der Mensch vor Gesichtserkennungssystemen beweisen, dass er der Informationsträger jener biometrischen Merkmale ist, die in der Datenbank unter seinem Namen gespeichert sind.

Apple stellt mit seiner Technologie Face ID eine biometrische Identität aus, mit der sich das iPhone X per Gesichtsscan entsperren lässt. Das TrueDepth Kamerasystem, dessen Neusprech «Wahre Tiefe» erst in der deutschen Übersetzung deutlich wird, erstellt eine «detaillierte Tiefenkarte» des Gesichts (was man auch als Machttechnik verstehen kann). Ein Punktprojektor projiziert dabei 30 000 unsichtbare Punkte im Gesicht, um sie anschließend zu kartieren. Eine Infrarotkamera liest das Punktemuster aus, macht ein Infrarotbild und sendet die Daten an einen Chip, um eine Übereinstimmung zu bestätigen. Das Gesicht wird dekonstruiert, das heißt in seine Datenpunkte zerlegt, mathematisch codiert und biometrisch getaggt. «Dein Gesicht ist dein bestes Passwort», heißt es bei Apple. «Kennt es dich einmal, erkennt es dich immer.» Und weiter: «Deine Freunde erkennen dich vielleicht nicht mehr. Aber Face ID schon.»[8] Das kann man auch als Drohung einer orwellianischen Totalüberwachung deuten: Wir sehen dich! Und wir erkennen dich auch mit Sonnenbrille oder Camouflage-Look! (Die Werbeslogans sind inzwischen aus dem Netz verschwunden.) Das iPhone X sei auch dafür entwickelt worden, «Manipulationen mit Fotos oder Masken zu verhindern», heißt es bei Apple. Doch indem die Maschine den Menschen demaskiert – die Software entschlüsselt sogar das Pokerface – und alle seine Emotionen offenlegt, erzeugt sie gleichsam eine neue (Such-)Maske, durch die alle gerasterten biometrischen Eigenschaften hindurchlaufen.

Mit seinem «Project Abacus» wollte Google Passwörter überflüssig machen und durch eine biometrische Erkennung ersetzen. Abacus sollte Geräte und Apps auf Grundlage eines «Trust Score» entsperren, der sich nach Bewegungsmustern, stimmbiometrischen Merkmalen, dem Geh- und Tippverhalten sowie dem Gesicht berechnen sollte.[9] Der Gedanke: Das Smartphone erkennt den rechtmäßigen Nutzer auch ohne Passwort – anhand seiner Stimme, Schritte und Tastenbewegungen. Im Grunde muss der Nutzer wie Monsieur Teste dem dämonischen Algorithmus beweisen, dass er noch der Alte ist. Doch was ist, wenn man die eigene Norm unterbietet oder von ihr abweicht? Wenn man sich das Bein bricht und langsamer geht? Wenn man an Gicht erkrankt und langsamer tippt? Hat man dann noch Zugriff auf Gesundheits-Apps? Ist man dann noch «Ich»? Entscheiden Algorithmen über den Subjektgrad? Wo das Gesicht im Rechtsverkehr immer mehr zum Ausweisdokument wird, ist automatisierte Gesichtserkennung im Grunde nichts anderes als automatisierte Kennzeichenerkennung im Straßenverkehr: ein anlassloses Rastern und Abgleichen biometrischer Daten mit Fahndungsdateien.

Neben Apple setzen alle großen Technologiekonzerne Gesichtserkennungssoftware ein. Facebook, das dem Namen nach Buch über Gesichter führt, erkennt automatisch Gesichter auf Fotos und ordnet sie dem jeweiligen Profil zu. Der chinesische

Tech-Riese Tencent, der das populäre Handy-Spiel «Honour of Kings» vertreibt, setzt Gesichtserkennung als Jugendschutzmaßnahme ein, um das Alter der Spieler zu prüfen.[10] Um der grassierenden Spielsucht entgegenzutreten, dürfen Gamer unter 12 Jahren nur eine Stunde pro Tag spielen:[11] Speichern und Strafen auf Chinesisch. In chinesischen Klassenzimmern werden Schüler alle 30 Sekunden von Gesichtserkennungssystemen gescannt, um zu überprüfen, ob sie aufmerksam sind und dem Unterricht folgen.[12] In britischen Supermarktketten (unter anderem in den Filialen von Tesco) müssen sich Kunden mit ihrem Gesicht ausweisen, wenn sie Alkohol oder Zigaretten kaufen wollen: In den Self-Check-outs ist eine Gesichtserkennungstechnologie installiert, die eine automatische Altersprüfung durchführt.[13]

Amazon hat 2017 seinen Dienst Rekognition vorgestellt, der mithilfe von Algorithmen Objekte, Aktivitäten, Gesichtsattribute sowie «unangemessene Inhalte» auf Bewegtbildern erkennt.[14] Das System soll zudem in der Lage sein, Eigenschaften wie Stimmung, Alter, offene/geschlossene Augen, Brille, Gesichtsbehaarung in Echtzeit zu bestimmen. «Mit Rekognition Video können Sie Tausende Objekte wie Fahrzeuge oder Haustiere, Szenerien wie Städte oder Strände und Aktivitäten wie eine Paketzustellung oder auch einen Tanz automatisch erkennen», heißt es bei Amazon.[15] Bei einer afroamerikanischen Frau steht dann zum Beispiel: zu 100 Prozent weiblich, zu 100 Prozent offene Augen, zu 97,4 Prozent glücklich. Der Gedanke hinter diesen maschinellen Systemen ist die Entlarvung des Menschen – seines falschen Lächelns, seiner falschen Identität –, um ihn über seine Daten zu Ehrlichkeit anzuhalten. Dass Identitäten wie Transgender in diesen statistischen Modellen bloß Residualkategorien sind, macht deutlich, wie Technologie Menschen objektiviert – und diskriminiert. Wo starre Grenzwerte definiert werden, gibt es auch weniger Raum für Abweichung.

Nachdem bekannt wurde, dass Amazon seine Gesichtserkennungssoftware an Regierungsbehörden verkauft, schrieben Angestellte einen offenen Brief an Konzernchef Jeff Bezos. Darin kritisieren sie, dass die Software ein «mächtiges Werkzeug für den Überwachungsstaat» sei und die Schwächsten der Gesellschaft weiter marginalisiere.[16] Auch die «New York Times» nutzte das Tool bei der royalen Hochzeit von Prinz Harry und Meghan Markle im Mai 2018, um Prominente zu identifizieren, was das Blatt verschämt einräumen musste.[17]

Auf Konzerten der Popsängerin Taylor Swift wurden Fans heimlich mit einer Gesichtserkennung überwacht. An den Eingangstoren waren Bildschirme postiert, in denen eine versteckte Kamera Fotos von den Konzertbesuchern machte.[18] Auch in sogenannten Selfie-Stationen wurden Gesichter von Fans gescannt. Die Fotos wurden an eine Kommandozentrale in Nashville weitergeleitet, wo sie mit einer Datenbank abgeglichen wurden, in der hunderte Stalker erfasst waren, die der Sängerin in der Vergangenheit nachgestellt hatten. In China wurde ein flüchtiger Straftäter bei einem Konzert aus einer Menge von 60 000 Zuschauern von einer intelligenten Videoüberwachung identifiziert – und noch auf der Stelle verhaftet.[19]

Das Problem biometrischer Systeme ist, dass der automatisierte Datenabgleich nicht allein der Identitätsfeststellung dient, sondern sich aus dem Gesicht (wie im Übrigen auch der Stimme) viel weitreichendere Informationen etwa über Emotionalität, Nervosität oder Krankheiten extrahieren lassen. Zudem kann man sich der screeninghaften Erhebung von Mikroausdrücken kaum erwehren – genauso wenig wie der Held Winston in George Orwells dystopischem Roman «1984», der vergeblich Abwehrstrategien entwickelt, um sich den Blicken des Großen Bruders zu entziehen: «Seine Gefühle zu verbergen, sein Mienenspiel zu kontrollieren, das zu tun, was alle taten, war eine Instinktreaktion. Doch es gab eine Spanne von wenigen Sekunden, da ihn sein Augenausdruck möglicherweise hätte verraten können.»[20]

Die Realität ist von der Romanwirklichkeit nicht mehr weit entfernt. Die US-Firma HireVue hat eine Gesichtserkennungs-software entwickelt, die Unternehmen bei Job-Interviews assistiert. Während der Kandidat zu Hause in die Kamera seines Smartphones oder Laptops spricht, wird sein Gesicht von einem Computerprogramm gescreent. Ein Algorithmus vermisst verschiedene Punkte im Gesicht, um aus den Mustern Gesichtsausdrücke abzuleiten, die Aufschluss über die Eignung des Bewerbers geben sollen. Ist der Kandidat motiviert? Lächelt er künstlich? Sagt er die Wahrheit über seine Ausbildung? Setzt er ein Pokerface auf, um mögliche Lücken im Lebenslauf zu überspielen? Der Traum vom Lügendetektor ist so alt wie die Menschheit, doch mit der Screening-Software soll er Wirklichkeit werden.

Der Algorithmus soll Mikroexpressionen aus dem Gesicht herauslesen, die dem Personaler verborgen bleiben. Neben Emotionen analysiert die Software auch Tonalität, Körpersprache, Wortwahl und Stimme. Ein Job-Interview ist ein veritabler Datenschatz: Aus den bis zu 200000 Datenpunkten, die von HireVue gesammelt werden, errechnet das System einen Score, der den Erfolg des Bewerbers vorhersagt.

Die Emotionsmesstechnologie geht auf den amerikanischen Psychologieprofessor Paul Ekman zurück, der in den 1970er Jahren ein Verfahren zur Mimik- bzw. Emotionserkennung entwickelte: das Facial Action Coding System, kurz FACS. In zahlreichen Feldstudien (u. a. in Papua-Neuguinea) versuchte Ekman zu belegen, dass Gesichtsausdrücke nicht kulturell variieren (wie es Ethnologen behaupten), sondern in einem universalen Zeichensystem über mehrere Kulturkontexte hinweg geteilt werden.[21] Ekman ging davon aus, dass sich Emotionen Kategorien wie Furcht, Wut, Abscheu, Traurigkeit, Überraschung und Freude einordnen lassen.[22] Kritiker werfen ihm vor, seine darwinistische Theorie sei nicht haltbar. Ekman stützt seine Erkenntnisse auf die Arbeiten des französischen Neurologen Guillaume Duchenne, der im 19. Jahrhundert Probanden mit Stromschlägen traktierte, um ihre physiognomischen Zeichen zu entschlüsseln. Die Fotos grimassierender Probanden (meist waren es Arme und Aussätzige) wirken heute abstoßend. Ekman schreibt wörtlich: «Ich bin fasziniert von Duchennes Ideen über die Natur emotionaler Gesichtsausdrücke.»[23] Das zeigt, wes Geistes Kind er ist. Der Psychologe schulte Computerwissenschaftler, Polizisten und das Flugsicherheitspersonal der Transportation Security Administration, bei der nach den Anschlägen vom 11. September ein besonderes Interesse an Verhaltenserkennung bestand.

Gesichtserkennungs- bzw. Emotionsmesstechnologien sind klassische Praxisbeispiele der algorithmischen Gouvernementalität: Mithilfe von Computerprogrammen ist der Staat (oder auch ein Unternehmen) in der Lage, Emotionen der Bürger zu erkennen und zu bewerten.[24] Der Staat produziert über die Techniken des Data-Mining und Profiling Wissen über die Bevölkerung. Im öffentlichen Raum werden Menschen, deren Gesichtsausdruck von Maschinen als «wütend» klassifiziert wird, zur weiteren Überwachung ausgeschrieben. Menschen mit glücklichem Gesichtsausdruck werden dagegen seltener überwacht.[25] Der Staat macht damit etwas zu einem Rechtschaffenheitskriterium, was nach modernem Staatsverständnis in der privaten und nicht der öffentlichen Sphäre zu verorten ist: Emotionen. Man kann darin eine Tyrannei der guten Laune erblicken, in der konsumhafte Zwangsbeglückung und Konformitätszwang eine Verbindung eingehen. Es gibt praktisch kein Recht mehr, mies gelaunt durch den öffentlichen Raum zu laufen (man könnte ja etwas Böses im Schilde führen). Man befindet sich in biometrischer Beugehaft.

Auch in Deutschland kommen Gesichtserkennungssysteme zum Einsatz. In Mannheim wurde Anfang 2018 ein Videoüberwachungssystem getestet, das mithilfe einer intelligenten Software automatisch Gefahren erkennen soll. Die Software, die vom Fraunhofer-Institut entwickelt wurde, sollte auf dem Videomaterial «typische» kriminelle Verhaltensweisen wie Treten oder Schlagen erkennen. Die Aktivitätserkennung löst automatisch Alarm aus und verständigt die Einsatzzentrale, die dann entscheidet, ob Einsatzkräfte losgeschickt werden. «Unser System soll einmal zuverlässig kriminalitätstypisches, deviantes Verhalten im Raum erkennen», sagte der Mannheimer Finanz und Ordnungsbürgermeister Christian Specht (CDU).[26] Allein, was ist «kriminalitätstypisch»? Lassen sich Delikte überhaupt typisieren? Wie will eine Software zwischen fröhlichen Karnevalisten und kriminellen «Antänzern» differenzieren? Was meint «deviantes» Verhalten? Gibt es den «typischen» Kriminellen? Man landet hier schnell in einer Gesinnungsjustiz. Nach dem Motto: Der sieht schon kriminell aus! Solch schablonenartige Erkennungsmuster führen zu einer Stereotypisierung von Verdachtsmomenten.

Die Gefahr dabei liegt auf der Hand: Wenn Computersysteme – sprich: Programmcodes – entscheiden, was «normal» ist und was davon abweicht, werden Verdachtsmomente in der Regel auf soziale Randgruppen wie Flüchtlinge, Ausländer und Obdachlose projiziert (siehe dazu Kapitel 10). Wer von «deviantem Verhalten» spricht, kann auch Bettler aus den Zentren verbannen, weil ihr Alltag ästhetisch nicht ins Stadtbild passt. Die Registraturen aktualisieren ein Verfahren, das auf denselben kruden Annahmen wie die Physiognomik oder Bertillonage beruht, mit denen vor Jahrhunderten die Gesichter vor allem von Straftätern und Kranken vermessen wurden. So ließ der Kriminalist Alphonse Bertillon 1895 prototypische Nasenprofile anlegen, bei denen die Nase in zu beschreibende Einzelteile wie die

Entfernung von der Nasenspitze bis zur Nasenhöhle zerlegt wurde, was nicht mehr weit von der Eugenetik und Rassenlehre entfernt ist. Der Psychiater Cesare Lombroso versuchte auf der Grundlage physiognomischer Merkmale wie Augen, Lippe, Kinn und Nase von körperlichen auf soziale Anomalien zu schließen und eine medizinische Definition des Verbrechertypus zu entwickeln.[27] Dazu erstellte er statistische Tabellen zur Häufigkeit morphologischer Merkmale. Für Lombroso gab es den «geborenen Verbrecher»; nach seiner kruden Lehre handelte es sich um eine natürliche Abweichung vom «normalen» Menschentypus. Als chinesische Immigranten Ende des 19. Jahrhunderts zu Tausenden an der Westküste der USA ankamen und per Fingerabdruck registriert wurden, kommentierte der «San Francisco Daily Report» mit einer gehörigen Portion Rassismus: «Die dumpfen Marker von Mon Shing, einem chinesischen Wäschereiarbeiter, sind leichter zu erkennen als sein Gesicht.»[28]

Die Physiognomik feiert mit Gesichtserkennungssystemen fröhliche Urständ. Wissenschaftler der Universität Stanford haben eine KI entwickelt, die anhand von Porträtfotos erkennen will, ob jemand schwul ist – als ob einem die sexuelle Orientierung ins Gesicht geschrieben steht![29] Mit diesem «mathwashing», wie es der Datenwissenschaftler Fred Benenson nennt, wird ein rassistisches Denken rehabilitiert und mit mathematischen Formeln neu beglaubigt.

Die Frage ist, was die Technik alles sieht – und wie Firmen mit den sensiblen Daten umgehen. Würde ein Unternehmen einen Kandidaten ablehnen, wenn es anhand des Iris-Scans feststellt, dass der Bewerber eine unheilbare Krankheit hat? Würde einer Person am Flughafen die Einreise verweigert, weil sie schief lächelt? Die von Maschinenethikern vorgebrachte Idee, der Technik eine Art blindes Auge einzuprogrammieren, dürfte in der Praxis schwer umsetzbar sein, weil man damit die analytischen Fähigkeiten beschränkte, um derentwillen man die Technik gerade entwickelt hat.

Das Start-up IC Realtech hat bereits vor einiger Zeit eine intelligente Videosuchmaschine entwickelt, mit der man in Videomaterial nach bestimmten Gegenständen suchen kann[30] – eine Art Google für Überwachungskameras. Die Software, die im Kameranetzwerk installiert wird, zerlegt das Videomaterial in Metadaten und sendet es an einen gesicherten Server. Dort werden die Metadaten von einem deep-learning-Algorithmus analysiert und in suchbare Informationsstücke verwandelt. In einem Suchfenster kann man einfach einen Begriff eingeben – zum Beispiel «roter Truck». Daraufhin durchforstet die Software das Videomaterial und identifiziert per Objekterkennung den gesuchten Gegenstand. Für den Anwender heißt das: Man muss nicht mehr stundenlang Videomaterial auswerten, um herauszufinden, wann der Tankbetrüger mit dem Auto wegfuhr. Bei der Fahndung nach einem Bankräuber könnte man einfach die Täterbeschreibung in die Suchmaschine eingeben: männlich, 1,70–1,80 Meter groß, dunkle Augen, südeuropäisches Aussehen.

Wenig überraschend stößt ein solches Werkzeug bei Kriminalisten auf großes Interesse. Videoanalyse wird in den USA nach Fingerabdrücken und DNA als «dritte Forensik» («the third forensic») bezeichnet. Man müsste nur auf einen Knopf drücken, um nach vermissten Personen oder gesuchten Verbrechern zu suchen. Mittels geobasierter Livestream-Daten könnte man den Tätern schnell auf die Schliche kommen. Allein, das ist ein relativ naiver und gefährlicher kriminalistischer Kurzschluss. Abgesehen von methodischen Mängeln und zugrunde liegenden Stereotypen – auch Frauen können über 180 Zentimeter groß sein und männliche Kleidung tragen – stellen sich bei solchen Instrumenten immer auch Fragen nach dem Datenschutz. Jeder Bürger, der im öffentlichen Raum von einer Überwachungskamera aufgezeichnet wird, würde durch eine visuelle Suche nach unbestimmten Merkmalen wie «rote Jacke» oder «braune Augen» zum Gegenstand einer Rasterfahndung.

Das Bundesverfassungsgericht hob in seiner Entscheidung zur Rasterfahndung 2006 hervor, dass der gerügte Passus – §31 des Polizeigesetzes des Landes Nordrhein-Westfalen – verdachtlose Grundrechtseingriffe mit großer Streubreite vorsehe: «Es können alle Personen einbezogen werden, welche die Auswahlkriterien erfüllen, ohne dass es Anforderungen an die Nähe dieser Personen zur Gefahr oder zu verdächtigen Personen gibt.»[31] Mit einer Suchmaschine für Überwachungskameras verhält es sich nicht anders: Jede Person würde zum suchbaren Objekt, jeder Merkmalsträger anlasslos gescannt, der Zweck von Speicherfristen konterkariert. Selbst wenn die gesuchte Person herausgefiltert würde, würden durch die undifferenzierte Auswertung des Videomaterials auch biometrische Merkmale Unbeteiligter zumindest für eine logische juristische Sekunde erfasst – eine Unverhältnismäßigkeit.

Solche technischen Systeme lassen sich mit einer humanistischen Rechtsordnung nur schwer vereinbaren. Das «maschinelle» Sehen funktioniert ja ganz anders als das menschliche: Es basiert auf Mustererkennung und statistischen Wahrscheinlichkeiten, einer numerischen Rationalität also. Das Sehen ist rein technologisch. Und es gibt auch kein maschinelles «Wegsehen», weil die automatisierten Systeme alles berichten und melden, was sie an Daten verarbeiten. Binär operierende Entscheidungssysteme wie Algorithmen dulden keine Toleranzbereiche oder Interpretationsspielräume. In der computerisierten Sphäre fehlt folglich der menschliche Ermessensspielraum, das bewusste Hinsehen oder Wegsehen bei bestimmten Problemen – die Maschine übersieht nichts. Und der Maschine unterlaufen auch keine Versehen. Dass in dieser Rigorosität auch ein technologischer Totalitarismus lauert, ist offenkundig.

Welche Blüten biometrische Authentifizierungsverfahren im Extremfall treiben können, lässt sich in Indien studieren. Dort hat die Regierung im Rahmen des Projekts Aadhaar eine nationale biometrische Datenbank mit Fingerabdrücken, Iris-Scans und Fotos von über einer Milliarde Bürgern aufgebaut. Aadhaar ist eine zwölfstellige ID, die der Staat als persönliches Ausweisdokument ausstellt. Das Authentifizierungsprogramm wurde 2009 eingeführt, um die Korruption in der Verwaltung und um Sozialversicherungsbetrug zu bekämpfen und Sozialleistungen effektiver zu verteilen – zum Beispiel bei der Essensausgabe oder Vergabe von Flüssiggas zum Kochen. Der Staat verlor jedes Jahr Millionen Dollar, weil Betrüger fingierte Namen oder ihren Namen mehrmals in die Registrierungsbögen für Sozialleistungen eintrugen – und dreist abkassierten. Im Rahmen der Verwaltungsreform sollten Transferleistungen so einfach wie die Entsperrung eines iPhones werden: Der Bürger legt einfach seinen Finger auf einen Scanner und weist sich als rechtmäßiger Leistungsberechtigter aus.

Das Versprechen der indischen Regierung, die arme Landbevölkerung in das System zu integrieren, kehrt sich in sein Gegenteil: Bauern, die aufgrund der harten körperlichen Arbeit Schwielen an den Händen haben, oder ältere Menschen, bei denen Fingerabdrücke und Iris-Scans wegen des natürlichen Alterungsprozesses nicht mehr funktionieren, sind aus dem System ausgeschlossen. Das heißt: Menschen, die sich nicht über ihre biometrischen Merkmale «ausweisen» können, werden marginalisiert und faktisch ausgebürgert. Eine leprakranke Frau aus Bangalore, die durch ihre Krankheit in jungen Jahren ihre Finger und ihr Augenlicht verloren hatte, konnte sich nicht für das Aadhaar-Programm einschreiben, was aber die Voraussetzung für die weitere Auszahlung der Rente gewesen wäre.[32] Sie war für die Maschine nicht «lesbar». Keine Biometrie, keine Identität, keine Rechte, kein Geld, lautet die brutale Logik. Nachdem der Fall publik wurde und die Frau einen Härtefallantrag stellte, machte die staatliche Behörde UIDAI eine «biometrische Ausnahme», als ob Biometrie eine naturgegebene Regel sei.[33] Auch die ohnehin schon stigmatisierten «Unberührbaren» (Dalits), die in Indiens Kastensystem auf der sozial niedrigsten Stufe stehen, haben häufig keine Aadhaar-Karte und bekommen daher keine Sozialleistungen. Weil ihnen die Essensration verweigert wurde, sind mehrere Dalits einen qualvollen Hungertod gestorben.[34] Dieses Massenscreening kann in seinen stigmatisierenden sozialen Folgen getrost als faschistoid bezeichnet werden. Mit den Erkennungssystemen hält ein radikaler Biologismus Einzug: Bürger ist nur, wer die organische Einheit seines Körpers unter Beweis stellt. Wer keine Biometrie mehr hat, ist ein Outlaw. Dass dieses organologische Ganzheitsmodell auf bestimmten Homogenitätsvorstellungen der Gesellschaft fußt und die Tür zu einer exklusiven Bio-Gesellschaft öffnet, sollte bei der Implementierung solcher Verfahren stets im Hinterkopf behalten werden.

Hinzu kommt, dass die Datenbank schlecht gesichert ist und Missbrauch Tür und Tor öffnet. Einem Reporter der Zeitung «The Tribune» gelang es, über einen anonymen Agenten via WhatsApp für läppische 500 Rupien (umgerechnet zehn Euro) Zugangsdaten zu erwerben. Über die Login-Daten erhielt er Zugriff auf Namen, Adressen, Fotos, Telefonnummern sowie E-Mail-Adressen. Für weitere 300 Rupien bot der Agent eine Software an, mit der man Fake-Aadhaar-Karten hätte ausdrucken können. Fingerabdrücke und Retina-Scans, sprich: die Identitäten von 1,2 Milliarden Bürgern lagen offen. Bei einer groß angelegten Razzia hat die indische Polizei 2017 Ordner auf Computern sichergestellt, auf denen eine ganze Reihe von Fake-Fingerabdrücken gespeichert war.[35] Die Betrüger sollen nicht nur Daten gehackt haben, sondern mit Gelatine, Laserdruckern und Silikon Fingerabdrücke «geklont» und Fake-Aadhaar-Kar-

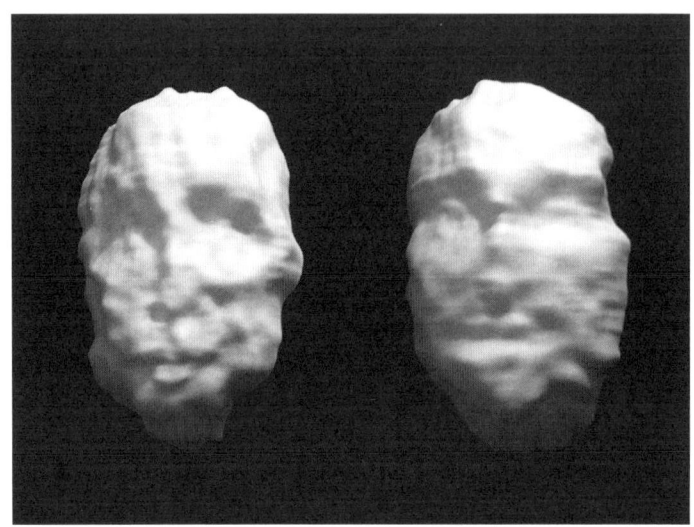

So könnte eine Maschine ein menschliches Gesicht sehen (links
Barack Obama, rechts Edward Snowden) – eine Vorstellung des
Künstlers Sterling Crispin

ten erstellt haben. Nachdem die Behörden registrierten, dass
ein- und dieselben Login-Daten bzw. Fingerabdrücke verwendet
wurden, sperrte man die Aadhaar-Zugänge. Es waren zeitweise
mehrere Datenklone im Umlauf, die aber jeweils nur einer Person zuzurechnen waren. Für die betroffenen Bürger ist das
nicht nur ein finanzielles, sondern auch ein Identitätsproblem.
Wie sollen sie sich ausweisen? Man kann bei Verlust eines Pas-
ses ein neues Ausweisdokument beantragen, sich aber keinen
neuen Augapfel oder Finger zulegen. Die Identität ist unwieder-
bringlich verloren. Das zeigt, wie verwundbar und fragil digitale
Identitäten sind. Mit dem Verlust seiner Identität verliert man
nicht nur Persönlichkeitsrechte, sondern auch das Recht auf gesellschaftliche Teilhabe.

Bei der Allgegenwart von Gesichtserkennungssystemen

kommt man gar nicht umhin, sich mit seinen biometrischen Merkmalen «auszuweisen». Nur kontrolliert kein Grenzbeamter die Daten, sondern ein algorithmisches System, das zwar auch nach einem binären Code operiert (Einlass Ja/Nein), aber die Passierscheine automatisiert und nach einer anderen Regelfolge ausstellt. Der Algorithmus kontrolliert nicht mehr entlang geografisch definierter Grenzen, sondern anhand mathematisch definierter Grenzwerte (ist der Ähnlichkeitsscore hinreichend hoch oder die Summe der Fehlerquadrate niedrig genug, dass es sich um dieselbe Person handelt?). Der Grenzübertritt erfolgt de facto nicht mehr zwischen zwei Nationalstaaten bzw. Rechtsordnungen, sondern zwischen einem analogen und einem digitalen System, die unterschiedlichen Regelungsregimen gehorchen: dem Gesetz und dem Code. Diese Transmission impliziert einerseits eine neue Grenzziehung (die codierten Grenzen liegen quer zu geografischen Grenzen), andererseits eine radikale Entgrenzung bisher geschlossener Systeme: Die Identitätsfeststellungen werden in das Reich der Mathematik überführt.

In der programmierten Gesellschaft hat man sich nie abschließend ausgewiesen, weil das Netz der computerisierten Checkpoints so engmaschig ist. Man kann nie endgültig beweisen, dass man Person X ist, weil die temporäre Passiererlaubnis immer unter dem Vorbehalt des nächsten algorithmischen Türhüters steht. Die Passkontrolle wird perpetuiert.

Biometrische Authentifizierungssysteme sind ein Grenzregime, in dem analoge zu digitalen Identitäten umgewandelt werden. In der analogen Sphäre existiert weiterhin die Vielfalt und Vielgestaltigkeit der modernen Gesellschaft: Die Menschen sehen anders aus, tragen unterschiedliche Kleidung, haben unterschiedliche Individualitätsmerkmale, die sie von der Masse unterscheidbar machen. Mit dem Eintritt in die digitale Sphäre werden Gesichtern jedoch Masken übergestülpt: Maschinen «sehen» menschliche Gesichter als eine Art Datentopographie –

sie interpretieren morphologische Merkmale als datenförmige Höhen und Tiefen und erstellen auf der Grundlage von Vektoren ein mathematisches Modell.

Gesichtserkennung wirkt entindividualisierend und uniformierend: Jedes Template sieht gleich aus, nur die einzelnen Werte variieren. Daten sind der Stoff, der alles gleich macht. Über die Uniformierung von Individuen wird auch eine gewisse Konfektionierung und Normierung erzielt. Die Uniform steht für Ausradierung von Individualität und Unterordnung unter das Kollektiv. Gesichtserkennung macht gesichtslos.

Doch wie kann man im Digitalzeitalter sein Gesicht wahren? Etwas abstrakter formuliert: Wie bleibt man ein Subjekt, wenn individualitätsstiftende Merkmale zur Nummernfolge verkommen? Der Computerwissenschaftler und Künstler Adam Harvey will die Technik mit ihren eigenen Waffen schlagen. Er hat ein System namens Hyperface entwickelt, das durch multiple Bildrepräsentationen Gesichtserkennungssoftware austricksen soll.[36] Das System funktioniert vereinfacht so: Per Computer werden algorithmische Repräsentationen eines Gesichts generiert, die sich zu einem Muster zusammenfügen. Diese Hyperface-Struktur, die ein wenig aussieht, als würde man eine Menschenmasse mit zusammengekniffenen Augen in Schwarz-Weiß ansehen, irritiert die Algorithmen dergestalt, dass sie in der Vielzahl von Gesichtern keine biometrischen Merkmale einer bestimmten Person zuordnen können. Es ist, als würde man zigtausende Datenpakete in einen Trichter stopfen, bis die Maschine ins Stottern kommt. Die als Camouflage dienende Collage wird schließlich auf die Kleidung genäht, sodass die Person die Gesichtskontrolle unerkannt passieren kann. Das Stichwort lautet Obfuskation (vom Englischen obfuscate für «vernebeln», «unklar machen», «verwirren»). Gemeint ist eine gezielte Irreführung maschineller Systeme, um Datensouveränität und Anonymität im öffentlichen Raum zurückzugewinnen. Forscher der Carnegie Mellon University haben bunte Brillen entwickelt, mit denen sich konventionelle Gesichtserkennungssysteme überlisten lassen.[37] Die Redaktion des Online-Magazins «The Inquiry» hat eine Serie von Masken gebastelt, mit denen sich Gesichtserkennungsalgorithmen austricksen lassen. Die Gesichtsattrappen, deren biometrische Merkmale (die Augen bzw. die Iris) unkenntlich gemacht wurden, lassen sich als PDF-Datei herunterladen, ausdrucken und ausschneiden. Die Ironie am Rande: Bei den 130 Masken handelt es sich um die Köpfe führender Biometriefirmen. Aber kann es das Ziel einer demokratischen Gesellschaft sein, dass der öffentliche Raum zum Maskenball wird? Muss, wer sich anonym in der Öffentlichkeit bewegen will, Sonnenbrille und Schal tragen? Und ist die radikale Transparenz, welche die digitale Gesellschaft einfordert, das Gesicht-Zeigen-Müssen, womöglich selbst autoritär, wenn nicht gar totalitär?

Selbst die Unkenntlichmachung biometrischer Merkmale scheint kein probates Mittel zum Schutz der Privatsphäre zu sein. In London, wo die Metropolitan Police ein groß angelegtes Gesichtserkennungssystem installiert hat, wurde ein Mann festgehalten und mit einem Bußgeld belegt, weil er sein Gesicht mit einem T-Shirt verdeckt hatte.[38] Wer sein biometrisches Kennzeichen verbirgt, ist verdächtig.

Angesichts der Vehemenz, mit der solche Erkennungssysteme ins Werk gesetzt werden, bahnt sich ein technologischer Totalitarismus an, wo alles, was nicht maschinenlesbar ist, schon im Verdacht steht, subversiv zu sein. Der Imperativ des Offenlegens des Selbst steigert sich zur Tyrannei der Transparenz. Die Kontrolllogik des ständigen Beobachtet-Seins erzeugt genau jenen Generalverdacht, der konstitutiv für totalitäre Systeme ist. Vielleicht liegt darin die tragische Dialektik des Informationszeitalters: Man ist überall identifizierbar, aber doch identitätslos – und nur noch eine Nummer im System.

# 8

# Die Regierung der Datenkörper

## Wie Staaten und Konzerne unsere Körper unterwerfen

Am Bahnhof der Stadt Dongguan in der südchinesischen Provinz Guangdong werden wie an Flughäfen Sicherheitskontrollen durchgeführt. Das Handgepäck der Passagiere wird mit einem Röntgengerät durchleuchtet. Was die Beamten der Sicherheitskontrolle zu sehen bekommen, ist normalerweise nicht besonders spannend: Kopfhörer, Flaschen, elektronische Geräte, in seltenen Fällen vielleicht einmal ein Küchenmesser oder eine Waffe. Doch was sie an einem Sonntag im Februar 2018 auf ihren Monitoren entdeckten, war ihnen bis dato noch nicht untergekommen: die Konturen einer Frau, die, mit High-Heels bekleidet, auf allen Vieren robbt und offenbar in Wertgegenständen herumwühlt.[1] Auf den Bildern der Überwachungskamera war zu sehen, wie die Frau ihren Koffer auf das Gepäckband legt. Nachdem die Sicherheitsbeamten ihr mitteilten, dass sie auch ihr Handgepäck durchleuchten lassen müsse,

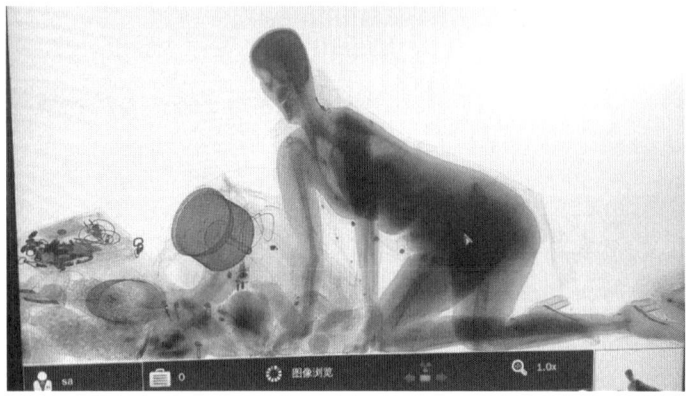

Der letzte Schrei Sicherheitskontrolle? Als hätte die Maschine Edvard
Munch adaptiert ...

fasste sie den folgenreichen Entschluss – offenbar aus Angst,
ihre Wertgegenstände könnten gestohlen werden –, in den Sicherheitsscanner zu kraxeln und ihr Handgepäck eigenmächtig
zu bewachen. Es folgte eine groteske, tragikomische Bilderserie
einer Frau, die ihren Rucksack durchwühlt und dabei selbst
zum durchleuchteten Objekt der Überwachung wird. Auf den
Röntgenbildern sieht man neben Kopfhörerkabeln, einer run-
den Box und einigen undefinierbaren Gegenständen die gesamte Knochen- und Körperstruktur der Frau: Elle, Speiche,
Oberschenkelmuskel, Knochenmark, Mageninhalt, Schulterge-
lenk, Kieferknochen, die amorphe Masse des Gehirns.

Das Foto offenbart die Anatomie des Menschen und ist in seiner radikalen Transparenz und Schroffheit fast schon Kunst.
Aus seiner ganz eigenen Ästhetik lässt sich auch eine politische
Anatomie im Foucault'schen Sinne ablesen: «Sie definiert, wie
man die Körper der anderen in seine Gewalt bringen kann, nicht
nur, um sie machen zu lassen, was man verlangt, sondern um
sie so arbeiten zu lassen, wie man will: mit den Techniken, mit

der Schnelligkeit, mit der Wirksamkeit, die man bestimmt.»[2] Gewiss sollte man Überwachung nicht ästhetisieren, doch in den gespenstischen Zügen des Gesichts der Frau im Scanner glaubt der Betrachter das Motiv des berühmten Gemäldes «Der Schrei» von Edvard Munch zu erkennen. Es ist ein Bild mit Symbolcharakter: Der Mensch wird im Zeitalter der Überwachung vom Scheitel bis zur Sohle durchleuchtet und vermessen. Der Journalist Peter Kümmel verfasste in der «Zeit» eine nachdenklich stimmende Bildinterpretation. Er glaubte in der Aufnahme eine Botschaft aus der Zukunft zu erkennen: «Wir sehen den Menschen von morgen, tiefer entblößt, als es durch Entkleidung je möglich wäre, kalt durchschaut von seinen Apparaten. [...] Die tollkühne Frau aus dem chinesischen Sicherheitsscanner könnte unter ihr Röntgenbild schreiben: ‹Wir in 1000 Jahren›. Denn so werden wir wohl einst aussehen, verloren in den Schluchten eines künstlichen Universums, schimmernd und gesichtslos, vom System betrachtet, das wir schufen: der jämmerliche Beifang der Überwachungstechnik.»[3]

Im Jahr 2014, auf dem Höhepunkt der Ebola-Epidemie, wurden an internationalen Flughäfen wie Seoul, Singapur und San Antonio Thermal-Scanner installiert, die aus sicherer Distanz die Körpertemperatur der einreisenden Passagiere messen sollten. Die Sicherheitsbeamten sahen auf ihren Bildschirmen durch Wärmebildkameras die verschiedenen Wärmezonen des Körpers.[4] Der Rumpf war blau eingefärbt, was eine Temperatur zwischen 24 und 28 Grad Celsius indizierte, die Extremitäten gelb bis grün, das Gesicht erschien in gelber bis oranger Farbe. Alles, was oberhalb der «normalen» Körpertemperatur von 37 Grad Celsius lag, zeigte das Infrarotthermometer in violetter bis grauer Markierung an. Abgesehen davon, dass Fieberkontrollen an Flughäfen nur eine trügerische Sicherheit schaffen (die Methode ist fehleranfällig, weil nicht jeder, der Fieber hat, an Ebola erkrankt ist und die Epidemie eine Inkubationszeit von drei Wochen hat, also Krankheitsträger nicht unbedingt Fieber-symptome zeigen müssen), war das Screening ein bizarrer An-griff auf die Körperlichkeit. Die Art und Weise, in der das Sicher-heitspersonal Verdachtsfälle aus der Gruppe isolierte und mit Infrarotthermometern die Körpertemperatur von Menschen maß, als würde es ihnen eine Pistole vors Gesicht halten, trug polizeistaatliche Züge. Das Verstörende daran war, dass Men-schen mit denselben Instrumenten vermessen wurden, mit de-nen man auch Objekte bewertet: Wärmebildkameras dienen dazu, Lücken in der Gebäudedämmung zu identifizieren. Wo es keine klaren Grenzen zwischen Innen und Außen gibt, wo Kör-perlichkeit entgrenzt ist, sind auch dem Zugriff keine Grenzen gesetzt.

Die New Yorker Polizeibehörde (NYPD) ließ im Rahmen eines geheimen Programms Kleinbusse patrouillieren, die mit Röntgenscannern Passanten und Fahrzeuge nach verdächtigen Gegenständen durchleuchteten.[5] Die Methode wurde nach den Anschlägen vom 11. September bereits im Rahmen von Reflek-tionsröntgengeräten (Backscatter) getestet. Die unscheinbaren Kleintransporte («X-ray Vans») sahen für Außenstehende wie unlackierte Imbisswagen aus. Die fahrbaren Röntgenapparate führten ein klandestines Massenscreening durch, das Leibes-visitationen überflüssig macht und unbescholtene Bürger quasi im Vorbeifahren scannt. Die Menschen sind dadurch doppelt exponiert: Zum einen im Hinblick auf die gesundheitsschädigen-de und krebserregende Strahlung; zum anderen in ihrer Privat-sphäre, denn die Polizei konnte je nach gescanntem Körperteil sehen, wer an einer Zahnfehlstellung oder einem Tumor leidet. In Singapur, das sich zum digitalen Nanny State entwickelt hat, macht die Polizei mit Wärmebildkameras Jagd auf Raucher: Wenn sich jemand eine Zigarette anzündet, erkennt das Kamera-system die Temperaturunterschiede und zoomt automatisch nä-her heran.[6] In dem Stadtstaat ist das Rauchen nur in ausgewiesenen Raucherzonen gestattet. Per Gesichtserkennung wird der Raucher dann identifiziert und zur Rechenschaft gezogen.

Das US-Heimatschutzministerium hat 2008 ein Programm mit dem Namen «Future Attribute Screening Technology» (FAST) aufgelegt, das anhand von psychophysiologischen Indikatoren wie Herzschlag, Atmung und Körperwärme «böse Absichten» von Passagieren ermitteln soll.[7] Hochauflösende Kameras und Sensoren sollen erkennen, ob der Flugreisende nervös ist oder mit erhöhtem Puls die Sicherheitsschleuse betritt. In einem Videoclip preist die Behörde ihre mobilen, mit Überwachungstechnologie vollgestopften Screening-Labore als High-Tech-Waffen gegen Terrorismus.

Die Methode funktioniert im Grunde ähnlich wie ein Polygraph (im Volksmund auch Lügendetektor genannt), ein von den Psychologen Max Wertheimer und Gustav Jung zu Beginn des 20. Jahrhunderts entwickeltes Gerät, das mit der Aufzeichnung biologischer Signale wie Puls oder Atmung ermitteln soll, ob jemand gerade die Wahrheit sagt. Im deutschen Strafrecht ist der Einsatz solcher Polygraphentests nur unter bestimmten Voraussetzungen zulässig.[8] Die Untersuchung darf nur freiwillig erfolgen, muss die Tatfrage betreffen und von einem zertifizierten Sachverständigen durchgeführt werden. Zudem darf der Befund nur zur Entlastung des Angeklagten verwertet werden. Bei der Screening-Technologie wird die Beweislast umgekehrt: Der unter Generalverdacht gestellte Passagier muss mit seinen physiopsychologischen Daten den Beweis erbringen, dass er nichts «Böses» im Schilde führt – wobei «das Böse» eine dem Rechtsstaat völlig wesensfremde Kategorie ist. Dass eine Erkennungsrate von 70 Prozent für «malintent» ein miserabler Wert ist, hindert die Beteiligten nicht am Ausbau des Überwachungsapparats.[9] Allein, wie geht das System mit abgebrühten Terroristen um, die mit kühlem Kopf die Schleuse passieren? Werden nervöse Familienväter, die bei der langen Schlange Schnappatmung bekommen, kriminalisiert? Wird die böse Absicht der Beamten, den Rechtsstaat zu demontieren, auch gemessen? Vor allem: Wie will man das Böse quantifizieren? Das Pentagon hat derweil einen Laser entwickelt, der Personen anhand ihres Herzschlags identifizieren kann. Jetson, wie die Militärtechnologie heißt, soll in der Lage sein, das Herzschlagmuster, den sogenannten «kardiologischen Fingerabdruck», aus einer Distanz von 200 Metern sogar durch dünne Textilien wie T-Shirts zu erkennen.[10]

In Zeiten omnipräsenter Überwachung sind unsere Körperfunktionen öffentlich – und kontrollierbar. Wissenschaftler der Europäischen Beobachtungsstelle für Drogen und Drogensucht untersuchen schon seit einigen Jahren das Abwasser nach illegalen Substanzen wie Kokain, Amphetamin und Crystal-Meth. Wer Drogen konsumiert, scheidet deren Rückstände beim Toilettengang wieder aus. Mithilfe chemischer Verfahren lassen sich die Substrate in Proben aus Kanalisation und Kläranlagen anschließend nachweisen. So haben Abwasseranalysen ergeben, dass die Züricher am Wochenende europaweit Spitzenreiter beim Kokain-Konsum sind.[11] Beim täglichen Amphetamin-Konsum liegt Eindhoven vorne.[12] Chemnitz ist die Crystal-Meth-Hauptstadt Europas. Das Abwasser verrät viel über den Drogenkonsum der Bewohner. Theoretisch ließe sich das Opioid-Tracking von der Stadtebene auf einzelne Nachbarschaften oder sogar Wohneinheiten herunterbrechen: Mittels Sensoren könnte man Messungen durchführen und genau feststellen, aus welchem Abwasserrohr das mit Drogen belastete Wasser stammt – und so eine gouvernementale Kontrolle der Bevölkerung durchführen. Jeder Toilettengang wird aktenkundig.

Das amerikanische Start-up Biobot Analytics hat bereits einen Miniroboter entwickelt, der mit Filtern, Pumpen und Sensoren ausgestattet ist und in der Kanalisation einiger US-Kommunen Abwasserproben entnimmt. Diese Proben werden dann zur Untersuchung ins Labor geschickt. Die Gründerin und Chefin des Start-ups bekannte: «Jedes Mal, wenn man ins Bad geht, spülen wir Informationen über unser Verhalten und unsere Gesundheit herunter.»[13] Nicht einmal mehr unsere Exkremente sind noch privat.

Der Politikwissenschaftler Karl Deutsch schrieb bereits in seinem Werk «Politische Kybernetik» («The Nerves of Government») aus dem Jahr 1963: «Jahrtausendelang spielten Kommunikations- und Steuerungsvorgänge sich im Wesentlichen im Nervensystem des menschlichen Körpers ab. Sie blieben der unmittelbaren Beobachtung und Untersuchung unzugänglich. Man konnte sie nicht auseinandernehmen und wieder zusammensetzen. Mit den neuen elektronischen Kommunikations- und Steuerungsgeräten aber kann man Nachrichten oder Steuerungsprozesse analysieren, in allen Einzelheiten untersuchen und wieder zu rationelleren Mustern zusammenfügen.»[14]

In Supermärkten werden sogenannte Eye-Tracking-Systeme installiert, mit denen die Blickbewegungen und Blickrichtungen (sogenannte Fixationsdauer und Fixationszahl) der Kunden erfasst werden. Starrt der Kunde auf die Schokolade? Wie lange schaut er auf das Preisschild? Leuchten seine Augen auf, wenn er die Rabattschilder sieht? Für die Marktforschung ist Eye-Tracking eine interessante Technologie, gerade vor dem Hintergrund, dass das Warenarrangement in Supermärkten visuelle Reize anspricht. Datenschützer warnen jedoch, dass man aus dem menschlichen Auge noch viel mehr herauslesen könne, zum Beispiel kognitive Störungen, Drogen- und Alkoholmissbrauch oder eine HIV-Erkrankung.[15]

Auch die Stimme ist ein hochsensibles biometrisches Merkmal. Wissenschaftler tüfteln schon seit Jahren an Algorithmen, um von kleinsten Veränderungen und Anomalien in Sprachmustern auf Krankheiten wie Depression oder Alzheimer zu schließen. Es lässt sich im persönlichen Gespräch nicht verhindern, dass man über das Medium des Körpers kommuniziert und Informationen offenbart. Oft läuft man bei kritischen Nachfragen, die man gerne vermieden hätte, im Gesicht rot an. Dennoch hat man weiterhin die kommunikative Kontrollgewalt über das, was man sagen und verschweigen möchte. Wenn jedoch die Stimme von Maschinen gescreent wird, geht diese Kontrollgewalt verloren. Algorithmen extrahieren aus akustischen Signalen alle möglichen Informationen – und entschlüsseln unseren Charakter. Es ist im Grunde so, als würde man jeder Aussage einen Beipackzettel mitliefern: «Hallo, ich bin weiblich, 40 Jahre alt, psychisch labil und gerade hochnervös.»[16] Die Maschine hat ein absolutes Gehör. Die rhetorischen Techniken der Maskierung, Verstellung (*dissimulatio*) und Scheinerzeugung (*simulatio*) werden obsolet, wenn Computer in Stimmdaten Persönlichkeitsmerkmale identifizieren und den Sprecher auffliegen lassen. Durch maschinelle Abhörtechniken wird nicht nur die freie Kommunikation in bestimmen Konstellationen vereitelt. Vielmehr wird die Subjektstellung des Einzelnen insgesamt negiert. Das Individuum hat nichts mehr zu sagen, wenn es systemisch zu einer Aussage gezwungen wird. Womöglich müsste man sich angesichts der Grenzenlosigkeit von Sprachsteuerung Gedanken über eine Verschlüsselung seiner Stimme machen, um seine Identität und Souveränität zu wahren. Datenschutzrechtliche Bedenken werden jedoch von einer Masse an Verbrauchern notorisch in den Wind geschlagen.

Immer mehr Menschen lassen sich freiwillig einen Mikrochip unter die Haut implantieren, um kontaktlos Türen öffnen oder in der Kantine bezahlen zu können – und rüsten sich damit zum Cyborg auf. Auf dem Mikroprozessor können zudem Kontaktdaten für den Notfall, Social-Media-Profile oder E-Tickets gespeichert werden.[17] Allein in Schweden sollen sich bereits 4000 Menschen einen Chip unter die Haut verpflanzt haben, auf der ganzen Welt sollen es 50 000 Menschen sein. Beim amerikanischen Technologieunternehmen «Three Square Market» wurde die ungewöhnliche Aufrüstung des Personals mit einer «Chip-Party» gefeiert.[18] Der Körper wird zum Trägermedium oder Biomedium, wie es der Philosoph Eugene Thacker nennt.[19] Man kann den Körper wie einen Computer auslesen: Nicht nur Puls, Temperatur und Krankheiten, sondern auch Kontoinformationen, Logins, Bewegungsprofile, Konsumverhalten, Krankheiten etc. Die medientheoretische Paradoxie besteht darin, dass der Fremdkörper, der Mikrochip, den Menschen zwar verkörpert, der Träger aber nicht mehr die alleinige Schlüsselgewalt besitzt. Zwar lassen sich die Daten verschlüsseln, können aber auch dann jederzeit gehackt werden. Hackern ist es bereits gelungen, die (unverschlüsselten) Chips im Vorbeigehen auszulesen und personenbezogene Daten abzugreifen.[20] Was die Frage aufwirft: Erfüllt ein Hack auf das Gehäuse des Menschen den Tatbestand der Körperverletzung? Ist eine zelluläre Biopolitik, wo das Zugriffsrecht buchstäblich bis unter die Haut reicht, nicht viel tiefgreifender, als Foucault sie sich je hätte ausmalen können?

Die Digitalisierung führt zu einer fundamentalen Verschiebung dessen, was den Körper konstituiert. Konrad Becker zeichnet in seinem Buch «Die Politik der Infosphäre» (2003) nach, wie mit der Informatisierung der Gesellschaft ein neuer Datenkörper entsteht, der das virtuelle Gegenstück zum physischen Körper bildet. Dieser Datenkörper bestehe nicht aus Fleisch und Blut, sondern aus der Gesamtheit aller Daten, die mit einer Person verknüpft sind: standesamtlichen Daten, Bildungsdaten, Einkommensdaten, Konsumdaten, Verbindungsdaten etc.[21] Becker präzisiert: «Wie der physische Körper im realen Raum, so ist es in der Info-Sphäre dieser Datenkörper, der die soziale Präsenz einer Person vermittelt.»[22] Das digitale Subjekt ist eine Datenselbstwolke, die aus verschiedenen Datenpunkten zusammengesetzt wird. In dem Maße, in dem wir für immer weniger Tätigkeiten physisch anwesend sein müssen und den Datenkörper für Kommunikationsvorgänge nutzen, rücke dieser «in den Mittelpunkt ökonomischer Begehrlichkeiten und politischer Kontrollansprüche».[23]

Der virtuelle Charakter des Datenkörpers suspendiere «die gesellschaftlichen Normen, die für den physischen Körper gelten».[24] Während der Manipulation und Ausbeutung des physischen Körpers Grenzen gesetzt sind, gebe es für die Manipulation und Ausbeutung des Datenkörpers kaum Beschränkungen. Die «Aneignung des Datenkörpers», die von den betroffenen Personen selten registriert werde, habe sich zum «unsichtbaren Bestandteil der Grundstruktur einer informatisierten Gesellschaft» entwickelt.[25] Der Datenkörper ist nicht bloß eine digitale Repräsentation, ein Abziehbild oder eine Spiegelung des Selbst, sondern ein genuiner Kunstkörper, der von Maschinen modelliert, geformt und berechnet wird.

Ähnlich argumentiert der Medienwissenschaftler Manfred Faßler: Durch Bio-Scanning und elektronische Gesundheitskarten entstünde ein «Datenkörper», der sich aus Such-, Kommunikations- und Patientendaten zusammensetzt und mangels Zugriffsmöglichkeiten des Patienten zu einem «künstlichen Kontrollorgan» werde.[26] Molekulargenetik, Informatik und Hirnforschung arbeiten am fleischlosen, unblutigen Körper, dem infogenen Menschen. Der Körper als Kompositum werde zellulär und digital.[27] Faßler versteht den Datenkörper als ein «Beobachtungs- und Beschreibungsinstrument» und kommt zu dem Schluss: «[W]ir lebenden Menschen richten uns danach, erzeugen Datenprofile, lassen uns scannen, werden über GPS geortet, mit Magnetresonanz untersucht oder biometrisch erfasst.»[28]

Die «Aneignung des Datenkörpers», von der Becker spricht, erlaubt dabei eine biopolitische Zugriffsgewalt. Der Datenkörper wird kartiert, okkupiert und regiert. Wenn Apple verkündet, eine «präzise Tiefenkarte» des Gesichts zu erstellen, klingt das so, als wolle der Konzern seine Macht- und Gebietsansprüche, seine *claims*, in den Gesichtern seiner Nutzer abstecken. Durch das Setzen von Biomarkern entsteht eine neue politische Anatomie. Foucault schreibt bereits von einem politischen Körper «als Gesamtheit der materiellen Elemente und Techniken, welche als Waffen, Schaltstationen, Verbindungswege und Stützpunkte den Macht- und Wissensbeziehungen dienen, welche die menschlichen Körper besetzen und unterwerfen, indem sie aus ihnen Wissensobjekte machen».[29]

Durch seine maschinelle Zerlegung in einzelne Datenpunkte wird die äußerliche Schutzhülle des Körpers aufgelöst. Im Unterschied zur Analyse Foucaults lautet die bemerkenswerte Pointe nun: Nicht bloß der physische Körper, sondern auch der digitale Körper lässt sich dressieren und disziplinieren. Der Datenkörper lässt sich als numerische Repräsentation des physischen Körpers formatieren, archivieren, arretieren, traktieren und kontrollieren – anlasslos, ohne Vorwarnung und Berührung. Kurzum: Man kann mit dem Datenkörper all das tun, wovor der physische Körper in einer liberalen Demokratie geschützt wird. Man kann ihn mustern, klassifizieren, stigmatisieren, diskriminieren, aussortieren, besitzen und mit ihm handeln.

So verkaufen chinesische KI-Konzerne in großem Stil Gesichtserkennungssysteme an afrikanische Staaten. Das chinesische Start-up CloudWalk Technology etwa hat eine Gesichtserkennungssoftware an die Regierung von Simbabwe verkauft.

Der Deal ist Teil der sogenannten «Belt and Road Initiative», mit der China KI-basierte Technologien nach Afrika exportieren will. Auf einen Rohstoff hat es China dabei besonders abgesehen: Daten. Das Reich der Mitte exportiert Überwachungstechnologien wie Videokameras und Smart-City-Plattformen um den gesamten Globus, unter anderem nach Simbabwe, Usbekistan, Pakistan, Kenia, in die Vereinigten Arabischen Emirate und nach Deutschland.[30]

Der Polizeistaat benötigt für sein computergestütztes Überwachungssystem jede Menge Daten. Zwar verfügt China mit 1,4 Milliarden Bewohnern über einen riesigen Datenpool. Doch ist der automatisierte Datenbankabgleich in vielen Fällen ungenau. Ein Grund liegt in der relativen Homogenität der biometrischen Datenbank. Han-Chinesen machen über 90 Prozent der Gesamtbevölkerung und damit auch der Datenbanken aus. Die Überwachungsschleifen werden immer mit denselben Trainingsdaten gefüttert. Bei der ethnischen und religiösen Minderheit der Uiguren, die vor allem in der Provinz Xinjiang lebt und dort massiv unterdrückt wird, führt diese statistische Verzerrung zu Unschärfen. Laut einer Studie des MIT liegt die Fehlerrate von KI-basierter Gesichtserkennungssoftware bei Frauen mit dunkler Haut bei 34,7 Prozent (bei Frauen mit heller Haut bei nur 0,8 Prozent).[31] China will über das subventionierte Start-up Zugang zu der Datenbank in Simbabwe bekommen. «Pekings Big Brother braucht afrikanische Gesichter», kommentierte die Fachzeitschrift «Foreign Policy».[32]

Der «Import» afrikanischer Datenkörper erlaubt es der chinesischen Staatsführung, die Datenbasis für ihre Bevölkerungskontrolle auf eine breitere Grundlage zu stellen. Je ethnisch diversifizierter die biometrischen Datenbanken, desto präziser funktionieren die automatisierten Erkennungssysteme – und desto schärfer wird Pekings algorithmische Vision. CloudWalk hat seine bestehende Technologie bereits über eine dreidimen-

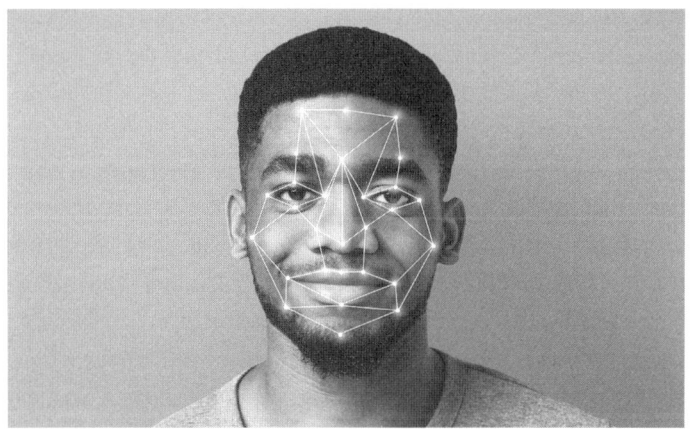

**Digitaler Neokolonialismus: Aus Gesichtern werden Daten exportiert**

sionale Lichttechnologie rekalibriert, um dunklere Gesichtstöne besser zu erkennen. Es geht folglich keineswegs nur um einen Technologietransfer, sondern auch um einen biologischen Transfer: Afrikanische Gesichter stehen Modell für die Identifizierung einer muslimischen Minderheit in China. Man kann darin eine neokoloniale Praktik sehen: Neben materiellen Rohstoffen wie Platin oder Steinkohle beutet China nun auch noch informationelle Rohstoffe aus. Die Tech-Unternehmen besetzen Gesichter bzw. Datenkörper, schürfen Rohdaten und nutzen sie als Material für Überwachungsprogramme. Das Gesicht eines Menschen aus Simbabwe wird durch die Container automatisierter Systeme geschleust; es wird wie das Gesicht eines Sklaven vermessen, gemustert, markiert, klassifiziert und am Ende in die Datenbank deportiert. Der versklavte Datenkörper wird tausende Kilometer entfernt in einem Serverschrank interniert und dort für die Dressierung künstlicher Intelligenzen operationalisiert. Es ist eine Form von virtueller Sklaverei, bei der der Datenkörper zum Eigentum anderer wird.

So wie das Prinzip der Sklaverei die Unterwerfung der Körper war, gründet die neofeudale Datenherrschaft auf der Unterwerfung der (leblosen) Datenkörper durch Maschinen. Tech-Konzerne und Staaten können sich des Datenkörpers bemächtigen, seiner habhaft werden, ihn festhalten und züchtigen – ohne dass man sich dessen bewusst ist. Gerade weil der Datenkörper unsichtbar ist, bleiben auch äußere Zugriffe bzw. Übergriffe unsichtbar – und bewegen sich oft unterhalb einer Wahrnehmbarkeitsschwelle. Es gibt keine körperliche Unversehrtheit des Datenkörpers (wobei zu fragen wäre, ob die bereitwillige Offenlegung personenbezogener Daten nicht eine straflose Selbstverletzung der eigenen Identität darstellt).

Anders als sein biologisches Pendant kann der Datenkörper nicht sterben. Zwar können Profile gelöscht werden, doch der Datenkörper als solcher ist unsterblich. Legendär ist der Ausspruch des einstigen Google-Chefs Eric Schmidt: «Ihre digitale Identität lebt für immer – weil es keinen Löschknopf gibt.»[33] Man bleibt über den physischen Tod hinaus in Speicherhaft und den algorithmischen Regimen unterworfen (wohl nicht bis in alle Ewigkeit, weil vor der Datenapokalypse die Klimaapokalypse droht). Die Ausbeutung des Datenkörpers wird prolongiert. Andererseits kann die Löschung des Datenkörpers etwa in sozialen Netzwerken den sozialen Tod des Nutzers nach sich ziehen, weil er dann zwar physisch noch lebt, aber durch sein digitales Aus auch zunehmend seine analoge Existenz in Frage gestellt wird. Nicht ganz zufällig fragen Kontakte nach ein paar Tagen digitaler Abstinenz in Messengerdiensten: «Lebst du noch?» Die Unsterblichkeit des digitalen Doppelgängers markiert die Geburt einer neuen Biopolitik, bei der nicht mehr Körper, sondern Datenkörper bzw. Körperdaten regiert werden.

In Thomas Hobbes' vertragstheoretischer Rechtfertigungsschrift des absolutistischen Staates steht geschrieben, dass der Mensch zur Überwindung des Naturzustands und Bändigung seiner wölfischen Natur einen künstlichen Menschen («Artificial Man») erschaffen müsse, der als übergeordnete Instanz den Krieg aller gegen alle unterdrückt und Frieden sichert. Dieser riesenhafte künstliche Mensch kommt bei Hobbes in der anthropomorphen Gestalt des Leviathans daher, eines alttestamentlichen Meeresungeheuers. Wir beobachten nun, dass mithilfe künstlicher Intelligenz und Big Data ein neuer Kompositkörper kreiert wird, der sich aus Billionen Datenpunkten zusammensetzt. Die Millionen Gesichtsscans, Irisscans und Fingerabdrücke, die beim Aufbau biometrischer Datenbanken erstellt werden, formen einen gigantischen Datenkörper, dessen sich Staaten und Konzerne bemächtigen. Der *elektronische Leviathan*, wie ich diesen virtuellen Kollektivkörper nennen möchte, konstituiert sich aus den lebenden Datenkörpern respektive Körperdaten einzelner Bürger. Die freiwillige Selbst- oder Zwangsverdatung durch Biometrie-Systeme markiert einen Akt der Souveränitätsübertragung, einen Lebendtransfer von einem politischen auf einen technischen Körper. Der Bürger ist nicht mehr allein im Parlament repräsentiert, sondern in digitalen Systemen, sprich: in Datenbanken. Die (digitale) Souveränität ist folglich nicht mehr im Volks- oder Staatskörper lokalisiert, sondern im Datenkörper. Indem der User (durch Unterschreiben der Nutzungsbedingungen) seiner Datennutzung zustimmt, autorisiert er den elektronischen Leviathan, seine Daten zu verarbeiten und Untersuchungen am digitalen Zwilling vorzunehmen. Aus einem technischen wird ein politischer Körper: ein body politic 2.0. Der Artificial Man verkörpert die Norm bzw. Normalität.

So haben die meist nach kaukasischem Aussehen modellierten Biometrie-Systeme in der Praxis (etwa beim Vielfliegerprogramm in den USA) dazu geführt, dass die biometrischen Merkmale bestimmter Gruppen – etwa von Frauen asiatischer Herkunft, deren Fingerlinien nur schwach ausgeprägt sind – nicht «lesbar» waren. Auch war die Hand von Asiatinnen häufig zu klein für das automatisierte System. Darin zeigt sich ein grundlegendes Repräsentationsproblem biometrischer Systeme: Es gibt Datenkörper, die dazugehören, und andere, die aus der Klassifikation herausfallen. Manche Merkmalsträger werden auf diese Weise aus der Gemeinschaft ausgeschlossen.

Aber auch für die Dazugehörigen gibt es ein Problem: Wenn Bürger nicht mehr nur in und von Parlamenten, sondern von digitalen Doppelgängern repräsentiert werden, erwächst daraus ein Demokratiedefizit. Man generiert Fahrdaten, Gesundheitsdaten, Finanzdaten, Kommunikationsdaten, die etwas über die Person aussagen, ohne dass das Subjekt danach gefragt worden wäre. Wenn Daten also sprechen (für oder gegen uns) – warum haben wir dann keine Mitsprache? Digital souverän ist nur, wer über die Nutzung seiner Daten frei verfügen oder sich, negativ gewendet, der Datenerhebung verweigern kann. Das ist in der Praxis kaum möglich. Obwohl mit Daten Politik gemacht wird, sind Daten im politischen System unterrepräsentiert. Die Frage ist ja: Warum gelten für den physischen Körper Rechte wie das verfassungsmäßig verbriefte Recht auf Leben und körperliche Unversehrtheit, für den daraus abgeleiteten Datenkörper aber nicht? Politisches Repräsentations- und Legitimationsprinzip fallen hier an entscheidender Stelle auseinander. Man müsste daher langfristig über ein *Parlament der Daten* (analog zum Parlament der Dinge, das der Soziologe Bruno Latour vorgeschlagen hat) als einem Korrektiv nachdenken, in dem nicht nur Bürger, sondern auch ihre Daten bzw. Datenkörper repräsentiert sind. In einer solchen Vertretung – idealerweise eine Open-Source-Plattform – könnten gewählte Vertreter über die Nutzer aller relevanten Daten abstimmen und treuhänderisch die Rechte der Datenemittenten wahrnehmen. Solange die Daten in den Silos von Konzernen gebunkert werden, wird die digitale Demokratie defekt sein.

# 9

## Die Internierung der Datenkörper

### Wie wir mit smarten Gadgets im offenen Vollzug landen

Wenn man in Googles mobile Suchmaske einen Begriff eingibt, kann es mitunter passieren, dass auf dem Bildschirm folgender Hinweis aufscheint: «Danach hast du schon einmal gesucht. Wenn du *mireille hildebrandt algorithmic regulation* aus dem Verlauf löschst, wird diese Suchanfrage dauerhaft von deinem Gerät entfernt.» Es klingt nach einer Warnung: Suche bloß nie wieder danach! Fragt man Apples Sprachsoftware Siri nach einem Jailbreak[1] (englisch für «Gefängnisausbruch») – einem halblegalen Hack des Betriebssystems, mit dem das iPhone für anderenfalls gesperrte Fremdanwendungen geöffnet werden kann –, mahnt der virtuelle Assistent: «Ich halte das für keine gute Idee». Oder: «Gefahr, Will Robinson!» Die programmierte Botschaft lautet: Die Daten bleiben unter Verschluss, du kommst aus deiner digitalen Einzelhaft nicht heraus!

Facebook-Insassen konnten sich zeitweise ihr Gefängnisprotokoll herunterladen. Davor mussten sie allerdings einen mehr-stufigen «Sicherheitstest» absolvieren. Als würde Facebook sein eigenes Targeting persiflieren, zeigte das soziale Netzwerk Fotos von Freunden an, versehen mit der Prüffrage: «Wie lautet der Name deines Freundes/deiner Freundin? (4 von 5)». Wie bei einem Multiple-Choice-Test musste man anschließend die richtige Antwort ankreuzen. Nach bestandenem Quiz ließen sich die Informationen über die eigene Person als Zip-Datei herunterladen. In meinem Fall war die Datei 113 Megabyte groß – oder klein?

Es wirkt ein wenig so, als würde man Einsicht in Unterlagen des Staatssicherheitsdienstes der ehemaligen DDR erhalten. Eingestellte Fotos, abgespielte Videos, besuchte Veranstaltungen, Kommentare, Logins, Gerätetyp, Suchanfragen – alles wurde gespeichert und protokolliert. Die Speicherwut und Detailliertheit der Informationen sind verblüffend – und erschreckend. Der Suchverlauf liest sich wie eine Personalakte: «Du hast nach ‹Laura Metzler› gesucht 23. Mai 2018 14:49.» Die Auskunft klingt wie ein Vorwurf – als müsste man sich für Informationsabfragen rechtfertigen. Abgelehnte Freundschaftsanfragen, gelöschte Freunde, gesendete Freundschaftsanfragen – alles ist haarklein vermerkt. Auch sämtliche Chronik-Einträge sind verzeichnet.

Facebook führt in bürokratischer Manier Buch über Gesichter, Einträge, Nachrichten und Likes. Das soziale Netzwerk hat über Jahre Nutzerpräferenzen, Suchgewohnheiten, politische Ansichten und sexuelle Vorlieben katalogisiert und archiviert. Die Profilinformationen, die man im Abschnitt «Info» seines Profils abgegeben hat (man glaubt sich schon gar nicht mehr zu erinnern), sind letztlich noch viel detaillierter als jede Personalakte: Name, Profil, Registrierungsdatum (Donnerstag, 4. September 2008 um 16:29 UTC+02), E-Mail-Adressen, Anschrift, Geburtstag, Geschlecht, derzeitiger Wohnort, Familie, Ausbildung, Interessen, Musik. Noch beunruhigender sind vermeintlich private Chatverläufe mit Kontakten, die sich zu einer regelrechten Personalakte aufgehäuft haben. Gespräche, die man längst gelöscht oder vergessen hat. Intima mit ehemaligen Lebensgefährten. Auseinandersetzungen mit ehemaligen Freunden, von denen man nichts mehr wissen will. Facebook hat sämtliche Gespräche aufgezeichnet und archiviert. Es fühlt sich an, als wäre man jahrelang abgehört worden. Gewiss ist die Vorstellung, auf Facebook private Gespräche führen zu können, naiv. Dass Facebooks Algorithmen mitlesen, ist hinlänglich bekannt. Doch gerade in seiner Vollständigkeit und Detailversessenheit ist der Datensatz befremdlich.

Erschreckend ist vor allem die Ästhetik des Profils, das als Kriminalakte präsentiert wird, so als wäre das Datenkonvolut eine Liste von Verfehlungen und Verdachtsmomenten. Das Format, mit dem einst nach Kriminellen gefahndet wurde, dient der Selbstdarstellung. Der Bürger übernimmt, was früher die Kripo erledigen musste – als «Komplize des Erkennungsdienstes» (Andreas Bernard).[2]

Das Facebook-Profil wirkt in seiner Struktur wie ein polizeilicher Steckbrief: Es gibt ein Porträtfoto, eine genaue Personenbeschreibung, biografische Eckdaten, eine für jedermann zugängliche Suchfunktion, aufgesuchte Orte, Bewegungsprofile. Was fehlt, ist lediglich der konkrete Tatvorwurf, der im kafkaesken Setting ungeklärt bleibt. Man wird ständig gesucht, von Algorithmen vernommen, aber kennt die Gründe nicht. Der Gesichtserkennungsalgorithmus, der über jedes Foto läuft, ähnelt einer erkennungsdienstlichen Maßnahme, einer Mikro-Festnahme des virtuellen Datenkörpers durch künstliche Agenten. Man kann sich diesen digitalen Leibesvisitationen ja nicht entziehen, auch weil man sie gar nicht mitbekommt. Der Nutzer ist systemisch gezwungen, sich zu entblößen, seinen Datenkörper offenzulegen, um überhaupt Teil der Community sein

**Polizei Niedersachsen Fahndung**
Gestern um 11:20 · 🌐

⋯

+++ #Peine: Raub auf Tankstelle! Ungepixeltes Phantombild im Artikel +++

Liebe Unterstützer(innen),

in Peine wurde eine Tankstelle überfallen. Die Polizei fahndet nun mit einem Phantombild öffentlich nach dem Räuber.

➡️ Das ungepixelte Phantombild, der Sachverhalt und eine Personenbeschreibung folgen nach einem Klick auf den Link/das Linkbild!

Hinweise bitte an die #Polizei Peine unter der Rufnummer ☎ 05171 9990.

ACHTUNG: Personenbezogene und sachdienliche Hinweise nicht in den Kommentaren posten! Nutzt dafür die angegebene Rufnummer!

──────────────

#lkaniedersachsen #lkani #fahndung

**PEINE**
+++ Raub auf Tankstelle! Ungepixeltes Phantombild im Artikel +++

LKA.POLIZEI-NDS.DE
**Peine: Raub auf Tankstelle**
Sachverhalt und ungepixeltes Phantombild im Artikel

😊👍😮 39                    29 Kommentare  190 Mal geteilt

👍 Gefällt mir        💬 Kommentieren        ➤ Teilen

Facebook-Fahndung: Das Phantombild ist verpixelt – aus Datenschutz-gründen zu können. Facebook-Chef Mark Zuckerberg meinte dazu einmal lapidar, dass Privatsphäre keine «soziale Norm» mehr sei.[3] Um in einer seiner vielen Volten eine «Vision für Privatsphäre» zu verkünden.[4]

Die Übernahme des Profils aus der Kriminalistik in die alltägliche Kommunikationspraxis macht Facebook zu einem interessanten Ermittlungsumfeld. Behörden wie die Polizei in Niedersachsen, deren Facebook-Seite 57 000 «Fans» hat, starten in dem sozialen Netzwerk regelmäßig Fahndungsaufrufe. Jedes Fahndungsfoto ist jedoch aus datenschutzrechtlichen Gründen verpixelt – erst der Link führt zu der Seite des Landeskriminalamts, wo das Phantombild offen gezeigt wird. Tatverdächtige, die von Überwachungskameras gefilmt wurden, werden auf den Bildern durch grüne Häkchen unkenntlich gemacht. Abgesehen davon, dass ein Phantombild als visuelle Fahndungshilfe auf einer gedanklichen Rekonstruktion basiert und als Kompositkörper nicht persönlichkeitsrechtsfähig ist, zeigt sich hier eine Paradoxie des Mediums: Der Verdächtige wird in seiner Identität geschützt, der «normale» Nutzer dagegen exponiert. Der Tatverdächtige hat auf Facebook einen Inkognito-Status. Kriminalistik unter umgekehrten Vorzeichen.

Facebook ist im Grunde eine perpetuierte Öffentlichkeitsfahndung, die die voyeuristische Neugier der Nutzer bedient und sie zu kleinen Kommissaren macht. Jeder Facebook-Nutzer ist ein Profiler. Darauf basiert das Gewebe des sozialen Netzwerks. Die erkennungsdienstliche Behandlung ist allerdings vorgelagert: Facebook-Nutzer haben bereits ihre biometrischen und personenbezogenen Daten (als freiwillige Identitätsfeststellung) hinterlassen, noch bevor sie von der Polizei festgenommen werden. Die Nutzer befinden sich in algorithmischer Untersuchungshaft. Wenn die Polizei verpixelte Phantombilder als eine Art Fremdkörper bzw. als verschlüsselten Datensatz in das algorithmische System einschleust, entzieht sie sich dem Standard der Gesichtserkennung und manifestiert damit ihren eigenen Hoheitsanspruch. Es soll ja gerade verhindert werden, dass Facebook Buch über das Gesicht Krimineller führt – das ist eine hoheitliche Aufgabe. Gleichzeitig deckt die Polizei im scheinöffentlichen Raum von Facebook den Kriminellen, indem sie das Phantombild unkenntlich macht – und macht sich damit zum Komplizen des Verbrechens. Wo jeder ein öffentliches Profil hat, ist man Verdächtiger und Zivilfahnder in Personalunion.

In der programmierten Kontrollgesellschaft normalisieren sich die polizeirechtlichen Standardmaßnahmen und kriminaltechnischen Wissensformen insoweit, als sie zum Gegenstand alltäglicher Narrative werden. So wird zum Beispiel die Technik des Verhörs in Sprachsteuerungssystemen angewandt – die «Abhörprotokolle» dienen auch der Aufklärung von Straftaten («Alexa, wer war der Mörder?»). Und wer sagt, dass nicht auch das Smartphone-Display ein laufendes Verfahren zur Erhebung von Fingerabdrücken ist?

## Die <Demokratisierung> kriminalistischer Techniken

| Rule of Law | Informatisierte Herrschaft |
| --- | --- |
| Vernehmung (Verhör) | Sprachsteuerung |
| Befragung | Datenabfrage |
| Aussage | (Such-)Anfrage, Sprachkommando, Posting |
| Observierung | Monitoring |
| Profiling | Profilierung (in sozialen Netzwerken) |
| Festhalten | Speichern |
| Anhalten | Sicherheitsabfrage |
| Identitätsfeststellung | Login |
| Geständnis | Selbstverdatung |
| Verdachtskontrolle | Anomalieerkennung |

Das Smartphone ist vollgestopft mit Überwachungstechnik: Barometer, Bewegungssensor, Beschleunigungssensor, Fingerabdrucksensor, elektromagnetischer Sensor, Gyroskop, Helligkeitssensor, Näherungssensor, Thermometer.[5] Es erfasst Bewegungen, Standort und Schritte des Nutzers. Ein Tatortkoffer im Kleinformat. Die Expansion dieser Beobachtungssysteme führt zu einer Entgrenzung polizeirechtlicher Eingriffsbefugnisse. Polizei bzw. Policey im Sinne einer Cyber-Wohlfahrt ist heute überall. Allein, die Polizeigewalt gibt sich nicht immer als solche zu erkennen.

Facebook hat 2014 ein Patent für eine Technologie angemeldet, die aufgrund gesammelter Smartphone-Daten Freunde vorschlägt.[6] Das System würde anhand von GPS-Daten oder Wifi-Logins nicht nur erkennen, dass zwei Smartphones zur selben Zeit an derselben Position geortet wurden, sondern auch, dass die Nutzer einander begegneten. Laut dem Patent soll die Facebook-App dabei auf den Lagesensor (Gyroskop), den Beschleunigungssensor (Akzelerometer) sowie den Bewegungsprozessor des Computersystems auf dem Smartphone zugreifen und auf Basis der Datenanalyse Bewegungsmuster erstellen (z. B. wenn zwei Leute in einem ruckelnden Bus sitzen oder joggen). Wenn man sich also in einer hippen Bar ins WLAN einloggt und anschließend zur letzten U-Bahn rennt, könnte der Facebook-Algorithmus eine Nutzerin als Freundin vorschlagen, die am selben Abend auch in der Location war – eine Frau, der man an der Bar einen zwinkernden Blick zuwarf, ohne ihren Namen zu erfragen. Eine solche automatisierte Verkupplungshilfe mag reizvoll klingen. Doch letztlich würde Facebook durch dieses Tracking nicht nur das gesamte On- und Offline-Verhalten überwachen, sondern auch eine verdeckte Sozialkontrolle durchführen. Zwar gab Facebook an, dass die Technik in der Praxis bislang nicht angewandt wurde. Aber allein die Tatsache, dass das Patent dafür in der Schublade liegt, ist gruselig genug. Big

Brother kommt als Freund daher. Die hintergründig operierenden Sensoren können sogar Atembewegungen und Tippbewegungen messen, um zu kontrollieren, ob man ein Bot ist.[7] Es ist im Grunde wie eine Verkehrskontrolle – nur dass der algorithmische Agent noch verdeckter ermittelt als ein Blitzgerät.

Laut seinem Transparenzbericht erhielt Facebook im ersten Halbjahr 2018 103 815 Anfragen von Behörden.[8] In 74 Prozent der Fälle wurden die Nutzerdaten offengelegt. Der Konzern geht sogar proaktiv auf die Behörden zu. «Facebook kann freiwillig Informationen gegenüber Strafverfolgungsbehörden offenlegen, wenn wir in gutem Glauben davon ausgehen, dass von einem Sachverhalt unmittelbare Gefahr für Leib und Leben ausgeht», heißt es auf der Webseite.[9] Ob sich der Konzern bei der Auslegung des «guten Glaubens» an rechtsstaatliche Maßstäbe oder an seine eigenen Glaubenssätze hält, wird nicht weiter ausgeführt. In der Post-Strafgesellschaft bekommt man keine Vorladung ins Revier, sondern eine Einladung zur Freundschaft. Facebook, dein Freund und Helfer.

Es gibt historische Vorläufer dieser Überwachung im privaten Raum. Das römische Strafrecht kannte das Institut der *custodia libera*, einer milderen Form der Haft, die man sich als eine Art Hausarrest für wohlhabende Gefangene und höhere Stände vorstellen kann. Der Delinquent verbüßte die Strafe im Haus einer Magistratsperson unter Beaufsichtigung eines Soldaten.[10] In neuzeitlichen Rechtsordnungen wurde der Hausarrest durch die Untersuchungshaft ersetzt, wobei die Überwachung der Gefangenen fortan durch staatliche Stellen erfolgte. Als ambulante Alternative zum stationären Freiheitsentzug hat sich in den USA seit einigen Jahren der elektronisch überwachte Hausarrest (*electronic monitoring*) etabliert. Dem Gefangenen wird dabei eine elektronische Fußfessel umgeschnallt, die den Aufenthaltsort des Trägers rund um die Uhr anzeigt. Das armbandgroße Gerät ist mit einem Sender ausgestattet, der ständigen Funkkontakt mit einer Basisstation hat und Signale an einen Zentralrechner weiterleitet.[11] Empfängt die Station kein Signal, weil sich der Sender, also der Überwachte, zu den vorab festgelegten Zeiten nicht an dem vereinbarten Ort aufhält, schlägt das System Alarm – genau wie bei einer Manipulation des Geräts. Der elektronische Hausarrest ist deshalb so effektiv, weil der Überwachte sich darüber im Klaren ist, ständig kontrolliert und für Verstöße sofort bestraft zu werden.[12] Die Fußfessel ist ein Objekt, das noch auf der alten Idee des Kerkers aufbaut, weil es noch einen abgesteckten Bereich gibt, eine Art mobiles Gefängnis, das man permanent mit sich herumschleppt (so wie die Eisenkugeln, die Zuchthäuslern am Knöchel befestigt wurden).[13] Auch in Deutschland, Österreich und der Schweiz gibt es mittlerweile einige Modellprojekte.

Die Idee der elektronischen Überwachung besteht darin, eine menschliche und vor allem kostengünstigere Alternative zum konventionellen Strafvollzug zu schaffen, die es dem Strafgefangenen ermöglicht, am normalen gesellschaftlichen Leben teilzunehmen. Die Kosten für die Unterbringung eines Häftlings betragen in den USA je nach Bundesstaat jährlich zwischen 14 000 und 64 000 Dollar pro Häftling.[14] In Nordrhein-Westfalen belaufen sich die Kosten je Gefangener und Hafttag auf 135,65 Euro – das sind aufs Jahr gerechnet etwa 49 500 Euro (Stand 2017).[15] Die Kosten für die elektronische Überwachung sind deutlich geringer – in La Crosse County im US-Bundesstaat Wisconsin liegen sie bei sechs Dollar pro Tag und Häftling (statt 83 Dollar im Gefängnis).[16] Der einzige Kostenfaktor ist der Personalaufwand für GPS-Monitoring. Für das Privileg, ihre Haftstrafe in «Freiheit» zu verbüßen, müssen die Delinquenten in den USA sogar eine Gebühr bezahlen: zwischen 5 und 25 Dollar pro Tag.[17]

Der Gefangene ist nicht mehr an die Mauer eines Kerkers angekettet (physisch, durch Fesselung), sondern virtuell an ein

Computernetzwerk. Die Verbindung ist drahtlos, aber nicht ohne Gängelband: Der Gefangene muss jeden Abbruch der Verbindung büßen. James Morgan, ein verurteilter Straftäter, der wegen Sexualdelikten und anderen Verbrechen 26 Jahre hinter Gittern verbrachte und seine Reststrafe in elektronischem Hausarrest absitzen musste, wurde 2012 zu vier Tagen Gefängnis verurteilt, weil er für die Dauer von zwei Stunden kein GPS-Signal hatte. «Es gibt Zeiten», bekannte er, «da habe ich Angst, irgendeinen Raum, in dem ich mich gerade aufhalte, zu verlassen, nur um ins Bad zu gehen.»[18] Die Gefangenen leben in der ständigen Angst, durch eine Signalstörung oder schwache Batterie den Funkkontakt zu verlieren und bestraft zu werden. Auch medizinische Untersuchungen wie ein MRT oder Röntgenaufnahmen können mit der Fußfessel nicht durchgeführt werden. In den USA haben niedrige Batteriestände und schwache GPS-Signalstärken (infolge von Nebel oder Regen) wiederholt Fehlalarme ausgelöst. Beim Unternehmen Behavioral Interventions, von dem die Vollzugsbehörden in Wisconsin ihre elektronischen Fußfesseln leasen, stürzten 2010 die Server ab, was dazu führte, dass die Behörden in 49 Bundesstaaten nicht mehr wussten, wo sich ihre elektronisch überwachten Straftäter aufhielten. Ein Blackout des Strafsystems. In Wisconsin wurden 140 verurteilte Straftäter im offenen Vollzug inhaftiert, bis das GPS-Tracking-System wieder hergestellt war.[19]

Der Straftäter Johnny Page, der 24 Jahre in verschiedenen Haftanstalten in Illinois verbrachte und 90 Tage lang elektronisch überwacht wurde, beschrieb seine Erfahrungen so: «Es ist, als wenn man eingesperrt ist, aber seine eigenen Rechnungen bezahlt. Man muss sich selbst ernähren, man muss nicht um das Telefon kämpfen, man muss nicht um die Dusche kämpfen, aber man ist immer im Knast.»[20] Der Häftling Edmund Buck ergänzte, man spüre unter elektronischem Hausarrest «den langen Arm des Gesetzes auf seiner Schulter [...]. Es gibt kein Gefühl für Freiheit.» Im US-Bundesstaat New York wurde einem verurteilten Straftäter nach seiner Freilassung als Auflage eine elektronische Fußfessel angelegt: Er durfte sich nur zwischen ein paar Häuserblöcken in Manhattan (innerhalb einer geografisch abgegrenzten «restriction zone») bewegen.[21] Wenn er die unsichtbare Grenze überschritt, erhielt er sofort einen Anruf von der Justizvollzugsanstalt und wurde aufgefordert, sofort wieder in den virtuellen Gefängnisinnenhof unter freiem Himmel zurückzukehren. Der Big Apple in Sichtweite der Freiheitsstatue verwandelte sich in eine Gefängnisinsel. Nicht einmal seine Eltern konnte er in dieser Zeit besuchen, die nur einen Steinwurf entfernt wohnten. Im Grunde ähnelt die elektronikgestützte Gefängnisinsel dem Datengefängnis, wo dem Konzertbesucher die Kamera gesperrt wird. Es gibt zwar keine Mauern, doch man gibt seine Freiheit an der unsichtbaren Datenschranke ab. Die Mitarbeiter des Unternehmens Three Square Market, von denen im vorigen Kapitel die Rede war, tragen mit ihren freiwillig verpflanzten Chips das Gefängnis praktisch unter der Haut. Wer braucht da noch Gefängniszellen?

Der amerikanische Psychologieprofessor Robert S. Gable schlug in einem Aufsatz vor, das Smartphone zu einer Alternative zur elektronischen Fußfessel upzugraden.[22] Das Smartphone, so Gables Argument, verfüge über dieselbe (Überwachungs-)Technologie wie ein Gerät zur Aufenthaltsüberwachung. Es könne Informationen sammeln, die weit über den Standort hinausgehen. Mit biometrischen Sensoren könnte man beispielsweise kontrollieren, ob sich der Freigänger an die Auflage des Alkoholverbots hält. Man kann daher fragen, ob das Smartphone eine Bauplattform für Gefängnisarchitekturen ist – und ob das im Alltag verwendete Gerät nicht doch eine Vorstufe der Untersuchungshaft darstellt. Es gibt mittlerweile für den Strafvollzug eine App namens «E-Cell House Arrest», mit deren Hilfe Freigänger per GPS getrackt werden können. Die Strafvollzugsbehörden werden damit zudem in die Lage versetzt, sich per ferngesteuerten Check-ins aufs Smartphone des Gefangenen zu schalten – das Handy als mobile Zelle.

Amazon wurde 2016 ein dystopisch anmutendes Patent für eine Überwachungstechnologie bewilligt, mit dem Mitarbeiter in einem Käfig in Logistikzentren transportiert werden sollten.[23] Das Minigefängnis – das an die Eisenkörbe am Turm der Lambertikirche in Münster («Wiedertäufer-Käfige») erinnert, in denen im Mittelalter lebende und hingerichtete Delinquenten zur Schau gestellt wurden – sollte auf einem Roboterwagen platziert werden, um die Angestellten von A nach B zu karren. Zwar hat sich Amazon mittlerweile öffentlich von der Idee distanziert. Doch das Patent lässt tief blicken. Der Konzern war offensichtlich bereit, seine Mitarbeiter zu dressieren und Menschen in einem Gehege zu halten wie Tiere.

Der Online-Händler hat in Seattle und Chicago kassenlose Supermarktfilialen eröffnet. Der Kunde identifiziert sich beim Betreten des Ladens mit einer App, indem er sein Handy wie an einem U-Bahn-Drehkreuz auf einen Scanner hält, steckt die gewünschten Artikel in die Tasche und checkt am Ende des Einkaufs kontaktlos aus. Die Bezahlung erfolgt automatisch über den Amazon-Account. *Grab and Go* nennt Amazon diese Technologie. Manche Testkäufer hatten das Gefühl, sie würden Waren stehlen, weil sie so sehr an die Supermarktkasse gewöhnt waren. Damit das System funktioniert, muss der Kunde jedoch lückenlos überwacht werden: In den Märkten sind hunderte Kameras und Infrarot-Sensoren installiert, die registrieren, wann der Kunde durch die Regale läuft und einen Artikel aus dem Regal nimmt.[24] In den hochtechnisierten Stores, die wie eine Vollzugsanstalt mit angeschlossenem Warensortiment anmuten, zeigt sich die Post-Strafgesellschaft wie unter einem Brennglas: Der Ladendiebstahl wird technisch nicht mehr möglich, der Kunde diszipliniert, die illegale, strafbare Handlung – das

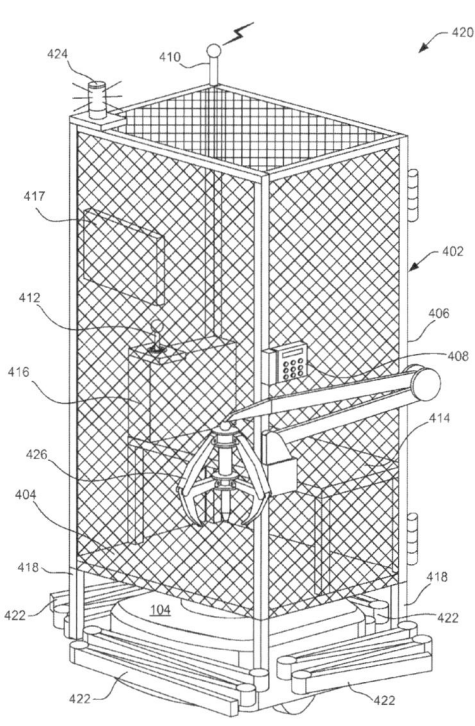

**420**

**424** **410**

**417**

**402**

**412**

**406**

**408**

**416**

**414**

**426**

**404**

**418**

**418**

**422**

**104**

**422**

**422**

**422**

Nicht die Wiedertäufer-Käfige an der Lamberti-kirche in Münster, sondern die Käfighaltung von Menschen bei Amazon

Einstecken der Ware und Verlassen des Geschäfts ohne physischen Bezahlvorgang – in eine legale Shopping-Praxis umcodiert. Der Überwachungskapitalismus straft präemptiv: Man geht nicht ins Gefängnis, weil man Waren gestohlen hat, sondern weil man einkaufen will.

Mittlerweile legen in den USA sogar Eltern ihren aufsässigen Kindern («Problem-Teenager») elektronische Fußfesseln an, um sie rund um die Uhr zu überwachen.[25] Das Gerät ist mit einem Lautsprecher, einem Mikrofon sowie einer 95-Dezibel-Sirene ausgestattet, die automatisch aufheult, sobald der Träger sich aus dem Kontrollbereich entfernt. Dazu wird um das Haus oder die Schule ein elektronischer Zaun errichtet. Verlässt der Träger den abgesteckten Bereich, schlägt das System Alarm. Der Hersteller Tampa Bay Monitoring wirbt in einem Werbeclip: «Schwänzt Ihr Kind die Schule? Hängt Ihr Kind mit den falschen Leuten herum? Haben Sie Angst, dass Ihr Kind im Knast landet?»[26] Für die Nutzung des mobilen Disziplinarapparats sei angeblich kein richterlicher Beschluss erforderlich. Dennoch machen sich die Eltern damit sachwidrig zu Vollstreckern einer generalpräventiven Strafjustiz, wozu sie eigentlich gar nicht legitimiert sind. Unter der elterlichen Überwachung werden Schule und Freizeit zum Gefängnisaufenthalt.

Es gibt ganz bizarre Formen des Selbstvollzugs. Die US-Firma Pavlok, benannt nach dem russischen Verhaltensforscher Iwan Pawlow, der Hunde mit einer Glocke konditionierte, hat ein elektronisches Armband entwickelt, das den Träger mit Elektroschocks traktiert, wenn dieser sich nicht an den aufgestellten Fitnessplan hält.[27] Wer in die Versuchung gerät, doch zur Pralinenschachtel zu greifen oder morgens im Bett liegen zu bleiben, statt zu joggen, wird mit einem Stromschlag von bis zu 255 Volt an die Einhaltung seiner Trainingsziele gemahnt. Der Anwender legt sich freiwillig eine elektronische Fuß- bzw. Handfessel an, weil er es als Freiheit empfindet, seiner Triebhaftigkeit nicht mehr nachgeben zu müssen. Doch tatsächlich begibt er sich auf den Weg in die Unfreiheit, indem er sich zum Sklaven eines Fitness-Plans macht. Ist man schon so sehr Geisel der Konsumindustrie, dass man sich einen elektronischen Wachhund anlegen muss und seine mangelnde Selbstdisziplin in masochistischer Manier sanktionieren lässt? Das elektronische Armband ist ein digitaler Disziplinarapparat, der die Mechanik des Gefängnisses, die Dressur der Körper, auf groteske Weise adaptiert.

Mit denselben Techniken, mit denen Strafgefangene überwacht werden, werden Menschen in Freiheit überwacht. Immer mehr Leute tragen Smartphones in ihrer Tasche oder legen sich freiwillig Fitnesstracker an, als wären sie Gefangene. Das Funktionsprinzip ist dasselbe wie bei einer elektronischen Fußfessel: Indem ein Sender Standortdaten an einen Zentralrechner funkt, wird der Träger lokalisierbar, identifizierbar und kontrollierbar (in seinem Verhalten). Allein, wenn der elektronische Hausarrest als Alternative zum stationären Freiheitsentzug gedacht ist, müsste dann das (freiwillige) Tragen eines Fitness-Trackers nicht auch als Freiheitsentzug verstanden werden? Sind Smartphones nicht eine Light-Version der elektronischen Fußfessel, mit der man, als kleine Hafterleichterung, auch telefonieren und im Internet surfen kann? Worin soll die Freiheit bestehen, wenn man auf Schritt und Tritt verfolgt wird? Anders gewendet: Worin soll die Freiheitsstrafe eines elektronischen Hausarrests bestehen, wenn Menschen in Freiheit unter fast denselben (Haft-)Bedingungen leben? Der Freiheitsstrafe wird der normative Boden entzogen, wenn Freiheit Strafe ist und Strafe Freiheit. Der Code der Strafe ändert sich, weil das, was als Freiheit empfunden wird, schon Teil der Strafe ist. In einer offenen Vollzugsgesellschaft normalisiert sich die Strafe.

Google hat eine Smart-Home-Technologie patentiert, die die Bewohner auf der Grundlage ihrer Stimme oder ihres Gesichts erkennt. Wenn das System merkt, dass eine Person allein zu Hause ist, riegelt es automatisch die Türen ab. Die smarte Fernbedienung würde den Nutzer anhand von Fingerabdrücken, Gesichtserkennung oder elektromagnetischer Wellen (RFID) authentifizieren und etwa bei einem Kind die Zahl der TV-Sender einschränken. Aus den Alltagsroutinen leitet das System bestimmte Verhaltens- und Gewohnheitsmuster ab. «Der smarte Thermostat lernt die bevorzugten Temperatureinstellungen des Bewohners am Morgen und am Abend und erkennt, wann die Bewohner schlafen und wann sie typischerweise zu Hause oder

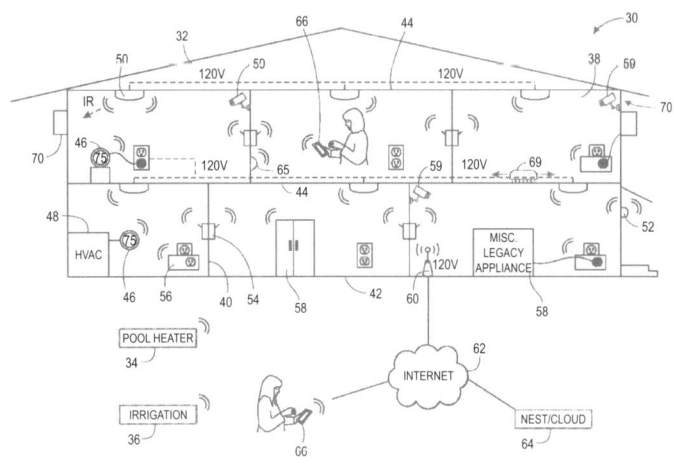

**Speichern und Strafen: Das Smart Home von Google speichert Verhaltensmuster und bestraft die Bewohner bzw. Insassen beim Nichterreichen von Zielen**

außer Haus sind.»[28] Das panoptische System weiß zu jeder Zeit, wo sich die Bewohner innerhalb des Hauses aufhalten – und was sie gerade tun. Wenn ein Haushaltsmitglied eine Textnachricht mit dem Inhalt «Ich bin um 5 Uhr zu Hause» schreibt, würde das System den Standort bestimmen und berechnen, wann er oder sie zurückkehrt. Wenn die Verabredung nicht «eingehalten» wird – die Patentschrift liest sich hier recht punitiv – bzw. die Person sich verspätet, übernimmt der «Household Policy Manager» das Kommando: Die Türen werden verschlossen, wenn das System feststellt, dass die Kinder allein zu Hause sind, der Fernseher wird blockiert oder die rote Beleuchtung aktiviert, um eine Warnung auszusenden. Es sind Zustände wie beim elektronischen Hausarrest. Wenn man sich die Zeichnungen des Patents vergegenwärtigt, könnte man meinen, das Zuhause wäre nur ein Gehäuse in einer Computerarchitektur, das irgendwo zwischen der Cloud und Funkmasten liegt und mit Codes konfiguriert wird.

Paul Virilio, der in den Kategorien von Beschleunigung und kinetischer Energie dachte, erkannte im elektronischen Hausarrest «das klinische Syndrom einer sich vergrößernden Bewegungslosigkeit, die zur Herrschaft des statischen Vehikels führt».[29] Nach Virilio «virtualisiert» die Fernbedienung die Entfernungen: den Zwischenraum zwischen den Dingen. Die Domotik, die intelligente Gebäudesteuerung, sei vergleichbar mit den Folgen eines Verkehrsunfalls: «d[er] zeitweise[n] oder dauernde[n] Invalidität nämlich, [...] eine[r] besondere[n] ‹Lähmung›, weil sie freiwillig ist».[30] Der Insasse wird nicht gefesselt, sondern durch die Simulation von Kontrolle ruhiggestellt. Die für den Strafvollzug konstitutive Einschränkung der Bewegungsfreiheit erfolgt im Smart Home nicht über Sicherheitsarchitekturen, sondern über eine Automatik der Steuerung und Kontrolle der Gesten: Man geht nicht mehr zum Lichtschalter, um das Licht an- oder auszuschalten, sondern klatscht in die Hände oder erteilt ein Sprachkommando. Der physische Körper und der lernfähige Raumkörper verschmelzen zu einer technischen Einheit; das Smart Home ist – wie das Smartphone – eine Identitätsprothese. Daher rührt auch die Paralyse, die sich einstellt, wenn die smarte Beleuchtung oder der Wasserkocher den Dienst verweigern, weil dieser Ausfall der Digitaltechnik als Einschränkung der individuellen Freiheit empfunden wird. Um die elektronische Umweltkontrolle zu realisieren, muss nach Virilio der architektonische Raum «entwirklicht» werden: Das Smart Home hat mit dem Wohnen nicht mehr viel gemein. Vielmehr ist es eine technisierte Form der Unterbringung, eine «machine à habiter» (Le Corbusier), in der man selbst beim Duschen noch Daten produziert. Aktivitäten wie Fernsehen, Reden oder Schlafen werden zur Gefängnis-Arbeit. Die häusliche Bewegungslosigkeit, der zunehmende Verlust der Beziehung zur äußeren

Umwelt stellt für Virilio eine «technische Form des Komas» dar:[31] Auch den Wohnzustand im Smart Home könnte man insofern als komatös bezeichnen, als neuronale Netzwerke die Vitalfunktionen aufrechterhalten. Es ist – salopp formuliert – ein Psycho-Knast, in dem man permanent unter Beobachtung steht.

In einem weiteren Smart-Home-Patent von Google würde ein Sensorengerät T-Shirts im Wandschrank und sogar aufgedruckte Gesichter erkennen, etwa von Will Smith. Aus der Browser-Historie würde das vernetzte Gerät ableiten, dass der Bewohner vor Kurzem nach dem Schauspieler gesucht hat und ortsbasierte Filmempfehlungen ausspielen: «Du scheinst Will Smith zu mögen. Sein neuer Film läuft in einem Kino in deiner Nähe.»[32] Die technische Möglichkeit, T-Shirt-Aufdrucke zu erkennen, impliziert auch das Potenzial einer klandestinen Gesinnungsprüfung: Das System könnte zum Beispiel feststellen, ob jemand verbotene Symbole auf dem T-Shirt oder verfemte Marken trägt. Weiter heißt es, dass der Zentralserver oder das Cloud-Computing-System Algorithmen bzw. Programme ablaufen lassen könnten, die Wassergeräusche erkennen. Auf Basis der Geräusche etwa bei der Toilettenspülung oder der Dusche würde das System eine «Signatur» bzw. einen «Audio-Fingerabdruck» der jeweiligen Wasserquelle erstellen. Sound-, Vibrations- und Bewegungsmelder würden genutzt, weitere ungebetene «Hausbewohner» wie Mäuse, Schaben, Termiten oder andere Insekten zu erkennen. Wer war der nächtliche «Eindringling»? Das Nagetier oder der Nachbar? Das Smart Home sieht und hört alles. Der Insasse des Smart Home hat faktisch weniger Privatsphäre als ein Häftling.

In Foucaults «Überwachen und Strafen» müssen die Mitglieder der bürgerlichen Gesellschaft noch durch die kleinlichen Disziplinierungsmaßnahmen «im Rahmen der Schule, der Kaserne, des Spitals oder der Werkstätte» abgerichtet werden.[33]

Durch die präventive Kontrolle individueller Verhaltensweisen im Smart Home werden solche Disziplinierungsinstitutionen, die ja selbst immer stärker auf Formen der Selbstkontrolle abzielen, obsolet. Ein «Audio»-, Infrarot- und optisches «Monitoring» soll bald selbst die Kontrolle des Sprachgebrauchs ermöglichen: Das System könne anhand von «Audio-Signaturen» rohe Sprache («foul language») und «Schlüsselschimpfwörter» («bully keywords») erkennen, heißt es in dem Patent.[34] Die Abweichung von der bürgerlichen Norm wird hier auf der Grundlage von Programmiervorschriften identifiziert und automatisch sanktioniert; Gehorsam wird algorithmisch hergestellt. In einigen Umgebungen würde das System «die Identitäten der Individuen detektieren», sobald «die ungewünschten Aktivitäten auftreten». Dank Kontextdaten und einer statistischen Inferenz könne auf den Tatbestand sowie die Identität des Sprechers geschlossen werden. Diese «Erkenntnisse», heißt es in polizeilichem Ton, würden «für eine weitere nachfolgende Verwendung gemeldet und gespeichert». Das Patent liest sich an manchen Stellen wie eine Drohung: Pass bloß auf, was du sagst! Weiter heißt es, dass ein spezieller Sensor «ungewünschte Aktivitäten» wie giftigen Kompost, Alkohol oder Tabak detektieren würde.[35] Wer also Zigarette rauchend in der Küche ein Glas Whisky trinkt, bekommt vom Household Policy Manager womöglich eine Rüge – oder einen Hinweis, dass man die Qualmerei doch besser einstellt. Im Smart Home ist man längst nicht mehr Herr im Haus. Dass der Strafkatalog nicht expliziert wird – der Bewohner weiß nicht, was «unerwünscht» oder «schikanös» ist –, liegt in der opaken Disziplinartechnik begründet. Dazu bereits Foucault prophetisch: «Der Straf-Agent muss eine totale Gewalt ausüben, die von keinem Dritten gestört werden darf; das zu bessernde Individuum muss in die Macht, der es ausgeliefert ist, vollständig eingeschlossen sein. Geheimhaltung ist geboten.»[36] Nur benötigt die «Gesinnungswandel-Maschine»[37] der Post-Strafgesellschaft keine Mauern mehr, um Menschen einzukerkern: Es genügen ein paar Codes.

Wissenschaftler der Carnegie Mellon University haben ein Radarsystem entwickelt, mit dem es möglich sein soll, Gesten und Objekte im Raum zu erkennen.[38] In einem Versuch wurden verschiedene IoT-Geräte wie etwa Amazon Echo oder Google Home mit sogenannten Lidar-Sensoren ausgestattet, einer dem Radar ähnlichen Methode zur optischen Abstands- und Geschwindigkeitsmessung. Die Technik ist sogar in der Lage, im Nahbereich spezifische Gesten des Nutzers wie etwa eine geballte Faust oder ein mit zwei Händen geformtes Herz zu erkennen.[39] Die Frage ist: Was sieht die Technik noch alles? Gefährliche Gegenstände? Waffen? Munition? Vorstellbar wäre, dass das System ab einem bestimmten Neigungswinkel einen Hitler-Gruß erkennt und dies der Polizei mitteilt. Konzepte dafür gibt es schon: Ein internationales Forschungsteam hat in einem Fachaufsatz die Möglichkeit diskutiert, virtuelle Assistenten zu «Moralagenten» aufzurüsten.[40] Wenn das Smart Home mithilfe von Sensoren «illegales Verhalten», zum Beispiel Cannabis-Konsum im Kinderzimmer, detektiert, könnte es entscheiden, ob es die Eltern oder die Polizei alarmiert – oder den Drogenkonsum ignoriert. Je vernetzter das Zuhause, desto größer wird die Zugriffsgewalt durch Dritte.

In immer mehr Haushalten sind sogenannte Smart Meter installiert – intelligente Messsysteme, die als Schnittstelle zwischen der Messeinrichtung und dem Kommunikationsnetz fungieren und über die Stromdaten fernausgelesen werden können. Das Versprechen intelligenter Messsysteme ist, dass Verbraucher einen besseren Überblick über den Energieverbrauch haben und ihre Stromkosten kontrollieren können. Es müssen keine Ableser mehr bestellt werden – die Zählerstände werden automatisch an die Energieversorger übermittelt. Doch wie jedes System, das Daten herausgibt, bergen auch intelligente Messsysteme Risiken. Hacker könnten die Geräte anzapfen und sensible Kundendaten abgreifen, Energieversorger Profile erstellen und das Konsumverhalten überwachen; Strafverfolgungsbehörden könnten ebenfalls auf die Daten zugreifen.

Die US-Bürgerrechtsorganisation Electronic Frontier Foundation gibt zu bedenken, dass die Auswertung der Daten Rückschlüsse auf die Zahl der Personen im Haushalt, ihre Gewohnheiten und Bewegungen erlaube. Die Geräte sammeln mit hoher Taktung Daten – typischerweise alle 5, 15 oder 30 Minuten. Aus diesen Verbrauchsdaten lässt sich nicht nur ablesen, wie viel Strom verbraucht wird, sondern auch, welche Geräte in Betrieb sind, wann jemand zu Hause ist etc. In den USA greift die Polizei auf die Daten von Smart Metern zu, um illegale Cannabis-Farmen aufzuspüren – die Beleuchtung beim sogenannten «Indoor Growing», also beim Cannabis-Anbau in der Wohnung, verbraucht jede Menge Energie. Auffällige Verbrauchswerte haben in den USA zu etlichen Hausdurchsuchungen geführt. Um verräterische Verbrauchsdaten zu vermeiden, werden größere Plantagen meist über Stromdiebstahl mit Energie versorgt. Der niederländische Stromversorger Stedin wollte Cannabis-Plantagen mithilfe einer Software aufspüren, die Anomalien im Stromnetz identifiziert und bei Verdachtsfällen die Polizei alarmiert.[41]

In der Diskussion um die akustische Wohnraumüberwachung («Großer Lauschangriff») wurde Anfang der Nullerjahre schon einmal die Überlegung laut, sogenannte «polizei-externe Dritte» wie Heizungsableser, Schlüsseldienste oder Schornsteinfeger zur verdeckten Installation von Überwachungsgeräten zu verpflichten. So versteckten Beamte eines Mobilen Einsatzkommandos, die sich als Heizungsmonteure ausgaben, in der Wohnung eines Tatverdächtigen mehrere Mikrofone mit Sender.[42] Die Ironie der Geschichte ist: Man braucht diese Handlanger gar nicht mehr. Der Bewohner verwanzt sich selbst.

Das (Erziehungs)Heim mutiert zu einer datenförmigen Gefängniszelle, weil die physischen Wände porös werden und das Innenleben räumlich ins Blickfeld einer Dauerüberwachung rückt. Die Verbrauchsdaten offenbaren intime Details über Vorgänge in der Privatsphäre, an die der Staat ohne physische Interventionen nicht gelangen würde. Das Auslesen von Smart-Meter-Daten kommt einer verdeckten Hausdurchsuchung gleich. Zwar lässt sich an den Verbrauchsdaten nicht zweifelsfrei ablesen, ob jemand Cannabis kultiviert, Bitcoin schürft oder eine opulente Weihnachtsbeleuchtung betreibt. Der Energieversorger oder Systemadministrator kann nicht wie der Wärter im Panoptikon zu jeder Zeit in jede Zelle schauen. Allerdings ist der Blick vom Prinzip her dennoch panoptisch, weil über jeden Haushalt ein Beobachtungsraster gelegt wird. Im April 2019 wurde bekannt, dass Amazon Mitschnitte seiner Sprachsoftware Alexa transkribieren und auswerten lässt – von Menschen, nicht von Maschinen. Der Online-Riese beschäftigt über Subunternehmen tausende Aufpasser, die an Standorten auf der ganzen Welt – unter anderem in den USA, Costa Rica, Indien und Rumänien – bis zu 1000 Audiodateien pro Tag analysieren.[43] Wie Stasi-Agenten protokollieren sie das Leben der Anderen: Babygeschrei, Ehestreit, Saufgelage, vielleicht sogar Sex. Wenn sich in Frankfurt ein Familiendrama abspielt oder in London der betrunkene Familienvater die Ehefrau zusammenstaucht, wissen sie in Amazons Horchposten Bescheid. Das Smart Home wird zum Vorhof des Gefängnisses, einem Grenzfeld zwischen Freiheit und Strafe, wo Ermittler durch ein kafkaeskes Geflecht smarter Hintertüren in die Intimsphäre eindringen und kriminalpräventive Voruntersuchungen durchführen.

Dass Häftlinge in finnischen Gefängnissen statt Tretmühlen zu bedienen KI-Systeme für ein Start-up trainieren müssen, das die Kaufsignale von Kunden überwacht,[44] zeigt nicht nur, dass Gefängnisarbeit selbst eine Kontrolltechnologie ist, sondern die

Gefängnisinsassen ein Überwachungsregime auch außerhalb der Gefängnismauern stabilisieren.

Foucault zeigt in «Überwachen und Strafen», wie das Prinzip des Gefängnisses allmählich auf den gesamten «Gesellschaftskörper» übergreift: auf Disziplinarinstitutionen wie Waisenhäuser, Kliniken, Kloster, Fabriken etc:[45] «Die Kreise des Kerkersystems erweitern sich und entfernen sich immer mehr von der eigentlichen Strafjustiz, bis von der Gefängnisform nichts mehr übrigbleibt.»[46] Die von der Gegenkultur der 68er-Bewegung betriebene Dekonstruktion von Disziplinarapparaten führt dazu, dass sich der zunehmend als Selbstdisziplin verstandene Gehorsam ein neues Gehäuse schafft: das Datengefängnis. Dieser Vollzug braucht kein Gebäude, keine Mauern, keine Aufseher; er vollzieht sich selbst. Das digitale Subjekt führt sich selbst dem virtuellen Haftrichter vor: durch strafbegründende (keine strafbefreienden!) Selbstanzeigen. Wir alle bauen diesen Computer-Kerker mit, und wir alle begeben uns in freiwillige Speicherhaft.

Jeder Häftling bekommt wie im Gefängnis eine Matrikelnummer, einen Score als Erkennungszeichen, mit dem er maschinenlesbar und kontrollfähig wird. Die Nutzer sind Freigänger im offenen Vollzug: Sie bewegen sich unter elektronischer Aufsicht im öffentlichen und privaten Raum und kommen ungefragt Meldepflichten nach, indem das Gerät die Position des Trägers an einen Server übermittelt. Lockerung im Vollzug gibt es nur, wenn man das Gerät ablegt. Paradoxerweise wird der Freigang (durch Ab- oder Aufgabe internetfähiger Geräte) als Freiheitsberaubung empfunden, als Isolationshaft in einer Zelle mit Funkloch. Wenn junge Erwachsene von Entzugserscheinungen, Ängsten und Schmerzen berichten, sobald sie ihr Handy zu Hause vergessen haben (die Forschung hat für diese Trennungsangst einen eigenen Terminus technicus kreiert, die Nomophobie als Kürzel für «No Mobile Phone Phobia»)[47], offenbart sich nicht nur die bedenkliche Kopplung des digitalen

Selbst an smarte Geräte, sondern auch eine dialektische Um-
kehrung des Verhältnisses zwischen Ein- und Ausgesperrtsein.
Die Jugendlichen fühlen sich nicht eingesperrt, sondern ausge-
sperrt und ihrer Bewegungsfreiheit beraubt, wenn sie ihre Ge-
dankenprothese zu Hause liegen lassen. «Die Internalisierung
der Überwachung», schreibt der Techniksoziologe Nikolaus
Lehner, sei auch immer eine «Internierung der Psyche»: In einer Welt allgegenwärtiger Tracking- und Prognosetechniken sei
man praktisch immer im Gefängnis.[48]

Das Gefängnis ist räumlich nicht mehr auf die Gefängnismauern begrenzt; die Internierungspraktiken weiten sich auf
den öffentlichen Raum aus. Smart Citys etwa erinnern mit ihren Überwachungskameras, Bewegungsmeldern und Sensoren
an Haftanstalten, die dem Operation Room regelabweichende
Vorkommnisse melden. In immer mehr US-Städten werden
akustische Überwachungssysteme installiert, die Schüsse lokali-
sieren und automatisch die Polizei alarmieren. Die akustischen
Sensoren, die in Laternenmasten in rund sieben Metern Höhe
befestigt sind, zeichnen mit ihren integrierten Mikrofonen un-
ablässig Geräusche in der Umgebung auf. Erkennt die Software
ein schussähnliches Geräusch, wird ein Bericht an einen Zentralserver gesendet.[49] Dort werden die Audio-Snippets von Maschinen ausgewertet (zur Sicherheit werden sie nochmals von
menschlichen Kontrolleuren überprüft). Mittels Triangulation,
einem Verfahren, bei dem die Laufzeit und Position der Schall-
quelle berechnet werden, erfolgt die Ortung. Laut einem Bericht
der «New York Times» sollen die Schussdetektoren in der Stadt
New Bedford im US-Bundesstaat Massachusetts auch einen lau-
ten Streit auf der Straße aufgezeichnet haben, der einer Schießerei vorausging.[50]

Doch Überwachung und Einschließung haben ihren Schrecken längst verloren. In Japan begehen Seniorinnen mutwillig
kleinere Vergehen wie Diebstahl, um ins Gefängnis zu kom-

men. Sie stehlen Softdrinks, Kleidung oder Bratpfannen, um der Einsamkeit zu entkommen. Einsamkeit ist ein großes Problem in Japans alternder Gesellschaft. Eine 80-jährige Frau wurde mit den Worten zitiert: «Mein Leben im Gefängnis ist viel einfacher. Ich kann Ich selbst sein und atmen, zumindest zeitweise.»[51] Eine 78-jährige Frau sagte: «Das Gefängnis ist eine Oase für mich – ein Ort der Entspannung und des Komforts. Ich habe keine Freiheit hier, aber ich habe auch nichts zu befürchten. Es gibt viele Leute, mit denen man reden kann.»[52] Das Gefängnis wird in der spätmodernen Gesellschaft, in denen freiheitsmatte Subjekte nach Bindung und Orientierung suchen, zum Sehnsuchtsort: Welch Ironie der Geschichte! Der Freiheitsentzug verliert damit seine strafende Wirkung. Freiheit *ist* Strafe. Das Gefängnis ist keine Zwangsinstitution mehr wie in der Disziplinargesellschaft, kein Kerker, wo man sich mit Schrecken den Züchtigungen ausgesetzt sieht, sondern ein straff geführtes Seniorenheim. Man kann hier eine Parallele zu digitalen Einschließungsmilieus ziehen: In den Online-Communitys ist man unter Leuten, und man nimmt die Haftbedingungen der Totalüberwachung klaglos hin. Nach dem Motto: Lieber ein überwachtes Funknetz als ein Funkloch in Freiheit! Es gibt eine Smartphone-App mit dem klingenden Namen «Freedom», die generalpräventiv Apps und Seiten sperrt, die potenziell ablenken könnten.[53] Wo das Regiment der Selbstdisziplin nicht effektiv genug ist, muss der strafende Mechanismus der Software her. Der Nutzer begibt sich in digitale Isolationshaft.

Das Internet ist womöglich der größte historische Triumph des Gefängnisses, weil das Kerkerprinzip in jeder Funkzelle implantiert ist. Das Wesen des Gefängnisses besteht ja in der Gefangenschaft – ob diese sich nun räumlich in einem Gebäude oder strukturell in einer Logik verwirklicht. Das Gefängnis hatte noch Mauern, aus denen man ausbrechen konnte. Aus dem entgrenzten Datengefängnis gibt es aber kein Entkommen. Der

Facebook-, Google- oder Amazon-Nutzer wird kaserniert – er befindet sich in einem abgeschlossenen Ökosystem, das er nicht mehr verlassen soll. An- und Abwesenheiten sowie Aufenthaltszeiten werden wie in einer Kaserne oder Schule kontrolliert (Facebook erinnert den Nutzer bei der Eingabe eines alten Passworts mit dem Hinweis: «Du hast ein altes Passwort eingegeben. Dein Passwort wurde geändert: vor etwa einem Monat».) Wer einmal Daten von sich preisgibt, ist lebenslänglich auf Bewährung verurteilt. Die Daten können jederzeit aus den Speichern herausgeholt und gegen einen verwendet werden.

Der Login/Logout-Mechanismus suggeriert zwar, dass man die Schlüsselgewalt über seine Daten hat, doch letztlich werden diese Daten in Datensilos weggesperrt und dem Zugriff des Emittenten entzogen. Der Smartphone-Nutzer oder Träger eines Fitnessarmbands wird nicht interniert, sondern externiert. Interniert wird der Datenkörper, der in hochgesicherten Serverfarmen sein Dasein fristet. Dort werden die Daten «gesichert» – sie sollen nicht «ausbrechen».

Die fensterlosen Rechenzentren, die wie Strafkolonien in der Ödnis von Georgia oder Iowa gebaut werden, erinnern an Hochsicherheitstrakte: Es sind Befestigungsanlagen, die von hohen Betonmauern und Zäunen umgeben sind. Rechenzentren sind Zentren der Macht, in denen neben der Produktion von Wissen auch eine Vorausschau und Simulation zukünftiger Ereignisse betrieben wird. Diese Machtzentren, die bewusst als «Anti-Monumente» (Andrew Blum) in der Peripherie errichtet werden, gilt es zu sichern. Die Konzerne bedienen sich dabei Techniken der Festungsarchitektur: Die Eingänge sind klein und versteckt, die bunkerhaften Blöcke teils von Wäldern und Wassergräben umschlossen. Die Rechenzentren werden zu veritablen Trutzburgen hochgerüstet – die Datenzitadellen sind so konstruiert, als müsste man für einen Belagerungszustand gewappnet sein. Google etwa schützt seine Server mit Metalldetektoren, laserba-

Hinter Gittern: Serverschränke

sierten Einbruchmeldeanlagen sowie Fahrzeugbarrieren.[54] Auf der Webseite von Google heißt es: «In den Rechenzentren selbst setzen wir Zugangskontrollen, Wachpersonal, Videoüberwachung und Umzäunungen ein, um die Standorte jederzeit auch physisch abzusichern.»[55] Auch ästhetisch nehmen die Bauten Anleihen bei der Festungsarchitektur, um die Anlagen besonders wehrhaft erscheinen zu lassen: So erinnern die Wassertanks, die zur Kühlung der heiß laufenden Server benötigt werden, an Türme von Forts.

Die Fortanlagen dienen einer Herrschaftssicherung nach innen und außen: Nach innen sollen die Datensubjekte durch algorithmische Rechenoperationen regiert werden; von außen soll niemand unbefugt in das Herrschaftsgebiet der Konzerne eindringen. Die Tech-Konzerne exekutieren mit der «Sicherungsverwahrung» ihr Gewaltmonopol in der Datensphäre. Nicht Menschen sind hier hinter Gittern, sondern Server und die darauf gespeicherten Daten: Suchanfragen, Sprachkommandos, Chat-Protokolle, Gesichtsscans. In den Katakomben lagern leblose Datenkörper, die wie Geister in der digitalen

Unterwelt herumspuken und plötzlich zum Leben erweckt werden können. Es verwundert nicht, dass eines der ersten Rechenzentren von Google den Spitznahmen «The Cage» (Der Käfig) trug.[56] Der Name ist Programm: Die Server großer Konzerne sind in zugangskontrollierten Stahlkäfigen untergebracht. Es ist auch ein Statement: Hier kommt nichts und niemand heraus! Da passt es ins Bild, dass der US-Breitbandanbieter United Fiber & Data (UFD) ein verlassenes Gefängnis in York im US-Bundesstaat Pennsylvania in ein Rechenzentrum umfunktionieren will.[57] Wo einst Verbrecher ihre Strafe absaßen, sollen heute Daten gesichert werden.

In der Gefängnisarchitektur manifestiert sich das Funktionsprinzip des Kerkers, das nach Foucault im Einsperren, Verdunkeln und Verbergen besteht. Man kreiert einen Raum der Isolation, wo man Datenträger wie Infizierte in einem Spital kaserniert und in eine Art Quarantäne steckt, um sie nicht mit anderen in Kontakt zu bringen. Die architektonische Unsichtbarmachung des Gebäudes korrespondiert dabei mit der totalen Sichtbarmachung der Insassen. Dass Tech-Konzerne wie Amazon, Microsoft und Google ihre Rechenkapazitäten mit dem wolkigen Begriff des «Cloud Computing» umschreiben und damit ein Bild von in Freiheit schwebenden Daten evozieren, soll auch von der unschönen Verriegelung der Daten ablenken. Vor diesem Hintergrund stellen Hackerangriffe auch nicht primär einen virtuellen Einbruch in den Datenbunker dar, sondern einen Ausbruch von Datenkörpern aus der virtuellen Haft – eine Datenflucht, die nicht nur die Sicherheit des Einzelnen (durch den Verlust digitaler Identitäten), sondern auch den Gebietsanspruch der Internetkonzerne bedroht.

Google schreibt über die Datensicherheit seiner Rechenzentren: «Statt alle Daten eines Benutzers auf dem- oder denselben Computern zu speichern, werden diese Daten – wie auch unsere eigenen – auf zahlreichen Computern an unterschiedlichen

Standorten verteilt. Diese Daten werden dann unterteilt und auf zahlreiche Systeme repliziert, um einen Single Point of Failure [der Ausfall einer Komponente kann das ganze System zum Absturz bringen, Anm. des Verfassers] zu vermeiden. Zudem erhalten die Datenfolgen zur Steigerung der Sicherheit einen zufälligen Namen und werden so für das menschliche Auge unlesbar.»[58] Es geht darum, die Internierung der Daten unsichtbar zu machen, den Vollzug vollständig zu entindividualisieren. Der Einzelne weiß nicht, in welchem Rechenzentrum sein Datenkörper gerade interniert ist – er hat keine Identität mehr, ist nur eine Datenfolge. Über diese Standardisierung bzw. Normierung wird die Internierung abgesichert.

# 10

## The New Normal

### Wenn der Computer sagt, dass du nicht mehr normal bist

Die Frage, was normal und anormal ist, treibt Foucault in all seinen Schriften um. Den Fall des «Cannibal Cop», dessen sexuelle Fantasien vom Staatsanwalt als «nicht normal» qualifiziert wurden (siehe Kapitel 4), hätte ihm Lehrmaterial für weitere Bücher verschafft. Nach Foucault konstituiert sich Normalität durch disziplinierende Diskurse verschiedener Institutionen: in Schulen, Spitälern, Irrenhäusern, Kasernen, Gerichten, Polizeiverwaltungen etc. Demnach sind es «die Analysen unserer Psychologen und Soziologen, die aus dem Kranken einen von der Norm Abweichenden machen und den Ursprung des Krankhaften im Anomalen suchen».[1]

Auch heute noch bestimmen Institutionen, was «normal» ist. Nachdem der Verband US-amerikanischer Kardiologen 2018 die Grenzwerte bzw. Richtwerte für Blutdruck senkte, waren über Nacht 35 Millionen Menschen an Bluthochdruck «erkrankt». Nach der neuen US-Definition ist man bereits ab einem Blutdruck von 130 mmHg (vormals lag der Grenzwert bei 140/90) Hypertoniker.[2] In der programmierten Gesellschaft geht die «Normalisierungsmacht» jedoch zunehmend von Institutionen auf Computersysteme über. Was normal bzw. abnormal ist, wird in mathematischen Rechenoperationen ermittelt. In immer mehr gesellschaftlichen Subsystemen kommt die «Anomalieerkennung» (*anomaly detection*) zum Einsatz, ein statistisches Verfahren, bei dem mithilfe von Machine-Learning-Algorithmen Unregelmäßigkeiten in Datenmengen erkannt werden. Computersysteme bewerten, ob sich jemand «normal» – also innerhalb einer statistischen Norm – im öffentlichen Raum bewegt, ob er schneller oder langsamer geht, ob er möglicherweise gegen den Strom läuft, was gleichsam einen Verdacht erzeugt. Wobei natürlich immer die Gefahr besteht, dass Menschen mit Gehbehinderung (weil langsamer gehend) oder Bettler (weil sitzend) von Computeralgorithmen als abnormal abgestempelt werden. Der US-Elektronikkonzern Honeywell hat beim Europäischen Patentamt ein Patent für eine Technik angemeldet, bei der eine KI in Videomaterial «abnormales Verhalten» wie Ladendiebstähle identifiziert.[3] Mit den gleichen Verfahren, mit denen Unregelmäßigkeiten in Betriebsabläufen oder in der Prozesssteuerung erkannt werden, werden nun Anomalien im Gesellschaftskörper identifiziert: mögliche Gefährder, Outlaws, Terroristen oder einfach nur Andersaussehende.

Im Jahr 2016 wollte der Neuseeländer Richard Lee online einen Reisepass beantragen. Als er ein Foto bei der Passbehörde hochlud, poppte eine Fehlermeldung in dem Online-Formular auf: «Das Foto, das Sie hochladen wollen, erfüllt unsere Kriterien nicht», stand da in roter Schrift. Die Software lehnte seinen Antrag ab. Das Foto erfüllte nicht die Kriterien, weil die Augen angeblich geschlossen waren. Doch die Maschine irrte. Lees Augen waren nur schmaler als der Durchschnitt, weil seine Eltern aus Taiwan und Malaysia stammen. Der Betroffene versuchte die Fehlermeldung herunterzuspielen: «Ich hatte schon immer sehr kleine Augen, und Gesichtserkennung ist eine relativ neue und unausgereifte Technik.»[4] Gewiss reproduzieren Algorithmen lediglich Stereotype, die ihnen die Entwickler einprogrammiert haben. Doch im Ergebnis können auch Maschinen diskriminieren. Wenn Lee sagt, er habe kleine Augen, folgt er letztlich der Vorstellung von einer Normalgröße. Dabei gibt es größere und kleinere Augen. Doch der Computer fällt ein eindeutiges Urteil: Diese Augenstellung kann nicht normal sein!

Um die Dimension dieser faktischen Diskriminierung zu verstehen, muss man wissen, wie diese Systeme funktionieren. Das Bundesamt für Sicherheit in der Informationstechnik erklärt Gesichtserkennung so: «Mittels einer grafischen Analyse des Bildes werden markante Stellen (sog. «Knoten») im Gesicht (Augen, Nasenspitze, Kinnspitze, Haaransatz, Schläfen, etc.) gesucht und über Linien zu einem Gittermodell verbunden. Mithilfe des Gittermodels eines normierten Gesichts wird das zu verarbeitende Gesichtsbild in eine Standardposition (frontale Ansicht) gedreht (Normalisierung).»[5] Das Gesicht zu «normalisieren» bedeutet, das Gesichtsbild durch Drehung und/oder Streckung bzw. Stauchung auf «nahezu einheitliche Maße» zu bringen, «so dass die Augenposition auf allen zu verarbeitenden Gesichtsbildern nahezu im gleichen Bildbereich liegt». Die Normalisierung sorgt also zunächst dafür, dass sich Gesichtsmerkmale exakt auf derselben Position vor dem Scanner befinden.

Man muss diese einzelnen Verfahrensschritte in ihrer hochgradigen Technizität und Formelhaftigkeit nicht im Detail verstehen, um festzustellen, dass Normalität bei diesen Methoden mathematisch definiert wird: über Normalverteilungen, Graphen, Summen, lineare Funktionen, Formeln, Pixelwerte, Templates, Merkmalsvektoren usw. Die mathematische Vorschrift definiert wiederum die Normalität in der Realität. Nach dem Motto: Dieser Wert ist normal! So hat man auszusehen! Die Verfahren wirken insofern normierend, als sie zum allgemeinen Feststellungsstandard von Personen werden.

Bei einigen Methoden der Gesichtserkennung wird anhand verschiedener Parameter und Variablen ein «Durchschnittsgesicht» berechnet.[6] Bloß: Was ist eigentlich ein Durchschnittsgesicht? Müsste es dann nicht auch überdurchschnittliche und unterdurchschnittliche Gesichter geben, wenn man einen Median anlegt? Was ist der Maßstab? Wer setzt ihn? Ab wann ist eine Varianz so häufig, dass man von einer Standardabweichung sprechen kann? Wohlgemerkt: Es geht hier nicht um Zahlenreihen, sondern um Menschen. In der populären ZDF-Sendung «Aktenzeichen XY … ungelöst», in der am 4. Juli 2018 der Mord an einem Jugendlichen an der Alster thematisiert wurde, begründete eine Hamburger Kriminalkommissarin die Entscheidung ihrer Behörde, dem Publikum kein Phantombild des mutmaßlichen Täters zu zeigen, mit der Bemerkung, es enthalte keine «Individualmerkmale». Bei dem Bild, das auf Grundlage der Beschreibungen von Zeugenaussagen erstellt und in der Regionalpresse veröffentlicht wurde, handele sich um ein «Allerweltsgesicht», so die Argumentation. Man kann die Aussage auch so verstehen: Die Darstellung war in ihrer Skizzenhaftigkeit zu gewöhnlich, als dass sie einen «typischen» Kriminellen zeigen könnte. Das ist insofern bemerkenswert, als eine Öffentlichkeitsfahndung mit dürrer Personenbeschreibung vor einem Millionenpublikum recht wirkungslos ist, wenn sie ohne Bildmaterial auskommen muss. Ein Phantombild stellt ja immer ein Allerwelts- oder Durchschnittsgesicht dar, das sich aus den meist ungenauen Personenbeschreibungen der Zeugen speist und markante Merkmale nivelliert. Mit anderen Worten: Es ist a priori verzerrt und bleibt eine abstrakte, formalästhetische Fiktion, mit der versucht wird, einen Näherungswert an die Wirklichkeit zu geben.

In seiner vertypten Schwarz-Weiß-Darstellung wirkt das Phantombild insofern normierend, als es dem Publikum signalisiert: Vorsicht, das ist eine gefährliche Person. Der amerikanische «mug shot» ist kulturtechnisch die normalisierte Form, Verbrecher in der Öffentlichkeit darzustellen – man zeigt schließlich keine Urlaubs- oder Facebook-Fotos von Kriminellen. Gleichwohl ist das (Täter-)Profil zur gängigen Form der Selbstpräsentation in der digitalen Kultur geworden.[7] Waren bis vor 20 oder 25 Jahren lediglich Serienmörder oder Wahnsinnige Gegenstand eines Profils, hat sich die kriminalistische Wissensform durch den Siegeszug sozialer Netzwerke im Kommunikationsalltag etabliert und somit normalisiert.[8] Andreas Bernard stellt daher treffend fest: «Das Format repräsentiert inzwischen eher das Normale als das Pathologische.»[9] Es ist mittlerweile völlig «normal», dass man in der Google-Suche wie in einer Kriminaldatenbank nach verdächtigen oder auch ganz unverdächtigen Person sucht.

Wer in Googles Bildersuche nach dem Begriff «Idiot» sucht, dem wurden zeitweise mehrere, meist unvorteilhafte Bilder von US-Präsident Donald Trump angezeigt. Sie zeigen Trump mal polternd, mal rasend, mal irritiert, mal mit aufgerissen Augen, mal mit verzogenen Mundwinkeln. Eine Initiative hatte via Facebook und Twitter dazu aufgerufen, anlässlich von Trumps Großbritannien-Besuch im Juli 2018 den Punk-Song «American Idiot» von Green Day herunterzuladen, der dann prompt in den Charts landete und vom Google-Algorithmus gepusht wurde.[10] Dass Trump in den Google-Trends für Idiot landete, hat aber noch einen weiteren Grund: Aktivisten hatten eine sogenannte «Google-Bombe» gezündet: Sie votierten auf dem Online-Forum Reddit für einen Post, der ein Bild Trumps sowie den Begriff «Idiot» enthielt.[11] Die konzertierte Aktion sorgte dafür, dass die Kombination Trump und Idiot an prominenter Stelle in der

Suchmaschine platziert wurde. Der Googlebot für Bilder durchforstet das Web nach Bilddateien und indexiert sie ähnlich wie Webseiten. In der Trefferliste werden sie dann in einem Relevanz-Ranking dargestellt und verlinkt. Der Algorithmus berücksichtigt vor allem quantitative Kriterien: Je häufiger eine Kombination aus Text und Bild auftritt, als desto relevanter wird sie eingestuft. Die Reddit-Nutzer trollten mit ihrer Aktion nicht nur Trump, sondern auch die Suchmaschine. Auch Michelle Obama wurde bereits Opfer einer «Google-Bombe»: Die Suchmaschine verknüpfte ihren Namen mit einem Affen. Google entschuldigte sich mit dem beschwichtigenden Hinweis, dass Suchmaschinen lediglich die Inhalte und Informationen aus dem Netz widerspiegeln.[12] Der Google-Algorithmus produzierte in der Vergangenheit häufiger rassistische Ergebnisse: So klassifizierte die Foto-App von Google einen Afro-Amerikaner als Gorilla.[13]

Die Bildersuche operiert mit der Fiktion, dass es so etwas wie einen typischen Idioten in der Gesellschaft gibt und dass er sich bildhaft darstellen lässt. Doch wie sieht der typische Idiot aus? Jeder Mensch hat in seinem Hinterkopf sicher eine abstrakte, nicht selten stereotype Vorstellung: ein Zerrbild von einem Dummkopf. Aber «den» Idioten gibt es nicht. Bei der Bildersuche auf Google wird das Zerrbild nun auf eine sehr plumpe und vulgäre Art personifiziert. Nach dem Motto: Hier ist er, der Idiot! Das Stereotyp erhält ein Gesicht.

Mit der automatisierten Verknüpfung von Identitätsmerkmalen und Bildern wird eine soziale Praktik aktualisiert, die man eigentlich für überwunden hielt: die rassistische Typenlehre. Bis heute existierten bestimmte Vorstellungen vom «typischen» Juden, vom Scharlatan oder Verbrecher. Mit Instrumentarien wie Googles Bildersuche werden solche längst verfemten Typisierungen in der digitalen Öffentlichkeit wieder salonfähig. Googelt man nach «Verbrecher», erscheint ein Bild des ehemaligen Häftlings Jeremy Meeks, der inzwischen als Topmodel sein Geld verdient, und ein Link zu bunte.de («Internet-Hit – Der schönste Verbrecher der Welt!»). Etwas weiter unten folgen eine Mischgestalt von Horst Seehofer und Angela Merkel, der Journalist Deniz Yücel sowie ein Foto von Uli Hoeneß. Die Google-Suche suggeriert, man könne den Begriff des Verbrechers visualisieren, als gäbe es so etwas wie einen Durchschnittswert. Tech-Konzerne zimmern ein Weltbild, das schief, suggestiv und manipulativ ist.

Die physiognomische Lehre, Charaktereigenschaften aus dem Gesicht abzulesen oder Persönlichkeitsmerkmale auf ein Bild zu projizieren, ist nicht tot zu kriegen – und wird mit Formeln und Messtechniken immer wieder neu beglaubigt. Im Jahr 2016 publizierten die chinesischen Wissenschaftler Xiaolin Wu und Xi Zhang ein kontroverses Paper, in dem sie die These aufstellen, den Kriminalitätsgrad einer Person allein auf der Basis von Bildern erkennen zu können.[14] Anhand von 1856 Personenporträts, die zur Hälfte verurteilte Straftäter waren, entwickelten die Forscher vier Klassifikatoren, mit denen ein maschinell lernender Algorithmus trainiert wurde. Mittels dieser Typisierungen sollte der Algorithmus in dem Datensatz selbständig erkennen, ob es sich bei einer Person um einen Kriminellen handelt. «Wir haben diskriminatorische strukturelle Merkmale für die Vorhersage von Kriminalität identifiziert, wie zum Beispiel die Lippenkrümmung, den Kantenabstand im Auginneren sowie den sogenannten Nasen-Mund-Winkel», schreiben die Autoren. Die Forscher behaupten, dass es ein «Gesetz der Normalität» (*law of normality*) gebe – und dass Kriminelle in ihrem äußeren Erscheinungsbild von «normalen Leuten» abweichen.

Der Aufsatz sorgte für heftige Kritik in der Fachwelt. Carl Bergstrom und Jevin West nannten die Methode schlicht «Bull-shit».[15] Es handele sich um die Wiederauflage eines Programms, das einst von dem italienischen Psychiater Cesare Lombroso entwickelt worden sei. Lombroso prägte den Begriff des «Kriminaloiden», um anhand degenerativer Anomalien Abstufungen zwischen dem «ehrlichen Individuum» und dem Kriminellen zu markieren und eine zusätzliche Kategorie zum «geborenen Kriminellen» einzuführen. Der Unterschied zwischen den neuen und alten anthropometrischen Techniken besteht darin, dass Anomalien nicht mehr mit dem Maßband, sondern via Computer ermittelt werden. Man erkennt den Kriminellen folglich nicht mehr an der krummen Nase oder an den schiefen Mundwinkeln, sondern an Auffälligkeiten bzw. Anomalien in Datensätzen, die allerdings nur der Algorithmus sehen kann (die Autoren behaupten, dass die Computervision keine Vorurteile habe, sich nicht von Emotionen leiten lasse und infolgedessen im Gegensatz zum menschlichen Analysten gerechter sei). Durch diese Berechnungsverfahren werden plötzlich Merkmale (und deren Ausprägungen) relevant, die in einer freien, offenen Gesellschaft eigentlich unbedeutend sind: Augenfarbe, Narben, Fehlstellungen der Augen oder Zähne, Mundbreite.

Indem man Kriminalität aber auf Teufel komm raus als abnormal klassifizieren will, pathologisiert man die gesamte Gesellschaft, weil ein abnormer Zustand, die Abwesenheit von Kriminalität, unterschwellig zur Normalität erklärt wird. Für den französischen Soziologen Emile Durkheim ist Kriminalität kein pathologisches Phänomen, sondern «integrierender Bestandteil einer jeden gesunden Gesellschaft».[16] Das Verbrechen ist «normal» und durchaus funktional, weil es der Gesellschaft erlaubt, sich ihrer eigenen Werte zu versichern. Mit Anomalie-Erkennung wird dieser gesellschaftliche Fortschritt jedoch rückabgewickelt: Das Verbrechen ist, wie in der tradierten kriminologischen Theorie, der Parasit im Gesellschaftskörper, den es auszumerzen gilt.

Mathematische Vorschriften mutieren bei diesen Prozessen zu Normen, sie definieren politische, kulturelle und soziale Werte und erzeugen ein neues Ordnungssystem, das wiederum eigene Wahrheiten und Logiken produziert. Darin manifestiert sich eine neue Regierungskunst: die «Mathematiken der Macht».[17] Der Mensch wird nicht mehr beherrscht, sondern berechnet und – das ist die dialektische Pointe – in seiner Berechenbarkeit total beherrschbar. Man muss Menschen nicht mehr durch die Anwendung von Zwangsgewalt unterdrücken; es reicht, zu kalkulieren, was normal ist. Die Metrisierung der Gesellschaft[18], in der alles vermessen und skaliert und damit normiert wird, schafft dabei die Voraussetzung für eine Mathematik der Macht. Sie gründet auf der Fähigkeit, mathematische in soziale Ordnungsrelationen zu verwandeln und Entscheidungen zu multiplizieren, das heißt Werte für eine Vielzahl gleicher Größen zu implementieren. Durch die Mathematisierung des Sozialen werden Normierungspraktiken einfacher (weil messbar) und weniger anfechtbar. In Chinas Sozialkreditsystem gilt zum Beispiel ein Score von 550 bis 600 als «normal».[19] Das heißt im Umkehrschluss: Wer einen niedrigen Score von 400 hat, weil er sich auf dem Kurznachrichtendienst Weibo kritisch über die Regierung geäußert hat, ist nicht mehr ganz normal – und wird als Anormaler behandelt, weil er deutlich länger auf einen Arzttermin warten muss. Die Grenzbereich dessen, wer noch zur Gesellschaft dazugehört, wird mithin mathematisch bestimmt.

Facebook setzt seit geraumer Zeit ein KI-System ein, um suizidgefährdete Nutzer anhand von Kommentaren zu identifizieren. Ein Algorithmus analysiert die Semantik von Posts wie «Sag mir, wo du bleibst» oder «Hat jemand was von ihr gehört?»

und errechnet in Kombination mit Faktoren wie Tageszeit und Wochentag einen Gefahrenwert.[20] Nutzer, die das automatisierte System als selbstmordgefährdet einstuft, erhalten eine Art therapeutische Handreichung. Sie können wahlweise mit einem Freund sprechen oder eine Hilfehotline kontaktieren – Facebook als Kümmerer. Laut seinem Chef Mark Zuckerberg hat das Präventionswerkzeug des Unternehmens im ersten Monat in mehr als hundert Fällen Rettungskräfte verständigt. Gleichwohl löst das System bei Beobachtern auch Überwachungsängste aus. «Mit seinem Selbstmord-Frühwarnsystem schaltet sich Facebook direkt in die psychische Gesundheit seiner Nutzer ein», kommentierte Alexander Fanta auf Netzpolitik.[21] Und noch viel mehr als das: Indem Facebook die geistige Gesundheit durchleuchtet, führt es einerseits eine gouvernementale Kontrolle seiner Population durch (Gesundheit, Sterberisiken), andererseits eine Normalitätsfeststellung: Wer ist gesund? Wer ist krank? Wer ist depressiv? Wer ist nicht normal? Suizidgefahr oder Depression sind ja keine Normalzustände. Und der Selbstmordgefährdete ist auch ein Gefährder, ähnlich wie ein Terrorist, nur dass er nicht nach dem Leben anderer, sondern nach dem eigenen trachtet – und damit die «Community» gefährdet, die Facebook-Chef Mark Zuckerberg in seinen Verlautbarungen wie eine Monstranz vor sich herträgt. Die Frage, ob jemand selbstmordgefährdet ist, beurteilen nicht mehr allein Psychiatrien, sondern zunehmend die Maschinenintelligenzen von Konzernen.

Amazon hat für seinen Sprachassistenten Alexa ein Feature patentieren lassen, das via Stimmbiometrie Krankheiten erkennt und in der Folge entsprechende Medikamente anbietet.[22] Wie dem Patentantrag (siehe Grafik) zu entnehmen ist, könnte Alexa beispielsweise ein Rezept für eine Hühnersuppe liefern oder eine Bestellung für Hustenlutschpastillen aufgeben, wenn sie Husten oder Schniefen erkennt. Wenn Alexa hört, dass jemand heiser ist, ordert sie gleich Erkältungstee. Besonders auf-

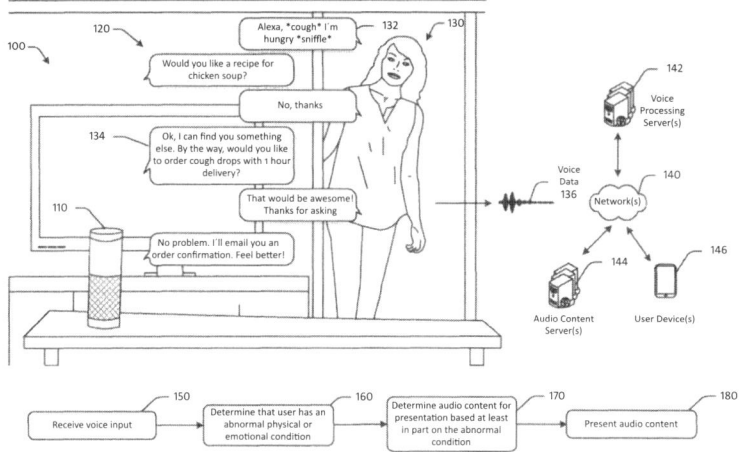

**Alexa als digitale Gouvernante**

schlussreich ist in diesem Kontext der dritte Baustein der Befehlskette: «Determiniere Audio-Content für die Präsentation auf Grundlage abnormaler (physischer) Kondition.» Amazons Algorithmen führen hier eine verdeckte Normalitätsfeststellung durch: Anhand des Stimmmusters wird analysiert, wer normal oder abnormal klingt, wer krank oder gesund ist. Die Frage ist, mit wem diese sensiblen stimmbiometrischen Daten geteilt werden. Mit Versicherungen? Den Behörden? Dem Chef? Würde Alexa den Behörden wiederholte verbale Ausfälle melden, die auf häusliche Gewalt hindeuten? Würde Alexa den Nutzer beim Arbeitgeber anschwärzen, wenn dieser nach durchzechter Nacht die digitale Gouvernante mit einer Reibeisenstimme herumkommandiert? Dass Heiserkeit seine Ursache nicht unbedingt in einer Erkältung, sondern auch in einem nervenaufreibenden Stadionbesuch und/oder bierseligen Abend haben kann, bleibt dem Algorithmus freilich verborgen. Trotzdem verbucht das System den Nutzer unter «krank».

Der Autor Markus Werner kam in seiner Kolumne in der

«Wirtschaftswoche» zu dem Schluss: «Bald hat die Psychiatrie ein neues Krankheitsbild: das Alexa-Syndrom. Die Patienten sind von Sprachsoftware gekränkt, gegängelt und missverstanden.»[23] Alexa ist ja insofern eine Autistin: Künstliche Intelligenzen merken nicht, wenn obsessives Fragen und die Mensch-Maschine-Beziehung selbst krankhafte Züge annehmen.

Laut Foucault ist die Krankheit unter jene (statistischen und anthropologischen) «Virtualitäten» einzuordnen, «die der kulturellen Wirklichkeit einer gesellschaftlichen Gruppe als sozialer Rand dienen».[24] Durch Rechenoperationen funktioniert dieser Exklusionsvorgang weitaus effektiver: Man kann jemanden aufgrund einer statistischen Abweichung viel leichter als psychisch krank abstempeln als etwa durch ein psychologisches Gutachten, das vor einem Gericht verteidigt werden muss. Man kann sich nicht so einfach gesund oder krank melden, sondern wird solange in Computer-Quarantäne gehalten, bis die Daten wieder «hygienisch» sind. Folglich ist es auch viel schwieriger, sich zu rehabilitieren (im sozialen wie gesundheitlichen Sinn), weil die «belasteten» Zahlenwerte bleiben. Die von Programmierern gehegte Vision einer computerisierten Normalitätsfeststellung am Menschen könnte man an sich schon als pathologisch bezeichnen. Doch je stärker die Medizin auf Datendiagnosen rekurriert, desto virtueller und diffuser wird das Krankheitsbild. Wie will eine geistlose KI feststellen, ob jemand geisteskrank ist? Von welchem Standard geht man aus? Ist der Geist in einer Welt voller Maschinen gar eine Anomalie, sprich: eine krankhafte Erscheinung? Attestiert einem die Maschine irgendwann, dass man «geistesgesund» ist? Wie will man feststellen, an welchen Stellen das System «krankt»?

Google hat eine ähnliche Smart-Home-Technologie patentieren lassen, die mit Sensoren das Fortschreiten von Alzheimer erkennen soll. «Zum Beispiel werden einzigartige Signaturen der Bewohner dazu verwendet, ihre individuellen Bewegungen in der smarten Geräte-Umgebung zu tracken», heißt es in der Patentschrift.[25] Diese Daten würden dann aggregiert und analysiert, um «indikative Muster von Alzheimer zu identifizieren». Die Datendiagnose basiert auf der Annahme, dass Alzheimer-Patienten unterschiedliche Bewegungsmuster aufweisen. «Zum Beispiel läuft eine Person in die Küche, bleibt dort eine Weile stehen, und geht dann wieder zurück in die Küche. Dieses Muster wird ungefähr 30 Minuten dauern, und dann wird die Person das Muster wiederholen.» Demnach leitet Google aus bestimmten Anomalien im Bewegungsmuster Krankheitsbilder ab. Wer wie ein Raubtier im Datenkäfig auf und ab tigert, ist irgendwie nicht ganz bei Sinnen. Daraus folgt zum einen, dass Normalitätsfeststellungen datenbasiert und automatisiert erfolgen, zum anderen, dass das Smart Home neben einer Anstalt auch ein Sanatorium ist, in dem Alzheimer-Patienten ferndiagnostisch behandelt werden.

Es wird der Tag kommen, an dem der smarte Spiegel per Algorithmus eine dentale Anomalie oder kariöse Zähne identifiziert und eine Versicherungsprämie für den Zahnarzt empfiehlt. «Ihre Zahnverfärbungen haben in letzter Zeit zugenommen. Wünschen Sie eine Aufhellung? In der Zahnarztpraxis Dr. Weiß erhalten Sie in den nächsten zwei Wochen 20 Prozent Rabatt.» Hyperkonsum, Kontroll- und Disziplinargesellschaft werden sich auf fatale Weise verschwistern. Die Gefahr ist, dass maschinelle Systeme durch die Determinierung biologischer Anomalien die Deutungshoheit über die Definition von Krankheiten, aber auch über die Figur des «Kranken» erlangen und soziale Exklusionsprozesse beschleunigen.

Das Internet der Dinge mutiert dabei zu einer gigantischen Normalisierungsanlage, in der Algorithmen aus Datenströmen Regelmäßigkeiten ableiten und Menschen auf dieser Basis «normen». Wer aus dem Raster, der algorithmisch definierten Norm herausfällt, ist mit dem System nicht kompatibel. Im

Gegensatz zur Disziplinargesellschaft wird das Anormale nicht mehr in Gefängnissen oder Zuchtanstalten «normalisiert», sondern durch eine spezifische Codierung und Kennzeichnungspflicht markiert. In China haben Bettler auf der Straße QR-Codes um den Hals hängen, damit Passanten ihnen per mobiler Bezahlung Almosen überweisen können.[26] Das Individuum wird «normiert», indem es maschinenlesbar wird und wie eine Supermarktware abgescannt werden kann. Der Bettler ist bloß ein Produkt in einer radikalmaterialistischen Konsumwelt. Dass diese Normung bzw. Normierung von Individuen nur über den Preis einer totalen Identitätslosigkeit geschehen kann, ist offenkundig.

In den USA werden Straftäter seit geraumer Zeit aufgrund eines algorithmisch generierten «Risikoscores» verurteilt. Eine Software errechnet auf Basis eines Katalogs mit 137 Fragen (zum Beispiel: «Sind sie jemals von der Schule geflogen oder suspendiert worden?», «Mussten Sie eine Klasse wiederholen?», «Befinden sich Gangs in Ihrer Nachbarschaft?», «Hatten Ihre Eltern jemals ein Drogen- oder Alkoholproblem») einen Wert, der die Rückfallwahrscheinlichkeit der Straftäter angeben soll.[27] Das Tool heißt COMPAS (Correctional Offender Management Profiling for Alternative Sanctions) und wird von mehreren Gerichten eingesetzt. Im Jahr 2013 wurde Eric Loomis, ein vorbestrafter Sexualtäter, wegen Fahrerflucht und Fahrens ohne Fahrerlaubnis zu einer Haftstrafe von sechs Jahren verurteilt. Er war mit seinem Auto, das in eine Schießerei verwickelt war, vor einer Polizeikontrolle geflüchtet. Der Richter sagte, dass Loomis ein «hohes Risiko» darstelle.[28] Zu diesem Urteil gelangte er aufgrund der Risikobewertung, die das Computerprogramm berechnet hatte. Gegen das Urteil legte Loomis Berufung wegen Verletzung des Rechtsstaatsprinzips ein.

Seine Verteidiger argumentierten in der Klageschrift, dass

das Gericht sein Urteil auf einen geheimen, intransparenten Prozess stütze. Sein Anwalt Michael D. Rosenberg brachte vor, dass der Algorithmus lückenhaft sei und das Erfordernis eines individuellen Urteils verletze.[29] Dies widerspreche dem Transparenzgebot von Entscheidungsgründen. Die Anwälte verlangten Einsicht in den Programmcode. Dagegen sperrte sich wiederum die Software-Firma, die ihre Formel als Betriebsgeheimnis geschützt sieht. Das Recht auf geistiges Eigentum kollidiert hier mit dem Recht auf Akteneinsicht. Darin offenbart sich das demokratietheoretische Problem: Proprietäre Algorithmen sind Black-Box-Systeme, die keiner demokratischen Überprüfbarkeit unterzogen werden können und in ihrer streng formalen Mathematisierbarkeit auch nicht diskurs- und auslegungsfähig sind. Selbst wenn der Algorithmus offengelegt würde, könnten die Richter aus den Programmierzeilen wenig herauslesen. Der Score basiert auf einem komplexen Regressionsmodell, das selbst Richter mit statistischen Grundkenntnissen kaum verstehen dürften. Loomis' Einspruch wurde höchstrichterlich vom Wisconsin Supreme Court abgewiesen.[30] Die Reporterin Julia Angwin, die das COMPAS-System untersucht hat, kam zu dem Ergebnis, dass der Algorithmus eine Genauigkeit von 61 Prozent habe.[31] Man könnte also genauso gut eine Münze werfen. Schuld wird damit zum Glücksspiel. Das System öffnet der Willkür Tür und Tor. «Schicksalsmaschinen» nannte der Deutschlandfunk diese vermeintlich evidenzbasierten Beurteilungssysteme.[32] Das Justizwesen wird umcodiert: Richter, die schon immer eine eigene juristische Sachlogik vollzogen, rekurrieren in ihrem Urteil auf einen Softwarecode, von dem sie selbst keine Ahnung haben.

Der Einsatz dieser statistischen Werkzeuge wird meist damit gerechtfertigt, dass richterliche Entscheidungen regelmäßig verzerrt seien. Immer wieder ist in den Zeitungen von Justizirrtümern und Pannen bei der Beweisaufnahme zu lesen. Wirtschaftspsychologen fanden bei einer Untersuchung von über 1100 Gerichtsentscheidungen in Israel heraus, dass die Milde der Richter mit zunehmender Sitzungsdauer abnimmt.[33] Richter mit leerem Magen fällen folglich härtere Urteile.[34] Auch Richter sind nur Menschen – Pech für die Angeklagten. Im Gegensatz zu Menschen haben Roboter dagegen keine Launen, keinen Hunger und auch keine Gefühle. Der Computer könnte durch seine perfekte Informationslage gerechte Urteile fällen. Ein emotionsloser Computer, der nur nach Ansehung der Daten urteilt, würde unseren Gerechtigkeitsvorstellungen womöglich eher entsprechen als ein impulsiver Richter. Die Maschine sieht weder Herkunft noch Religion noch Ansichten des Angeklagten. Das blinde Auge der Technik erscheint wie die Idealvorstellung der Justitia.

Das sind nicht bloß theoretische Überlegungen. In Estland, das als Vorreiter in Sachen Digitalisierung gilt, plant das Justizministerium einen «Roboterrichter» zu institutionalisieren, der automatisiert geringfügige Klagen unter einem Streitwert von 7000 Euro bearbeiten und die Richterschaft entlasten soll.[35] Und in China werden in öffentlichen Anhörungen KI-Systeme bereits als Assistenten der Schöffen eingesetzt. Die Maschine mit dem Codenamen «206» soll in der Lage sein, Aussagen aufzuzeichnen und auf Verlangen der Anwälte Beweise wie Mitschnitte aus Überwachungskameras vorzuzeigen und autonom mit Zeugenaussagen abzugleichen, um Widersprüche in der Argumentation aufzudecken.[36] Laut einem Richter sollen die Assistenzsysteme die Wahrscheinlichkeit von Fehlurteilen gesenkt haben.

Allerdings lassen sich bestimmte Erwägungsgründe nicht formalisieren, geschweige denn in Formeln ausdrücken. Algorithmen sind nicht neutral, sondern offene Diskriminierungsagenten, weil sie menschliche Vorurteile reproduzieren. Selbst die Richterschaft hat erhebliche Zweifel an den statistischen

Modellen. Die Frage ist: Wer schützt uns vor der Willkür der Algorithmen? Kann man eine Maschine verklagen, wenn sie irrtümlich die falschen Parameter zur Grundlage ihrer Kalkulation gemacht hat? Kann es eine offene, rechtsstaatlich verfasste Gesellschaft hinnehmen, dass Algorithmen über Freiheit und Unfreiheit entscheiden?

Die für den Rechtsstaat elementare Entscheidung über Schuld und Unschuld ist ja keine Frage der Wahrscheinlichkeit, sondern verlangt vernünftige Abwägung. Die Mathematisierung der Macht mündet hingegen in Absolutheitsansprüche: Die Entscheidungsträger, die sich auf «wahre Werte» berufen, glauben im Besitz einer höheren Wahrheit zu sein. Die Maschine hat entschieden, wir können es nicht ändern! Die Hermetik und Apodiktik, die mit diesem Verfahren einhergeht, leistet einer Immunisierung der Strafjustiz Vorschub. Zwar entscheiden Computer noch nicht über die Strafbarkeit von Handlungen. Doch dass erratische Softwaresysteme die Haftstrafe verlängern können, ist bereits eine schwere Hypothek für den Rechtsstaat. Man möchte sich besser nicht vorstellen, wenn ein computerisierter Richter Gnadenlos Menschen im Schnellverfahren aburteilt und besonders harte Strafen verhängt.

# 11

## Die Gesellschaft
## der Metadaten

### Wie Freiheit im Datengefängnis
### eingeschränkt wird

In Isaac Asimovs Science-Fiction-Roman «Foundation» entwickelt der Mathematiker Hari Seldon die fiktive Wissenschaft der Psychohistorik, eine Großtheorie, mit der sich die Zukunft vorhersagen lässt. Die Psychohistorik modelliert die Gesellschaft nach der physikalischen Chemie: Sie geht davon aus, dass sich das Individuum wie ein Gasmolekül verhält. Analog zu den Eigenschaften eines Gasmoleküls lassen sich die zuweilen chaotischen Bewegungen eines Individuums nicht berechnen, dafür aber mithilfe statistischer Gesetzmäßigkeiten der allgemeine Verlauf und «Aggregatzustand» der Gesellschaft.

Imperator Cleon I., der über ein riesiges Sternenreich herrscht und in die Zukunft seiner Galaxis blicken will, zitiert Seldon zu sich in den Palast, damit der Wissenschaftler seine bahnbrechende Theorie vorstellt. «Indem wir die Gesellschaft studieren», erklärt der Mathematiker, «sehen wir die menschlichen Wesen so wie subatomare Partikel, nur dass jetzt noch zusätzlich der Faktor des menschlichen Bewusstseins hinzukommt. Partikel bewegen sich ohne Verstand; menschliche Wesen nicht.»[1] Der Kaiser, ganz beseelt von den Möglichkeiten einer mathematischen Machttechnik, erwidert: «Sie brauchen nicht vorherzusagen. Wählen Sie nur eine Zukunft aus – eine gute Zukunft, eine nützliche Zukunft –, und machen Sie die Art von Vorhersagen, die die menschlichen Gefühle und Reaktionen so ändern, dass die Zukunft, die Sie vorhergesagt haben, auch herbeigeführt wird.»[2] Auch wenn Seldon diesen Weltenplan als «praktisch nicht durchführbar» verwirft, beschreibt das Gespräch trefflich das Weltbild der Sozialingenieure, die davon ausgehen, dass die Gesetze der Physik bzw. Mathematik die Welt und die Gesellschaft im Innersten zusammenhalten. Facebook-Chef Mark Zuckerberg stellte einmal die Frage in den Raum, «ob es ein grundlegendes mathematisches Gesetz für menschliche Beziehungen» gebe, um sogleich nachzuschieben: «Ich wette, es existiert eines.»[3]

Die Psychohistoriker von heute, die Adepten der Denkschule der «Social Physics», betrachten die Welt der Daten als ein Paralleluniversum aus Zahlen und Codes. Sie blicken auf die Welt wie durch ein Hochleistungsmikroskop: Die Gesellschaft besteht aus Atomen, um deren Kerne Individuen wie Elektronen auf festen Umlaufbahnen kreisen. Liebe? Job? Verbrechen? Alles determiniert, alles berechenbar! Der Philosoph Nick Bostrom, der gern in kosmischen Dimensionen denkt, frohlockt in seinem Buch «Die Zukunft der Menschheit»: «Die ganz entfernte Zukunft der Menschheit könnte […] relativ leicht vorherzubestimmen sein, da sie vermutlich ins Ressort der Naturwissenschaften fällt, insbesondere in das der Kosmologie (der physikalischen Eschatologie).»[4]

Datenwissenschaftler hegen eine Obsession, menschliche Interaktionen wie das Wettergeschehen vorauszuberechnen. In seinem Buch «Social Physics» formuliert der Computerwissenschaftler Alex Pentland die Vision eines «Sozioskops», durch das man auf die granulären Eigenschaften der Datengesellschaft in Hochauflösung schauen kann. Wenn man weiß, wohin sich die Gesellschaft bewegen wird, kann man Gruppen durch Manipulationstechniken wie Nudging in die gewünschte Richtung lenken. Für Pentland sind Individuen «ideenverarbeitende Maschinen», deren Interaktionen sich mit mathematischen Formeln berechnen lassen. «Stellen Sie sich vor, wir könnten Finanzkrisen vorhersagen und abmildern, Infektionskrankheiten erkennen und vorbeugen, unsere natürlichen Ressourcen nachhaltiger nutzen, Kreativität entfesseln und Gettos reduzieren. Diese Träume könnten der Stoff von Science-Fiction-Storys sein, aber die Fantasie kann Realität werden.»[5]

Nicht nur in den Laboren blühen solche Fantasien, sondern auch in den Analytics-Teams der Technologiekonzerne. Am 22. April 2001 wurde in der US-Quizshow «Who Wants to Be a Millionaire», dem Pendant zur deutschsprachigen Ausgabe «Wer wird Millionär?», die Millionenfrage gestellt: «Wie lautet der Mädchenname von Carol Brady»? Sekunden nachdem Moderator Regis Philbin die Frage gestellte hatte, googelten tausende Zuschauer zu Hause nach der amerikanischen Seriendarstellerin. Die Suchmaschine verzeichnete vier Suchspitzen, sogenannte «Spikes», da die Sendung jeweils zeitversetzt in allen vier US-Zeitzonen ausgestrahlt wurde. Die Präzision der Daten überraschte selbst die Datenwissenschaftler. «Es war, als ob man zum ersten Mal ein Elektronenmikroskop ausprobierte», sagte Google-Gründer Sergey Brin. «Es war wie ein Echtzeit-Barometer.»[6] Die «New York Times» schrieb damals: «Dies ist das Paradoxon von Google: Es erfasst soziale Phänomene nicht per se, dafür aber ihren Schatten, den sie über das Internet hinweg werfen.»[7]

Mittlerweile sind die Prognosetechniken deutlich ausgefeilter, was nicht zuletzt am gigantischen Suchvolumen liegt. Jeden Tag registriert Google 3,5 Milliarden Suchanfragen. Die Nutzer googeln alles: Jobs, Wohnungen, Nachbarn, Hotels, Restaurants, Städtetrips, Call-Girls, sexuelle Vorlieben, sogar Tatpläne. Auf Google Trends, einem öffentlich zugänglichen Statistik-Tool, kann man für jede Region auf der Welt einsehen, was der am häufigsten gesuchte Begriff war. 2017 zählten zu den häufigsten Warum-Fragen in Deutschland «Warum gegen G20?», «Warum ist Butter so teuer geworden» oder «Warum AfD wählen?». 2018 schlug sich die anhaltende Hitze in den Suchanfragen nieder. So googelten die Nutzer nach Fragen wie «Was hilft gegen Wespen?» oder «Wie lange bleibt die Hitze?».[8] In den USA sorgten sich die Leute um Hurrikans, ketogene Diät und Government Shutdown.[9] In Brasilien fragten sich die Nutzer: «Was ist Faschismus?», «Was bedeutet militärische Intervention»? und «Warum soll man nicht für Bolsonaro stimmen?».[10] (Der rechte Kandidat Jair Bolsonaro wurde zum Präsidenten gewählt.)

Aus den aggregierten Daten lassen sich Trends in der Gesellschaft ableiten. Worüber wird gerade gesprochen? Welche Krankheitssymptome werden gegoogelt? Welche Produkte nachgefragt? Wie ist das Konsumklima? Wie ist die allgemeine Stimmung im Land? Zu den populärsten Suchanfragen im Vereinigten Königreich gehörten 2016, dem Jahr des Brexit-Referendums: «Was ist der Binnenmarkt?», «Wo liegt Brüssel?» und «Wie bekomme ich einen irischen Pass?». Tendenzen der Fahnenflucht zeichnen sich zuerst im Netz ab. Und auch als Krisenbarometer taugt die Suchmaschine. Am 13. August 2017, als die türkische Lira auf ein historisches Tief abstürzte, war die Währung der häufigste Suchbegriff in der Türkei.[11]

Die Suchmaschine ist eine Art Stimmungs- und Konjunkturbarometer. Bei Google Deutschland in Berlin sehen die Mitarbeiter auf den Monitoren im Foyer in Sekundenabständen, welche Suchbegriffe gerade gegoogelt werden, zum Beispiel «Bombenentschärfung Berlin».[12] Es muss ein mächtiges Gefühl sein, in einer Echtzeit-Visualisierung den Puls der Gesellschaft zu fühlen. Im Grunde ist Google ein sekündlich aktualisierter Mikrozensus, bei dem Privathaushalte oder einzelne Nutzer Erhebungen und Marktforschung an sich selbst durchführen. Der französische Philosoph Paul Virilio geht in seinem Buch «Die Eroberung des Körpers» (1994) davon aus, dass die gegenwärtige Zeit nicht mehr als das «Aktualisierungskontinuum der gewichtigen Tendenzen der Geschichte» beschrieben werden könne, «sondern vielmehr als der diskrete Anfang der Herrschaft einer Echtzeit, die wiederum lediglich die Konsequenz einer Art allgemeiner Statistik der geschichtlichen Entwicklung wäre».[13]

Zentralbanken greifen schon seit einiger Zeit auf Google-Daten zurück und speisen diese in ihre makroökonomischen Modelle ein, um das Konsumentenverhalten zu prognostizieren. So nutzen die Zentralbanken Chiles und Großbritanniens Google-Analytics-Daten, um auf Grundlage von relevanten Suchbegriffen rund um das Thema der Arbeitslosenhilfe die Zahl der Arbeitssuchenden zu prognostizieren.[14] Die israelische Notenbank analysiert die Zahl der Stichwortsuchen in Google – von Aerobic-Kursen bis hin zu Kühlschränken –, um Statistiken für Kundennachfrage zu ermitteln.[15] Die spanische Zentralbank leitet aus Suchanfragen die Zahl ausländischer Touristen ab, die rund zehn Prozent des Bruttoinlandsprodukts ausmachen. Die US-Notenbank Fed prognostiziert anhand der Google-Daten das Wachstum auf dem Wohn- und Immobilienmarkt. Und die italienische Zentralbank versucht, anhand von Google-Suchen nach «Eisprung», «Schwangerschaftsurlaub» und «Schwangerschaftstest» die Geburtenrate bis zu 24 Monate im Voraus zu prognostizieren.[16] «Nowcasting» heißt das Stichwort, das Notenbanker geradezu elektrisiert und auf Konferenzen weltweit diskutiert wird. Der Begriff stammt aus der Meteorologie und meint die Wettervorhersage für die nächsten sechs Stunden. Ökonomen verstehen darunter die Vorhersage der Gegenwart. Mit Echtzeitdaten soll die Großwetterlage auf den Märkten vorhergesagt werden.

Die Idee, mithilfe von Daten das Konsumverhalten vorherzusagen, ist nicht neu. Die US-Warenhauskette Walmart begann bereits 2004 damit, Daten ihrer damals rund 100 Millionen Kunden zu sammeln: von der Sozialversicherungsnummer über Kennzeichen bis hin zu geografisch heruntergebrochenen Präferenzen für Produkte wie Schokoladenkekse oder Lippenstifte.[17] Diese Daten wurden von Statistikern in Computermodelle eingespeist, um das Konsumentenverhalten vorherzusagen. Laut einem Bericht der «New York Times» hatte die Einzelhandelskette zu dieser Zeit eine Kundendatenbank von 460 Terabyte angelegt. Die Datenwissenschaftler sahen in ihren Modellen, dass die Verkaufszahlen von Erdbeer-Pop-Tarts, einer Art Kekskuchen, unmittelbar vor Wirbelstürmen um das Siebenfache höher waren als normal. Als der Hurrikan Frances im August 2004 Kurs auf die amerikanische Ostküste nahm, packten die Walmart-Lageristen die Trucks mit Keksen voll und schickten sie auf dem Highway Interstate 95 Richtung Florida. Dank der Dateneinsicht konnte die Warenhauskette die Nachfrage besser bedienen. Wissen bedeutet nicht nur Macht, sondern auch Profit. Der Online-Dienst Foursquare konnte durch die Auswertung der Laufkundschaft in Apple Stores im Land exakt den Verkauf von iPhones vorhersagen.[18] Analysten der Großbank UBS werteten mithilfe einer Sensing-Software sogar Satellitendaten aus, um anhand der Fluktuation von Fahrzeugen auf dem Kundenparkplatz die Verkaufszahlen der Supermarktkette Walmart zu prognostizieren (eine hohe Belegungsdichte der Parkplätze indizierte einen hohen Umsatz).[19]

Google versuchte mit dem Big-Data-Dienst «Flu Trends» den Verlauf von Grippewellen zu prognostizieren. Ein Algorithmus analysierte Suchbegriffe wie «Husten» oder «Fieber», die mit Grippesymptomen korrelieren, und glich diese mit realen Krankheitsdaten ab. Die Modelle unterschätzten jedoch das Ausmaß der H1N1-Schweinegrippe, die Grippesaison 2012/2013 dagegen wurde massiv überschätzt – hier schlugen die Algorithmen Alarm und meldeten eine drohende Epidemie.[20] Das Problem war damals, dass die Modelle von einem linearen Krankheitsverlauf ausgingen. Eine Epidemie verläuft aber genauso wenig linear wie das aggregierte Verhalten einer Gesellschaft. Hinzu kam, dass die Daten selbst «infiziert» waren. Nicht jeder, der nach Grippesymptomen googelt, hat auch tatsächlich eine Grippe. Und nicht jeder, der an einer Grippe erkrankt ist, googelt nach der Krankheit. Zwar wurde der Dienst in der Zwischenzeit eingestellt, doch markiert er einen Paradigmenwechsel in der «Behandlung» der Bevölkerung: Google führt in Echtzeit Untersuchungen am Gesellschaftskörper durch.

Das Problem konventioneller Umfragen ist die soziale Erwünschtheit. Sozialwissenschaftler verstehen darunter die Antworttendenz in Interviewsituationen, sich nach den Erwartungen anderer zu verhalten. Die meisten Befragungen werden telefonisch durchgeführt. Die wenigsten gestehen offen am Telefon, dass sie Schwarze nicht leiden können oder etwas gegen Ausländer haben. Umfragen sind somit verzerrt. Man belügt Freunde, Familienangehörige, Behörden und auch Meinungsforscher, doch gegenüber der Suchmaschine Google sind Nutzer erstaunlich offen und ehrlich. Der ehemalige Google-Datenwissenschaftler Seth Stephens-Davidowitz nennt die Suchmaschine ein «Wahrheitsserum».[21] Gut möglich, dass Google ein valideres Messinstrument ist als gewöhnliche Erhebungstechniken wie Umfragen. Aufgrund des gigantischen Suchvolumens und seines hohen Wahrheitsgehalts registriert Google frühzeitig Signale, die den politischen Entscheidungsträgern verborgen bleiben – etwa Vorboten eines Bank Run, Kapitalabflüsse oder mögliche Radikalisierungstendenzen in der Gesellschaft. Google hat auch lange vor dem Platzen der Immobilienblase die Anzeichen einer Krise auf dem US-Immobilienmarkt registriert. Die Suchanfragen nach «housing bubble» bzw. «real estate bubble» (Häuserblase) schnellten im März 2005 nach oben und erreichten im August desselben Jahres ihren Höhepunkt (man kann das auf Google Trends nachprüfen).[22] Womöglich weiß Google anhand der Daten schon heute, wo sich die Finanzkrise von morgen zusammenbraut. Man muss sich die Frage stellen, ob eine Staatsorganisation noch funktional ist, wenn Herrschaftswissen bei einem privaten Konzern monopolisiert ist. Wenn Google anhand von Such- und Bewegungsdaten weiß, wo sich potenzielle Gefährder aufhalten, wird das Arkanum geschwächt, jener geheime, von Publizitätspflichten weitgehend befreite Raum, der nach der Staatslehre für das Regieren konstitutiv ist.

Der Suchmaschinenriese kann anhand der im Smartphone integrierten Beschleunigungssensoren erkennen, ob jemand gerade mit dem Rad, dem Auto oder zu Fuß unterwegs ist. Google speichert die Positionsdaten seiner Nutzer auch dann ab, wenn diese den Standortverlauf deaktiviert haben.[23] Wohlgemerkt: Mehr als zwei Milliarden Menschen nutzen Android-Smartphones oder iPhones mit Google-Diensten.[24] Die Suchmaschine ist nicht nur ein Seismograph, der die Zuckungen und Regungen der programmierten Gesellschaft erfasst, sondern auch ein Werkzeug, das Präferenzen erzeugt. Wer bei der Google-Suche nach «Merkel» die algorithmisch generierte Suchergänzung «am Ende» anklickt, erhöht die Wahrscheinlichkeit, dass der Vervollständigungsmechanismus diesen vermeintlichen Zusammenhang auch bei anderen Nutzern anzeigt. Die mathematischen Modelle produzieren eine neue Wirklichkeit. In einer kontinuierlichen Feedbackschleife wird das Verhalten von Millionen Nutzern konditioniert und kontrolliert. Es geht um die Anwendung des gouvernementalen Rasters auf alle Gruppen; mit Foucault: um die «Leitung eines ganzen Gesellschaftskörpers».[25]

Der italienische Medientheoretiker Matteo Pasquinelli hat die These aufgestellt, dass mit der Datenexplosion eine neue Steuerungsform möglich werde: eine «Gesellschaft der Metadaten».[26] Mit Metadaten könnten neue Formen der biopolitischen Steuerung zur Kontrolle der Massen und zur Verhaltenssteuerung etabliert werden, etwa Online-Aktivitäten oder Passagierströme in öffentlichen Verkehrsmitteln. «Daten», schreibt Pasquinelli, «sind nicht Nummern, sondern Diagramme von Oberflächen, Landschaften des Wissens», die eine neue Sicht auf die Welt und die Gesellschaft eröffnen: «die algorithmische Vision». Die Akkumulation der Zahlen durch die Informationsgesellschaft habe einen Punkt erreicht, an dem Zahlen zu einem Raum werden und eine neue Topologie erzeugen. Die Gesellschaft der Metadaten könne als Ausweitung der kybernetischen Kontrollgesellschaft verstanden werden, analysiert Pasquinelli: «Heute geht es nicht mehr darum, die Position eines Individuums zu bestimmen (die Daten), sondern die allgemeine Tendenz der Masse zu erkennen (die Metadaten).»[27]

Das Problem sieht Pasquinelli nicht etwa darin, dass Individuen wie bei der Stasi ausgeleuchtet, sondern dass sie vielmehr vermasst und zu Steuerungsobjekten degradiert werden. So erst werde die Gesellschaft als Ganzes kontrollierbar. Als Beispiel nennt er das NSA-Massenüberwachungsprogramm Skynet, bei dem mithilfe von Mobilfunkdaten in der Grenzregion zwischen Afghanistan und Pakistan Terroristen identifiziert wurden. Das Programm puzzelte die täglichen Routinen von 55 Millionen Mobilfunknutzern zusammen: Wer hat sich in welches Telefonnetz eingewählt? Wer tauscht häufig seine SIM-Karte aus? Wer schaltet häufig sein Handy ab? Wer wird an Flughäfen geortet?[28] Ein Klassifikationsalgorithmus analysierte die Metadaten und errechnete für jeden Handy-Nutzer einen Terror-Score.

Der NSA-Generalanwalt Stewart Baker formulierte einmal: «Metadaten sagen absolut alles über das Leben von jemandem aus. Wenn man genügend Metadaten hat, braucht man keine Inhalte mehr.»[29] Du kannst sagen, was du willst – deine Metadaten sprechen eine eigene Sprache! Es war auch eine Absage an die Subjektfähigkeit des Menschen. Das Tech-Portal «Ars Tecnica» nannte Skynet den «Sirengesang von Big Data». Wie bei einem Spam-Filter blieben diejenigen Personen in den algorithmischen Fangnetzen hängen, für die das System eine hohe Gefahr ermittelte.

Der ehemalige NSA- und CIA-Chef Michael Hayden brüstete sich mit der Aussage: «Wir töten Menschen auf Basis von Metadaten.»[30] Ein Satz, der in seiner kühlen Menschenverachtung schaudern lässt. Man muss ihn zweimal lesen, um im militaristischen Technik-Triumphalismus den flagranten Antihumanismus zu erkennen. Es gibt schon gar keinen menschlichen Gegner mehr, sondern nur noch Drohnen, Daten und Roboter. Der Ansatz treibt die chirurgische Kriegführung auf die Spitze: Eine ferngesteuerte Kampfdrohne eliminiert eine Zielperson, die von einem Algorithmus als «gefährlich» klassifiziert wurde. Die Dekonstruktion des Menschen in seine datenförmigen Eigenschaften, die radikale De-Individualisierung und Objektivierung ist die Kehrseite einer Technopolitik, die die Gesellschaft nur noch als Mengenkategorie bzw. Mengen-Zahlen-Zuordnung betrachtet. Man ist nur noch die Summe seiner Metadaten. Das «algorithmische Auge» sieht ja keinen Terroristen, sondern lediglich eine verdächtige Verbindung im Dunst der Datenwolken. In brutaler Konsequenz bedeutet das: Wer suspekte Muster oder Links produziert, wird liquidiert.[31]

Auf Basis der Skynet-Berechnungen wurden tausende Menschen bei Drohnenschlägen getötet. Wie viele unschuldige Zivilisten ums Leben kamen, ist unklar. Die Methodik ist höchst umstritten, weil der Machine-Learning-Algorithmus nur aus dem Verhalten nachweislicher Terroristen lernte und seine Ergebnisse blind reproduzierte. Wer dieselben Metadaten wie ein Terrorist hatte, musste nach diesen Berechnungen folglich selbst einer sein – ein fataler Zirkelschluss. Das zu Daten zerfallene Dividuum ist gefangen in einem geometrischen Gitternetz, in dem das Betreten der «falschen» Felder automatisch Alarm auslöst. Terrorismus ist eine rein numerische Kalkulation, die an den Rändern keine Unschärfen mehr zulässt.

Der britische Physiker Dan McQuillan argumentiert, dass mit maschinellem Lernen ein Zustand «algorithmischer Paranoia» programmiert werde.[32] So wie paranoide Personen in jeder Handlung eine Schädigungsabsicht sehen und ihrer Umwelt misstrauisch gegenüberstehen, erblicken Algorithmen in jeder statistischen Unregelmäßigkeit Risiken – und beschwören neue Gefährdungslagen herauf, auf die Entscheidungträger reagieren müssen. Weil rekursive Algorithmen selbst dort Muster erkennen, wo gar keine sind, spuken immer wieder dieselben Geister in der Maschine. Eine Spirale der Schizophrenie, die sich selbst nährt. Der Zustand ist pathologisch: Der Wahnsinn ist in die Systeme einprogrammiert. Der «algorithmische Ausnahmezustand», von dem McQuillan spricht, wird mit jedem Feedbackloop neu verlängert und legitimiert. Die Gefahr von morgen, die sich aus den (längst gebannten) Gefahren von gestern errechnet, begründet die Gefahrenabwehr von heute – eine Logik, die vor allem politischen Hardlinern in ihrer Forderung nach schärferen Sicherheitsgesetzen in die Hände spielt. Fragt sich nur, wie scharf man die algorithmische Vision zu stellen bereit ist. «Wozu könnte es führen, wenn der Algorithmus von Google Trends auf soziale Fragen, politische Kundgebungen, Streiks oder den Aufruhr in den Peripherien der europäischen Metropolen angewandt wird?», fragt Pasquinelli.[33]

Der Medientheoretiker verweist auf den ambivalenten Charakter der neuen Analytik der Macht: Metadaten könnten dazu genutzt werden, Krankheiten oder Marktentwicklungen vorhersagen, aber auch dazu, «neue politische Bewegungen zu bespitzeln».[34] Das ist längst keine Science-Fiction-Vorstellung mehr, sondern Realität. Der chinesische Suchmaschinenriese Baidu hat einen Algorithmus entwickelt, der anhand von Sucheingaben bis zu zwei Stunden im Voraus vorhersagen kann, wo sich eine Menschenansammlung («kritische Masse») bilden wird – eine Art algorithmische Crowd-Kontrolle.[35] Wo gärt und wo rumort es? Wo bahnt sich eine gewaltsame Protestkundgebung an? Die kritischen Signale laufen schon im Vorfeld in den Kontrollzentren der Planer und Entscheider ein. Der Programmcode wird hier zu einer präemptiven Form der Politikvermeidung. Es geht hier nicht bloß um ein panoptisches Sehen, sondern um ein Vorhersehen von Handlungen, die Regierung eines spekulativen Raums. Die politische Problembearbeitung beginnt in einem Stadium, in dem sich das Politische noch gar nicht artikulieren kann. Die Gesellschaft wird über die Modifikation von Timelines, Newsfeeds und Echtzeit-Trends in einen permanenten Ausnahmezustand versetzt. Der «normale» Lauf der Dinge würde zum Protest, technisch gesprochen zu einer «Störung» des politischen Systems führen. Daher muss diese Störung durch die zielgerichtete Beeinflussung des Verhaltens abgefangen werden.

Die Sozialingenieure denken Politik von der Kybernetik her: Es geht darum, «Störungen» zu vermeiden und das System im Gleichgewicht zu halten bzw. in «Ruhelage» zu bringen. Man stellt wie bei einem Thermostat die Zielvorgaben ein – maximaler $CO_2$-Ausstoß, Geldmenge, Obergrenze für Flüchtlinge – und reguliert das Gemeinwesen auf Wohlfühltemperatur. Proteste sind bloß Störfaktoren, die einen Knüppel ins Räderwerk der fein justierten Politmaschinerie werfen. Das Bedrohliche an dieser algorithmischen Regulierung ist nicht nur die Subtilität der

Steuerung, die sich irgendwo in den opaken Maschinenräumen privater Konzerne abspielt, sondern die schleichende Installierung eines techno-autoritären Politikmodus und die Wiederkehr der Masse als polit-physikalischer Größe. Nur was Datenmasse hat, hat im politischen Diskurs Gewicht. «Die in die Algorithmen eingeflossenen Annahmen, die gebildet sind an der gegenwärtigen Mehrheitsmeinung, stabilisieren den Ist-Zustand einer Gesellschaft», schreibt der Politikwissenschaftler Eric Mülling in seiner Dissertation «Big Data und der digitale Ungehorsam».[36] Neuer Protest könne sich nur schwerlich bilden, wenn er ständigem Konformitätsdruck ausgesetzt sei: «Die Bevormundung durch Big Data ahndet abweichendes Verhalten.»[37]

Kybernetische Kontrollstrategien müssen sich aber nicht zwangsläufig als Form der Unterdrückung äußern. Sie können auch ganz banal als Ausgehtipp daherkommen. Google Maps unterbreitet dem Nutzer mit dem Feature «For You» personalisierte Restaurant- und Ausflugs-Vorschläge. Der Dienst selektiert nicht Orte mit den besten Bewertungen, sondern solche, von denen es annimmt, dass sie dem Nutzer gefallen. Bei einem Restaurant steht dann zum Beispiel: «95 Prozent Match. Ähnlich zum Root Vegan Café und Café Belem (wo der Nutzer bereits war). Du bist an mediterraner Küche, gesundem Essen und Live-Performances interessiert.»[38] Google beherrscht durch seine Kartendienste und Navigations-Apps nicht nur den öffentlichen Raum, sondern auch den technischen Vorraum, wo die Weichenstellungen des Alltags vorgenommen werden. Indem Algorithmen den Weg vorspuren, schrumpft der Raum für Übertretungen.

Die Designer und Philosophen Salvatore Iacones und Oriana Persico haben mit ihrem Konzept der «Constrained Cities» (Zwanghafte Städte) aufgezeigt, wie sich in Zeiten datengetriebener Navigation auch im urbanen Raum Filterblasen bilden können.[39] Die Künstler entwickeln ein dystopisches Szenario, in dem Algorithmen aufgrund von Variablen wie Einkommen, Vermögen, Vorlieben, Verhalten, Netzwerk und Gesundheitszustand genau wissen, welcher Teil der Stadt für jemanden geeignet ist. Jede Person hat einen eigenen Stadtplan, auf dem einige Quartiere sichtbar, andere unsichtbar sind. Man braucht keine Datenbrille, um bestimmte Gebiete auszublenden – man zeigt sie einfach nicht auf dem Handy an. Orte wie ein Gemeindezentrum oder eine alteingesessene Bibliothek könnten aus den Trefferlisten still und leise verschwinden. Man muss keine Absperrvorrichtungen vor Quartieren errichten oder, wie in Belfast, den protestantischen vom katholischen Teil der Stadt mit einer Mauer trennen – es reicht, die Orte einfach aus den Suchergebnissen oder Karten zu entfernen. In der Post-Strafgesellschaft steht kein Polizist mehr vor einem Absperrgitter und sagt: «Sie können hier nicht durch!» Stattdessen wird man von künstlichen Agenten, die vorgeben, einen ans Ziel zu führen, an Gefahrenzonen digital vorbeieskortiert.

Durch die Regulierung der Informationsströme werden Menschen in virtuellen Sphären bewegt, was sich wiederum auf die Besucherströme im realen Raum auswirkt. In diesen «komplexen Geographien» könnte es möglicherweise Premium-Zugänge für bestimmte Orte geben, die nur zahlenden Mitgliedern zugänglich sind. Oder eine Art subkutane Topographie: An bestimmten Orten halten sich nur bestimmte Schichten auf. Die Stadtgebiete sind zwar prinzipiell offen, aber man hat sie nicht auf dem «Schirm», sodass man sie gar nicht erst ansteuert. Eine «restriction zone» light. Es ist natürlich eine programmiertechnische Verirrung, das öffentliche Leben nach dem Matching-Prinzip zu organisieren. Die Modelle unterstellen eine Apartheidslogik, wonach sich nur Gleiches zu Gleichem gesellen darf. Offene Stadtgesellschaften beziehen ihre Vitalität ja gerade aus dem moderierten Mismatch. Letztlich lässt sich über eine solche Steuerung eine Verhaltens- und Sozialkontrolle etablieren.[40]

Zu dieser Entwicklung gehört auch, dass die einstige Militär-technologie des Trackings immer stärker der zivilen Nutzung zugeführt wird. Man trackt heute nicht nur Terroristen, sondern auch Pakete, Fußballer, Freunde und sich selbst; man hat die Zielperson bzw. das Zielobjekt ständig auf seinem persönlichen Kontrollbildschirm: «auf dem Radar». Es geht heute nicht mehr allein darum, Positionen zu bestimmen, sondern Positions*wech-sel*. Warum ändert jemand am Tag X seine Route? Warum endet zum Zeitpunkt X der Kommunikationsverkehr? Warum loggt sich eine Person von einem Ort, an dem sie sich «normaler-weise» nie aufhält, in einen E-Mail-Account ein? Warum kauft jemand kein Schweinefleisch mehr? (Ist er zum Islam konver-tiert?) Banale Verhaltensänderungen, die in den statistischen Berechnungen Verdachtsmomente erzeugen. Unser Schicksal wird zunehmend durch Prognosetechniken bestimmt.

Manche Menschen realisieren erst nach vielen Jahren, dass sie homosexuell sind. Wenn der Algorithmus nun aufgrund einer Datenanalyse mit hinreichender Wahrscheinlichkeit in ein paar Sekunden erkennen kann, ob jemand schwul ist, wird das Leben zu einer Simulation, werden Erfahrungen und Begeg-nungen zur Makulatur, weil es ohnehin so kommen muss. Es ist so, als würde man als Avatar durch eine Computersimulation laufen, in der man nur einige Pfade abschreiten kann und Be-gegnungen mit anderen programmiert sind. Jeder Klick, jeder Schritt schärft die Konturen des digitalen Doppelgängers, der seine Schatten vorauswirft und von dessen Gestalt man sich nicht so leicht emanzipieren kann. Die Selbstfindung und Selbstwerdung, die den Kern einer offenen, pluralen Gesell-schaft bilden, werden zur Illusion, wenn Algorithmen das Selbst finden und ein technologisches Selbst konstruieren. Wo hört der Algorithmus auf, wo fängt das Selbst an? Wann wird der Algorithmus zum Subjekt?

Die massenhafte Datenauswertung resultiert in der algorithmischen Festlegung von Identitäten.[41] Man ist nicht der, der man ist oder zu sein glaubt, sondern der, zu dem man vom algorithmischen Über-Ich gemacht wird. Autonome Agenten bestimmen über Positionen, Rollenkonfigurationen und den Status in der Gesellschaft. Sie erschaffen eine utopische Landschaft, in der alles vorgespurt ist, wo man nichts mehr wollen und wissen muss, weil alles in geregelten Bahnen verläuft, und alles andere vergeblich ist. Die Freiheit des Einzelnen, sich in eine offene Zukunft hinein zu entwickeln, neue Wege auszuprobieren, wird – je länger das «Verfahrensverzeichnis» wird – immer geringer.

Die Freiheit des Individuums resultiert, wie der Soziologe Georg Simmel in seinem bahnbrechenden Aufsatz «Über Freiheit» (1922) festhält,[42] gerade aus der Unberechenbarkeit seiner Handlungen: aus der Nichtmathematisierbarkeit seiner Gedankenwelt, die allen Prognosen und Berechnungen trotzt. Doch in den algorithmischen Gleichungssystemen wird durch die permanenten Berechnungen und Vorhersagen eine Variable eliminiert, die für moderne liberale Gesellschaften elementar ist: der Zufall. Freiheit sollte in der programmierten Gesellschaft definiert werden als das Recht, nicht in allen Lebenslagen berechnet zu werden. Oder um es appellativ zu formulieren: Bleibt unberechenbar!

Gewiss ist die Aussicht, sich per Zufallsgenerator durch den physischen oder virtuellen Raum zu bewegen, um keine Spuren zu hinterlassen, wenig erbaulich, zumal eine Verbreitung solcher Randomisierungstechniken dazu führen würde, dass etwaige Störsingale im Nachhinein wieder herausgerechnet und Positionen doch bestimmbar wären.[43] Doch letztlich geht es darum, seine Autonomie zu bewahren. Die Harvard-Ökonomin Shoshana Zuboff postuliert in ihrem Werk «Das Zeitalter des Überwachungskapitalismus» ein Recht auf das Futur. Das Fundament dieses «Rechts auf die Zukunft» sei die Willensfreiheit: «Fehlt diese Freiheit, implodiert die Zukunft zu einer endlosen

Gegenwart bloßen Verhaltens, in der es weder Subjekte noch Projekte, sondern nur noch Objekte geben kann.»[44]

Man muss sich einmal vor Augen führen, was es bedeutet, wenn ein Staat oder ein Konzern genau berechnen könnte, was die Bürger am Tag X tun werden. Wer nur aus historischen Daten besteht, hat keine Zukunft mehr.

Kriminalisten scheinen sich darum wenig zu scheren: Sie hegen eine Obsession, Verbrechen zu verhindern, noch bevor sie entstehen. Die Polizeibehörde von Los Angeles (LAPD) setzt wie in vielen anderen Städten eine Software zur Verbrechensbekämpfung ein, die aus historischen Daten Wahrscheinlichkeiten für mögliche Verbrechen in der Zukunft errechnet. Nach Angaben der Analytics-Firma PredPol, die ihre Software an Behörden auf der ganzen Welt verkauft (u. a. nach Montevideo, die Hauptstadt von Uruguay), benötigt das Computerprogramm lediglich drei Datenpunkte, um Vorhersagen zu treffen: die Art des Verbrechens, den Ort sowie den Tatzeitpunkt. Demographische oder ethnische Daten würden in der Analyse nicht herangezogen. Die «Hot Spots» werden dann auf Google Maps in Gitterzellen von 150 × 150 Metern visualisiert. Das System basiert auf der Annahme, dass Verbrechen wiederkehrenden Mustern folgen.[45] Die Software ist nach mathematischen Modellen adaptiert, die zur Vorhersage von Erdbeben bzw. Nachbeben genutzt werden.[46] Die Polizei versucht also mit derselben Methode, mit der seismische Aktivitäten prognostiziert werden, Verbrechen vorherzusagen. Darin zeigt sich einmal mehr das Denken der Sozialphysik: Der Mensch verhält sich wie Wellen im Raum, deren «Ausbreitung» sich mittels Vektoren berechnen lässt. Die Übertragung naturwissenschaftlicher Kriterien auf soziale Phänomene hat zur Folge, dass Kriminalität zur endogenen Kraft umgedeutet wird und «eruptive Gewaltausbrüche» als wiederkehrendes Naturereignis beschrieben werden, ohne den eigentlichen Ursachen auf den Grund zu gehen.

«Man kann sich den Algorithmus wie einen Buchmacher vorstellen», schreibt die Mathematikerin Hannah Fry über die Software. «Wenn sich Polizisten um einen Stadtplan drängen und Wetten darauf abschließen, wo in dieser Nacht Straftaten begangen werden, dann berechnet PredPol die Quoten.»[47] Die Kripo agiert als Zocker. So wie man im Spielkasino beim Roulette seine Jetons auf ein Feld legt, platziert die Polizei ihre Einheiten in Quadranten. Es ist eine gefährliche Wette auf die Zukunft. Denn je mehr der Staat auf das zukünftige Verhalten seiner Bürger spekuliert, desto börsenähnlicher und riskanter wird die Staatsorganisation. Wir haben es mit Risikomarktstaaten zu tun: Alles ist volatil, alles kann jederzeit einbrechen. Gerade weil das Territorium nicht mehr fest und klar begrenzt ist, sondern sich verflüssigt, muss der Staat die Statik seiner Sicherheitsarchitektur mit einer präventiven Prognostik abstützen. Oder mit den Worten Virilios aus «Geschwindigkeit und Politik» (1980): «Die letzte Macht wäre [...] weniger die der Phantasie als die der Vorausplanung bis zu dem Punkt, wo Regieren nur noch Voraussehen, Simulieren und Speicherung der Simulationen ist, bis zu dem Punkt, wo das gegenwärtige ‹Forschungsinstitut› als ein Modell dieser letzten Macht, als ein Modell von Utopie erscheinen könnte.»[48]

Dass diese Modelle über Gebühr simplifizieren, beweist folgender Fall: Im Sommer 2014 klingelte an der Tür von Robert McDaniel die Polizei. Der damals 22-jährige Mann, ein High-School-Abbrecher, wohnte in einem Problemviertel von Chicago und war wegen kleinerer Delikte wie dem Besitz von Marihuana polizeibekannt.[49] Die Beamtin eröffnete ihm brüsk: «Wenn du irgendein Verbrechen begehst, wird das ernsthafte Konsequenzen nach sich ziehen. Wir beobachten dich!» McDaniel war verdutzt. Was er nicht wusste: Er war auf einer sogenannten «Heat List» gelandet – einem Index von 400 Personen, die mit der größten Wahrscheinlichkeit in der Zukunft ein Kapitalverbrechen begehen würden. Mithilfe von Computeralgorithmen und mathematischen Analysen wollte die Polizei in Chicago Täter fassen, bevor diese zur Tat schreiten. McDaniel hatte das Pech, dass er im «falschen» Viertel lebte und die «falschen» Freunde hatte. Ein alter Schulfreund, mit dem er einst wegen Drogenbesitzes verhaftet wurde, war im Jahr zuvor erschossen worden.[50] Die Eigenschaften «Schulabbrecher», «Drogenkonsument» und «kriminelles Umfeld» machten aus ihm einen potenziellen Gewalttäter.

Das Beispiel zeigt, wie Algorithmen zu Vorverurteilungen führen können. Zwar betonen die Software-Entwickler, dass den Prognosen keine personenbezogenen Daten zugrunde gelegt werden, doch in ihrem Ermittlungseifer erliegen Kriminalisten nicht selten der Versuchung, geografische Daten mit Personen zu verknüpfen und daraus Erkenntnisse abzuleiten. Das Problem ist nur: Wer einmal auf dem Index steht, kommt so schnell nicht wieder runter.

Die Polizeibehörde in Chicago, die als Pionierin vorausschauender Polizeiarbeit gilt, führt auch eine sogenannte «Strategic Subjects List», auf der Bürger mit einem Score von 1 bis 500 gerankt werden. Der Score, der täglich neu berechnet wird, basiert auf einem statistischen Risikomodell, das aufgrund von Attributen wie «Opfer einer Schießerei», «Alter bei der letzten Verhaftung» oder «Trend in krimineller Aktivität» ein Gefährdungsrisiko ermittelt.[51] 2017 hatten knapp 400 000 Bürger einen Eintrag in der Liste, verkörperten demnach ein potenzielles Risiko, eine Gewalttat zu verüben. Laut einem Polizeisprecher sind Bürger mit einem Score von 250 und mehr auf dem «Radar».[52] Und das sind ganz schön viele: 287 000. Fast die Hälfte davon wurde noch nie verhaftet und war auch noch nie in eine Schießerei verwickelt. Was ist gefährlicher: eine Stadtgesellschaft, in der jeder als Gefährder gilt? Oder ein Algorithmus, der Tausende Menschen zur Gefahr erklärt?

Im Rahmen der Operation LASER (man denke an Foucaults «medizinische Polizei») nutzt das Polizeidepartment von LA ein quantitatives Verfahren zur Berechnung von Risiko-Straftätern, die sogenannten «Chronic Offender Criteria». Die Bürger werden ähnlich wie beim chinesischen Credit Score (siehe Kapitel 3) nach einem Punktesystem gerankt: Fünf Strafpunkte gibt es für Bandenmitgliedschaft, weitere 5 Punkte gibt es für eine Bewährungsstrafe.[53] Wer schon mal wegen Schusswaffengebrauchs verhaftet wurde, kassiert ebenfalls fünf Punkte. Einen Punkt gibt es für «qualitativen» Polizeikontakt in den vergangenen beiden Jahren, zum Beispiel in Polizeikontrollen oder Vernehmungen. Nach welchen Kriterien das System operiert, ist unklar. Das Problem der Vorhersageinstrumente liegt darin, dass die zugrunde liegenden Algorithmen rassistisch verzerrt sind und Afroamerikaner statistisch gesehen viel häufiger in Polizeikontrollen geraten. Kritiker monieren daher, dass automatisierte Systeme rassistische Vorurteile verstärken und ethnische Minderheiten einem «Racial Profiling» zum Opfer fallen. Viel schwerer wiegt jedoch, dass man aus den historischen Daten seiner kriminellen Vergangenheit nicht ausbrechen kann. Einmal Straftäter, immer Straftäter – das ist die totalitäre Logik, die diesen Bewertungssystemen zugrunde liegt. Sie ist zwar kriminologisch unhaltbar, wird aber mit Daten immer wieder neu beglaubigt. Man hat praktisch keine Chance auf einen Neuanfang, weil sich die Datenhistorie nicht so einfach löschen lässt. Der betroffene Bürger befindet sich auch hier in einem Datengefängnis: Er hat eine höhere Wahrscheinlichkeit, wegen seiner Herkunft von der Polizei kontrolliert zu werden, was seinen Risikoscore erhöht – mit der Folge, dass er häufiger kontrolliert bzw. länger interniert wird. Ein Teufelskreis, aus dem man nicht herauskommt.

Auch Facebook sperrt seine Nutzer hinter unsichtbare Gitterstäbe. Der Konzern hat 2012 in einem Experiment den Newsfeed von fast 700 000 Nutzern manipuliert, ohne dass die Teilnehmer etwas von der Versuchsanordnung wussten.[54] Bei dem Experiment sollte erforscht werden, wie sich positive und negative Emotionen in Netzwerken ausbreiten. Das Ergebnis war, dass derjenige, der mehr Negatives las, tendenziell selbst mehr Negatives postet und umgekehrt. Die Nutzer sind unfreiwillige Probanden eines riesigen sozialen Großversuchs.

Facebook hat seinen Nutzern auch einen Reputationsscore zugewiesen, einen Indikator, der aufgrund verschiedener Metriken die Vertrauenswürdigkeit von Nutzern auf einer Skala von Null bis Eins bewertet.[55] Dieses Scoring-System zeigt nicht nur, wie Algorithmen in der digitalen Gesellschaft Glaubwürdigkeitszeugnisse ausstellen, sondern es reduziert Subjekte auch auf ein binäres Zahlensystem. Wer eine Null ist, ist unglaubwürdig. Wer eine Eins ist, gilt als Autorität. Es ist wie in einer digitalen Besserungsanstalt der Gesellschaft, wo die Guten von den Schlechten separiert werden.

Die Google-Schwester Jigsaw (früher Google Ideas) hat derweil eine Software («Perspective») entwickelt, die Textkommentare auf einer «Toxizitäts»-Skala von 0 bis 100 bewertet, um Betreibern von Nachrichtenseiten die Moderation von Kommentarbeiträgen zu erleichtern.[56] Sollte das Ziel tatsächlich darin bestehen, die «Hygiene von Netzdiskursen» zu verbessern (so die Formulierung der Landesanstalt für Medien NRW)[57] oder eine Flurbereinigung für Foren zu erwirken, wäre die öffentliche Hygiene auch eine Frage der «Datenhygiene». IT-Unternehmen stellen reihenweise «Datenhygieniker» ein, deren Aufgabe darin besteht, verunreinigte Datensätze zu bereinigen und den Maschinenraum sauber zu halten. Die Frage ist nur, was das «intelligente» System als giftig erachtet. Ist ein ätzender Kommentar gegen die Regierung schon «toxisch»? Wie viel Gift muss in einem Hasskommentar stecken, damit dieser vom System gemeldet wird? Es ist fraglich, ob Algorithmen geeignet sind, den verbalen Giftmüll im Netz zu filtern – oder ob sie das Meinungsklima durch ihre Filterung vielmehr selbst vergiften. Abgesehen davon, dass Toxizität kein diskursiver Maßstab sein kann: Schaffen die technischen Systeme nicht eine aseptische Diskursatmosphäre, in der Spurenelemente und Substanzen der Subversion prophylaktisch abgetötet werden? Ist so eine Entgiftungsstrategie in Wahrheit vielleicht eine Impfung gegen Systemkritik?

Es geht bei allen technokratischen Herrschaftsformen darum, das Politische aus dem politischen Prozess zu destillieren: Politik auf eine reine mathematische Operation zu reduzieren. Ein mathematischer Wert ist im Gegensatz zu einem politischen Wert nicht verhandelbar – und mithin nicht politisierungsfähig. Eine *Politik ohne Politik* ist der Prototyp einer smarten Diktatur: Politische Gegner müssen nicht mehr (wie in einer deliberativen Demokratie) überzeugt oder (wie in einem autoritären Regime) ausgeschaltet werden – sie können ihre berechtigten Interessen schlicht nicht aggregieren und an das politische System herantragen, weil es dafür schon gar keine geeigneten Partizipationsformen mehr gibt. Das Politische wird zu Tode technisiert. Das Versprechen von Politik ist, dass sie zukunftsoffen und gestaltbar bleibt. Wenn aber das Verhalten von Individuen, Gruppen und der Gesellschaft als ganzer berechenbar wird, wird politische Willensbildung Makulatur. Wo alles determiniert ist, ist nichts veränderbar.

# 12

## Schluss

### Auf dem Weg in die Post-Wahl-Gesellschaft

Wenn man beim Netzwerklautsprecher Amazon Echo zum Beispiel den Wunsch nach Kaffee anmeldet («Alexa, ich will Kaffee»), ohne eine Marke anzugeben, antwortet der Sprachassis-
tent zeitweise: «Amazon's Choice für Kaffee ist Lavazza Kaffee
Crema Classico, ein Kilogramm. Das macht insgesamt 10 Euro
und 99 Cent inklusive Steuern. Willst du den Artikel jetzt kaufen?» Erwidert der Kunde «Ja», bestätigt das System die Bestellung: «Okay, Bestellung aufgegeben.»[1] Bei Amazon's Choice
handelt es sich um eine Produktempfehlung, die der Versand-
händler auch auf seiner Webseite anzeigt. Es ist ja auch bequem:
Man muss nicht mehr zwischen hunderten Angeboten auswäh-
len, Produktdetails durchforsten und Vergleichsportale zu Rate
ziehen – der Computer macht einfach eine Ansage. Doch anders als beim Online-Shopping ist die Auswahl beim Sprach-
kauf begrenzt – es wird nur ein Produkt vorgeschlagen. Warum
wählt Amazon's Choice aber Lavazza und nicht Tchibo oder Se-

gafredo? Wie transparent ist die Auswahl? Oder sind solche Fragen gar nicht mehr entscheidend?

Virtuelle Assistenten sind eine Antwort auf die Multioptionsgesellschaft, eine Entscheidungshilfe für Individuen, die im Meer der Möglichkeiten immer unsicherer navigieren. Vorstellbar wäre, dass Amazon auf Grundlage der Bestellhistorie auch eine politische «Produktempfehlung» ausspricht – eine Art Amazon's Choice für Politik. «Amazon's Choice für die Bundestagswahl ist heute CDU. Diese Wahl bringt dir Steuererleichterungen in Höhe von 1500 Euro. Willst du die Partei wählen?» Diese gedankliche Lockerungsübung, die einem zunächst wie Polit-Klamauk vorkommen mag, verweist auf ein grundlegendes Problem der Netzarchitektur: Das Angebot an Waren und Informationen ist so groß wie nie. Doch die Menüauswahl ist algorithmisch eingeschränkt.

Das gilt nicht nur für Amazon, sondern auch für Google. Wenn man nach dem eher unspezifischen Begriff «Informationssystem» googelt, ist nach Seite 40 der Trefferliste Schluss. Dann heißt es: «Damit du nur die relevantesten Ergebnisse erhältst, wurden einige Einträge ausgelassen, die den 400 angezeigten Treffern sehr ähnlich sind. Du kannst bei Bedarf die Suche unter Einbeziehung der übersprungenen Ergebnisse wiederholen.» Bei «Barack Obama», zu dem es 225 Millionen Ergebnisse gibt, endet die Suche auf Seite 19 – nach 181 Ergebnissen. Google zeigt bloß einen winzigen Ausschnitt aus der Netz-Wirklichkeit an.

Die Suchmaschine ist ein Datengefängnis. Dabei gleicht das Suchfenster einem schmalen Schlitz, durch den man auf die Flure des Gefängnisses blicken kann. Dort taucht hin und wieder ein algorithmischer Wärter auf, führt Kontrollen durch und wirft ein paar karge Informationen in die Zelle ein, aus der heraus man den Blick auf die Wirklichkeit zunehmend verliert. Es ergeht einem ein wenig wie der Hauptfigur Meursault in Albert

Camus' Roman «Der Fremde», der in seiner Gefängniszelle ein altes Stück Zeitung findet und den Artikel tausend Mal liest, wobei in diesem Minimalismus gerade das Existenzielle liegt (die Wörter sind das einzig Sinnstiftende). Den Google-Nutzer muss man sich dagegen als unglücklichen Menschen vorstellen, weil sich der Sinn einer endlosen Informationswelt nur in einer algorithmischen Matrix erschließen lässt – einem digitalen Einschließungsmilieu. Die Gefängnispost wird geöffnet (nicht manuell, sondern automatisiert) und sortiert, die persönlichen Daten werden inhaftiert und archiviert. Jeder, der irgendwann einmal einen Fuß in die digitale Welt gesetzt hat, steht mit einem Bein im Datengefängnis. Das vom Europäischen Gerichtshof etablierte Recht auf Vergessenwerden, mit dem man Google und andere Suchmaschinenanbieter zur Löschung von Links verpflichten kann, ist im Grunde ein Antrag auf vorzeitige Haftentlassung. «Das Gefängnis funktioniert als ein Wissensapparat», schreibt Foucault.[2] Genau darum geht es: Die Konzerne wollen wissen, wie sich der Einzelne und die Masse verhalten. Ein panoptisches Gefängnis ist die beste Architektur, sich dieses Wissen zu erschließen.

Der damalige Google-Chef Eric Schmidt formulierte 2005 das ambitionierte Ziel, für jede Suchanfrage nur noch einen Treffer anzuzeigen. «Wenn Sie Google nutzen, bekommen Sie noch mehr als eine Antwort? Ja natürlich. Nun, das ist ein Bug. [...] Wir sollten in der Lage sein, sofort die richtige Antwort zu geben. Wir sollten wissen, was jemand meint.»[3] Schmidt träumte davon, mithilfe künstlicher Intelligenz Signale aus unseren Nutzerdaten zu extrahieren, die präzise verraten, wer wir sind, wo wir sind, was wir gerade tun und so weiter.[4] Je genauer die algorithmischen Empfehlungen, desto geringer die Trefferzahl. Zuerst gibt es noch 40 Trefferseiten, dann nur noch 20, und irgendwann schnurrt der Informationskanon auf einen Treffer zusammen. Allein, eine Gesellschaft, in der es keine Fragen mehr gibt, weil sie entweder unterdrückt oder in den rekursiven Schleifen überflüssig werden, nimmt autoritäre Züge an, weil das System jede Nachfrage für unzulässig erklärt. Wo Antworten a priori feststehen, ist man von absoluten Wahrheiten nicht mehr weit entfernt. Die Verabsolutierung der Wahrheit ist wiederum das Wesensmerkmal von Diktaturen. Wenn Schmidt behauptet, Mehrfachantworten seien ein «Bug», also ein Fehler im System, ist das eine Absage an jede Form von Meinungspluralismus. In Google-Land besitzt nur eine Antwort Gültigkeit.

Der politische Prozess endet bei Google, sobald die algorithmischen Rechenoperationen beginnen: mit der Eingabe des Suchbegriffes (vielleicht sogar schon früher, wenn die Autovervollständigung übernimmt). Hier wird der prinzipiell offene politische Entscheidungsmodus (dargestellt durch die offene Frage) in ein geschlossenes System finiter Algorithmen überführt. Mit der Trefferliste, dem Ergebnis mathematischer Rechenoperationen, ist der politische Prozess faktisch beendet. Ein Algorithmus ist so programmiert, dass er Probleme bzw. Entscheidungssituationen nach festgelegten Handlungsvorschriften löst. Jenseits der Wenn-Dann-Beziehungen gibt es keinen Raum für Verhandlungen, für das Aber oder Trotzdem.

Google-Chefentwickler Ray Kurzweil will noch einen Schritt weitergehen: Er hat die Vision einer Suchmaschine, die wie ein «kybernetischer Freund» operiere. «Ich strebe an, dass in ein paar Jahren Suchanfragen mehrheitlich beantwortet werden können, ohne dass man überhaupt fragen muss.»[5] «Dieser kybernetische Freund», führt Kurzweil aus, «weiß, dass Sie bestimmte Fragen über Gesundheitsthemen oder Geschäftsstrategien haben. Und er kann all die neuen Informationen, die in jeder Minute das Licht der Welt erblicken, verarbeiten und Sie darauf aufmerksam machen, ohne dass Sie danach fragen.»[6] Wenn man nicht mehr fragen muss, weil Google alles weiß, werden auch kritische Nachfragen überflüssig. Systemkritik wird einfach abgeschaltet.

Die Utopie ist von der Wirklichkeit gar nicht weit entfernt. Im September 2017 hat Google eine Erweiterung seines News-Feeds (Discover) vorgestellt, der vom Unternehmen als «such-lose Suche» (*queryless search*) bezeichnet wurde – ein Empfehlungssystem, das schon vorher weiß, welche Nachrichten den Nutzer interessieren.[7] Darin offenbart sich das Ziel, den Erkenntnisprozess zu kybernetisieren. Bereits im Jahr 2007 schrieb der Google-Ingenieur Sep Kamvar einen Blogpost unter der Überschrift «Searching without a query» (Suchen ohne Suchen): «Bei jedem Ihrer Suchvorgänge wollen wir nützliche und relevante Informationen liefern. Was aber, wenn Sie keine Suche im Kopf haben oder wenn Ihnen nicht danach ist, eine Suchanfrage einzutippen?» Suchen, ohne zu suchen – was nach einem poststrukturalistischen Glasperlenspiel klingt, ist in Wahrheit eine ernsthafte ingenieurtechnische Überlegung. 2010 meldete Google ein Patent für eine «parameterlose Suche» an, die aus Kontextinformationen passende Suchanfragen generiert.[8] Das System würde unter Zugriff auf die Kalenderfunktion und Sensoren im Handy erkennen, dass der Nutzer gerade mit dem Auto auf dem Weg zum Bahnhof ist und unter Berücksichtigung von Geodaten und aktueller Verkehrslage die verbleibende Zeit zum Zug ansagen.[9]

Das Urprinzip der Kybernetik ist das der zirkulären Kausalität, ein Prozess der perpetuierten Informationsauswertung, der das eigene Denken beeinflusst. Der Kybernetiker Heinz von Foerster differenziert zwischen trivialen und nicht-trivialen Maschinen. Die triviale Maschine ist determiniert, vergangenheitsunabhängig und liefert vorhersehbare Ergebnisse.[10] Nicht-triviale Maschinen sind dadurch gekennzeichnet, dass sie, obwohl es sich um deterministische Systeme handelt, nicht vorhersagbar sind. Der Output kann sich bei gleichem Input ändern.[11]

Triviale Maschinen sind nach Foerster Toaster, die toasten, oder ein Auto, das in vorhersagbarer Weise auf die Handlungen des Fahrers reagiert. Der Mensch ist dagegen eine nicht-triviale Maschine. Man weiß nicht, was er als nächstes tun wird, etwa welche Antworten er gibt und wie er auf bestimmte Reize reagieren wird.

Um einen Menschen vorhersagbar zu machen, muss man ihn nach den Lehren der Kybernetik in ein triviales System verwandeln, das heißt, man muss die Funktion von Mensch und Maschine analogisieren. Es gilt, den Erkenntnis- und Kommunikationsprozess so weit zu trivialisieren, dass man immer wieder dieselben Ein- und Ausgabewerte hat, eine verlässliche Beziehung zwischen In- und Output herstellt und die inneren Zustände konstant hält.[12] Je banaler und trivialer die Kommunikation, desto durchschaubarer und kontrollierbarer wird sie.

Die Entwicklung der digitalen Kommunikation weist in diese Richtung. Google hat 2015 seinen E-Mail-Dienst Inbox um die Funktion «Smart Reply» («intelligente Antworten») erweitert, die eingehende Nachrichten analysiert und standardisierte Antwortbausteine generiert.[13] Wenn man beispielsweise per Mail eine Einladung zu einem Geschäftsessen oder zu einer Familienfeier bekommt, poppen in der Eingabemaske Schaltflächen auf wie «Ja, wir sind dabei» oder «Tut mir leid, wir werden es leider nicht schaffen».[14] Zehn Prozent aller via Googlemail versandten Mails werden mittlerweile von Google-Robotern verfasst.[15] Wohlgemerkt: Googlemail hat über eine Milliarde aktiver Nutzer. Zehn Prozent des E-Mail-Verkehrs läuft auf Autopilot – Tendenz steigend.

Einen ganz ähnlichen Mechanismus gibt es auf der Karriereplattform LinkedIn. Wer dort eine Anfrage erhält, dem werden automatisch vorfabrizierte Antworten aus dem Floskelsetzkasten empfohlen. Wer auf die Option «Interessiert» klickt, erhält beispielsweise als Antwort: «Hallo Max Mustermann, vielen Dank für Ihre Nachricht. Ich möchte gerne mehr darüber erfahren.» Man muss gar nicht mehr selbst in die Tasten greifen, sondern nur noch auf einen Knopf drücken. Der Algorithmus wird zur *Schreib-Maschine*, der Mensch zum Antwort-Automaten. Wenn Millionen Nutzer triviale Textbausteine wie «Sieht gut aus!» oder «Mach ich» verschicken, ist der Kommunikationsverkehr viel leichter zu steuern und zu kontrollieren, als wenn Algorithmen seitenlange Schriftsätze durchforsten und semantisch analysieren müssten. Aus Entwicklersicht ist es einfacher, den Menschen zum Sprachautomaten zu zerlegen, als künstlich intelligente Sprachassistenten zu programmieren. Auch Twitter ist eine Trivialisierungsanstalt, ein 280-Zeichen-Gefängnis, das Nutzer systemisch dazu zwingt, sich möglichst kurz zu fassen. Tech-Konzerne formatieren mit diesen semantischen Containern die Wirklichkeit. Was McDonald's für die Esskultur ist, sind Twitter und Co. für die Sprachkultur: Sie kreieren ein sprachliches Allerlei und speisen Konsumenten mit informationellem Fast-Food ab. Es geht darum, Sprache und Kultur zu normieren und produktfähig zu machen.[16] Dabei entstehen mundgerechte Informationshäppchen – leicht bekömmlich, aber letztlich schwer verdaulich, zumal man nicht weiß, wie es zubereitet wurde. Es mag kulturpessimistisch klingen, doch die Zirkularität des Denkens, die wiederholte Einspeisung algorithmisch generierter Stichwörter in die Politmaschine, könnten der Beginn einer Kybernetisierung politischer Prozesse sein.

Ein noch rigideres Trivialisierungssystem stellen Emoji-Zeichen dar. Über die Aufnahme der Symbole entscheidet das Unicode-Konsortium, ein gemeinnütziger Verein mit Sitz in Mountain View, dem Tech-Konzerne wie Apple, Facebook, Google, IBM und Microsoft angehören. Im Februar 2019 hat das für die Emoji-Standardisierung zuständige Gremium dem Kanon 290 neue Symbole hinzugefügt, unter anderem einen Rollstuhlfahrer, einen Gehstock, einen Blindenhund, einen Flamingo sowie einen Orang-Utan. Damit will das Konsortium die Welt der Apps diverser machen.[17] Ein Symbol für den Bettler, Hungernden oder Flüchtling gibt es in dieser Zeichen-Ordnung hingegen nicht.[18] Der Unicode-Standard, der von dem Gremium wie ein offizieller Schriftsatz herausgeben und hernach in die jeweiligen Betriebssysteme implementiert wird, friert die Systematik und Semantik bis zur nächsten Beschlussfassung ein. Das digitale Fußvolk kann allenfalls Vorschläge unterbreiten. Eine Tech-Kaste oktroyiert der Welt ein Zeichensystem auf, das nur einer Regel gehorcht: der Grammatik des Codes.[19] Dass eine kleine Elite ein Zeichensystem beherrscht, kennt man historisch nur aus antiken Hochkulturen wie dem alten Ägypten und Mesopotamien, die bekanntlich keine demokratischen, sondern streng hierarchische Gesellschaften waren.

Der Weg vom Sprachmonopolisten zum Sprachpolizisten ist da nicht mehr weit. So haben Google, Apple und Twitter das Revolver-Emoji in wohlfeilem Paternalismus durch ein Wasserpistolen-Emoji ersetzt, weil sie eine gewaltfreie Kommunikation programmieren und Nutzer sprachlich entwaffnen wollen.[20] Das Vorgehen erinnert ein wenig an Orwells «1984», wo Syme, der im «Ministerium für Wahrheit» an der elften, «definitiven» Ausgabe des Wörterbuchs für Neusprech arbeitet, beim Mittagessen im Gespräch mit Winston feierlich verkündet:

> «Wir geben der Sprache ihre endgültige Gestalt – die Gestalt, die sie haben wird, wenn alle nur noch Neusprech reden. [...] Wir vernichten Wörter massenhaft, zu Hunderten, täglich. Wir reduzieren die Sprache bis aufs Skelett. Die elfte Auflage wird nicht ein Wort enthalten, das vor dem Jahr 2050 obsolet werden wird. [...] Es ist schon etwas Schönes, die Vernichtung von Wörtern.»[21]

Es geht um die Deutungshoheit über Zeichen. Als Apples Software-Chef Craig Federighi die neuen «predictive emojis» seines Hauses vorstellte, die die Gefühle der Nutzer antizipieren sollen, prophezeite er: «Die Kinder von morgen werden kein Verständnis der englischen Sprache mehr haben.»[22] Er klang dabei wie ein digitalmoderner Wiedergänger von Syme. Wenn der Mensch durch mathematische Formeln erzählt wird, braucht es bald keine Worte mehr. Das Individuum degeneriert zur Datenfolge. Man kann den Bedeutungsverlust von Worten an einem ganz einfachen Beispiel deutlich machen: Während die Titelseite der «Süddeutschen Zeitung» noch mit rund 2500 Wörtern aufwartet, hat die Startseite von Facebook – das Mark Zuckerberg zur «perfekten personalisierten Tageszeitung» ausbauen will[23] – dagegen gerade einmal noch 500 Wörter zu bieten. Stattdessen gibt es Videos, Likes und Emojis im Überfluss. Aber wie will man mit Smileys Systemkritik üben? Während in China Textnachrichten von Algorithmen zensiert werden, werden in westlichen Demokratien Nutzer trivialisiert – mit der Folge, dass ihr Kommunikationsverhalten genauso kontrollier- und steuerbar ist. Man braucht Kritiker gar nicht mehr mit Gewalt mundtot zu machen – es reicht, wenn man ihre Sprache skelettiert.

Der britische Betriebswirt Stafford Beer, Begründer der Managementkybernetik, stellte in seinem bereits 1994 publizierten Werk «Decision and Control: The Meaning of Operational Research and Management» die These auf, dass mithilfe einer «sozioökonomischen Kybernetik» ein schneller Systemwandel viel geräuschloser vollziehbar sei als durch eine politische Revolution. Es sei lediglich eine Frage des Managements. «Die Reaktionen der Menschenmasse sind erstaunlich vorhersagbar, wenn man ihnen erst die Sprache diktiert.»[24] Millionen Konsumenten kommunizieren in Alexa-Sprech: Alexa, schalte die Außendekoration ein! Spiele Musik ab! Alexa, bestelle Cornflakes. Wir reden zunehmend im Befehlston. Das Sprechen in Imperativen, das einen pädagogischen Unterton hat und eigentlich im erzieherischen Kontext verwendet wird, ist der Neusprech unserer Zeit. Indem Tech-Konzerne sprachliche Codes determinieren, erlangen sie eine noch nie dagewesene Sprach- und Wortgewalt. Sie können mit ein paar Programmiervorschriften Sprachregelungen implementieren. In Diktaturen konnten Dissidenten die Zensur noch mit subversiven Wortspielen und Witzen umgehen. In der künstlichen Umgebungsintelligenz kann man schon gar keine Systemkritik mehr formulieren, weil jede Spracheingabe a priori systemkonform ist.

Die programmierte Gesellschaft steuert auf einen Punkt zu, an dem Distinktion und damit Differenz zur Illusion werden, weil jeder mit einer Datenuniform herumläuft und in denselben Formeln erzählt wird. Uniformität wird in der programmierten Gesellschaft informationell hergestellt. Für den Algorithmus macht es keinen Unterschied, ob ein fahrerloses Fahrzeug oder ein Fahrzeug mit Fahrer (und Smartphone im Fond) unterwegs ist – die Bewegungsdaten sind dieselben. Und es spielt auch keine Rolle, ob jemand aus intrinsischem Forschungsinteresse oder aus krimineller Energie heraus nach «Sprengstoffzutaten» googelt. Die Maschine kann keine Motivation erkennen. Das hindert die Entrepreneure aus dem Silicon Valley freilich nicht daran, ihre theoretisch informierte Tech-Herrschaft auszubauen.

«Wir meinen, dass die meisten großen Probleme der Welt Informationsprobleme sind», schreiben Eric Schmidt und Jonathan Rosenberg in ihrem Buch «Wie Google tickt» (2015): «Das heißt, dass mit einer ausreichenden Datenmenge und der Möglichkeit, sie zu verarbeiten, praktisch jede Herausforderung der Menschheit bewältigt werden kann.»[25] Wenn alle Probleme im Kern Informationsprobleme sind, können sie auch nur mit Informationen bzw. Daten «gelöst» werden.[26] Dieser Zirkelschluss stellt Politik auf eine völlig neue Legitimationsgrundlage: Es entsteht eine selbstreferenzielle Mechanik der Macht, bei der sich die Legitimationsgrundlage, nämlich Daten, aus sich selbst heraus schöpft. Um Probleme zu lösen, benötigt man immer mehr Daten, aus denen sich Informationen extrahieren lassen, und je mehr Daten generiert werden, desto genauer lässt sich die zu lösende Problemdefinition bestimmen. Anders gewendet: Die Softwareingenieure definieren, was problemfähig ist und einer Lösung zugeführt werden kann.

Doch glauben die Programmierer im Ernst, dass man Probleme wie Armut, Terrorismus oder die Erderwärmung nach mathematischen Modellen «lösen» kann oder diese sich in einer Gleichung wie Variablen einfach «auflösen» lassen? Die *déformation professionelle* der Informatiker besteht darin, überall Datenmengen zu sehen. Doch wo Probleme falsch codiert sind, laufen auch lösungsorientierte Systeme ins Leere. Und was kommt nach der Problemlösung? Fängt die Politik an dieser Stelle an oder hört sie hier auf?

Tatsächlich könnte künftig so etwas wie eine algorithmisch gelenkte Demokratie entstehen, eine politische Matrix, in der politische Auswahlprozesse derart optimierbar und berechenbar sind, dass es am Ende nur noch eine Wahl gibt: einen Suchtreffer oder eine Partei. Analog zur suchlosen Suche könnte eine *wahllose Wahl* etabliert werden. Die Wahl ist determiniert, die Auswahl simuliert, weil sie in den Entscheidungsbäumen bereits durchgespielt wurde. In einer solchen *Post-Wahl-Gesellschaft* werden Wahlen und Abstimmungen obsolet, weil Präferenzen im System «vermerkt» sind. Es braucht keine politischen Verfahren mehr, die den Wählerwillen in politische Mehrheiten übersetzen. Es genügen Klicks und Likes. Das kybernetische System ist immer dann stabil, wenn der Bürger exakt das will, was er auch soll, wenn also die Ist-Werte mit den Soll-Werten übereinstimmen. Wahlergebnisse sind ja bloß ein Näherungswert für den Willen des Souveräns. Je geringer die Wahlbeteiligung ist, desto größer ist die Ungenauigkeit. Durch algorithmische Feedback-schleifen könnte die Rückkopplung repräsentativen Handelns optimiert werden. Kybernetische Kontrollstrategien sind ein interessanter Governance-Ansatz, weil sie auf ein Steuerungspro-blem antworten, das sich weder mit demokratischen noch mit autoritären Praktiken lösen lässt: das Chaos.

Mit möglichen Zukunftsszenarien einer algorithmischen Regulierung hat sich auch schon die Bundesregierung befasst. In ihrer «Smart City Charta», die das Bundesinstitut für Bau-, Stadt- und Raumforschung (BBSR) 2017 herausgegeben hat, wer-den verschiedene «Visionen eines hypervernetzten Planeten» diskutiert – zum Beispiel eine *Post-choice-Society*.[27] «Künstliche Intelligenz ersetzt Wahl: Wir müssen uns nie entscheiden, ei-nen bestimmten Bus oder Zug zu nehmen, sondern bekommen den schnellsten Weg von A nach B.»[28] Wenn die KI den Zug wählt, kann sie folglich auch die Partei wählen – es handelt sich um ein formalisierbares, lösbares Datenproblem.

Unter dem Stichwort «Post-voting-society» heißt es in der Broschüre weiter: «Da wir genau wissen, was Leute tun und möchten, gibt es weniger Bedarf an Wahlen, Mehrheitsfindun-gen oder Abstimmungen. Verhaltensbezogene Daten können Demokratie als das gesellschaftliche Feedbacksystem ersetzen.» Warum wählen gehen, wenn die Präferenzen ohnehin schon im System verbucht sind? Sensoren, Suchmaschinen und sozi-ale Netzwerke könnten zu plebiszitären Techniken werden, die Meinungen und Stimmungsbilder in Echtzeit abfragen. Aus ih-ren sozialen Signalen ließe sich ein repräsentativer Volkswille ermitteln. Das perfekt berechenbare und vorhersagbare Indivi-duum wird in diesem Entscheidungssystem mit dem Ergebnis konfrontiert, zu dem es kraft eigener Selbstbefragung und Such-techniken (Wer bin ich? Was will ich? Wen soll ich wählen?) nicht gelangte. Spieltheoretisch gedacht: Ein politisches Nash-Equilibrium, ein Gleichgewicht, in dem jeder Spieler glaubt, die bestmögliche Entscheidung getroffen zu haben. Es wäre die perfekte Simulation von Politik.

In seiner 1955 veröffentlichten Kurzgeschichte «Wahltag im Jahre 2008» entwirft Isaac Asimov die Utopie einer «elektronischen Intelligenz», die dem Willen des Volkes in «wahrhaft demokratischer Weise» diene. Die Vereinigten Staaten sind eine elektronische Demokratie, die Presse analysiert die politische Lage mit industriellen Computern, ein Großrechner (Multivac) ermittelt einen repräsentativen Durchschnittsbürger, der den US-Präsidenten wählt. Die Stadt, die von «Multivacs Blitz» getroffen wird, wird von Reportern, Fernsehteams und Touristen belagert. Der Wähler, der vom Rechner auserkoren wird, wird von Geheimdienstagenten abgeschirmt, um keiner Einflussnahme zu unterliegen. In einem Dialog fragt die ungläubige Enkelin Linda ihren Großvater Matthew: «Du hast gewählt? Wirklich, Opa?»[29] Großvater Matthew erklärt Linda mit altväterlichem Gestus, wie das früher so war, als man in die Wahlkabine ging und den Hebel der Partei herunterdrückte. Jede Partei stellte einen Kandidaten auf, und nach dem Wahltag wurde ausgezählt. Doch Linda insistiert: «Aber woher wussten die Leute, wen sie wählen sollten? Hat Multivac es ihnen gesagt?» Der Großvater bedeutet der Enkelin: «Nein. Sie haben sich einfach auf ihr eigenes Urteil verlassen, Kind. Natürlich ging es nicht so schnell, bis alle Stimmen gezählt waren. Manchmal dauerte es zwei Tage, bis man wusste, wer gewählt war, und die Leute waren ungeduldig. Also erfanden sie Maschinen, die die ersten Stimmen zählten und sie mit den Ergebnissen der früheren Wahlen verglichen. So konnten die Maschinen ausrechnen, wie die Wahl ausgehen und wer gewählt würde. [...] Die ersten Computer waren viel kleiner als Multivac. Aber die Maschinen wurden immer größer und perfekter und brauchten immer weniger Stimmen, um den Wahlausgang vorherzusagen. Zuletzt bauten sie dann Multivac, und dieser Maschine genügt schon ein einziger Wähler.»[30]

Eine solche Lotterie ist nach modernen Maßstäben höchst undemokratisch, weil hier das Wahlrecht vom Losglück abhängt. Doch wie würde man ein politisches System qualifizieren, in dem nicht ein Großrechner einen repräsentativen Bürger ermittelt (wie bei Asimov), sondern ein Rechnerverbund den Willen eines jeden Wählers? Könnte ein solcher Auswahlprozess vielleicht sogar die Repräsentation und Legitimation des politischen Systems erhöhen?

Niemand empfindet es als Bevormundung, wenn Alexa eine Kaffeesorte empfiehlt. Im Gegenteil: Es ist bequem, wenn der Computer eine Ansage macht. Womöglich wären auch viele Bürger offen gegenüber dem Gedanken, dass Alexa eine Wahlempfehlung ausspricht. Soll mich die Maschine nur durchleuchten, wenn sie mich durch das Dickicht der Parteienlandschaft lotst! Und wenn mich der Algorithmus ohnehin schon besser kennt als mich selbst, warum soll er dann nicht gleich auch für mich wählen? Dann bekommt man endlich, was man will. Und jeder wäre zufrieden. Nur lässt sich das «Modell» der Demokratie eben nicht in die Beschreibungssprache der Mathematik übersetzen, in Nutzenfunktionen von Bits und Bytes. Daten können nicht der einzige Treiber von Politik sein. Die künstlichen Agenten zerren etwas in die politische Arena, was dort gar nicht hineingehört: unsere intimsten Gedanken, Gefühle, Wünsche, Hoffnungen, auch Ressentiments und Vorurteile. Algorithmen machen etwas zur Verhandlungsmasse, was nicht verhandelbar ist: unsere Privatsphäre. Das verschiebt die Grenzen des politischen Systems, weil der «Regierung der Seelen» (Foucault) kein parlamentarisches Korrektiv zur Seite gestellt wird. Virtuelle Assistenten repräsentieren uns in einer Weise, wie wir uns selbst gar nicht in der Öffentlichkeit sehen wollen. Wenn KI-Systeme unsere Gespräche abhören und aus so mancher Stammtischparole eine Wahlentscheidung ableiten, würden womöglich nicht nur extreme Parteien Oberwasser bekommen. Man verlöre auch die Freiheit, entgegen seiner Vorurteile zu wählen. Das macht einmal mehr deutlich, dass Öffentlichkeit nur mit einer intakten Privatsphäre funktioniert.

Durch die Delegation von (Wert-)Entscheidungen an Algorithmen wird das prinzipiell offene Entscheidungsspektrum der deliberativen Demokratie durch technische Voreinstellungen begrenzt. Das, was zur Auswahl steht, ist eine Setzung von Programmierern. Der maschinelle Dezisionismus bedroht den Kerngehalt der Demokratie, weil er ergebnisoffene Verfahren in determinierte Entscheidungssysteme überführt und keine Widerreden mehr zulässt. Für Algorithmen ist alles alternativlos.

Wir laufen Gefahr, schlafwandlerisch in einen Techno-Autoritarismus hineinzutaumeln, wo algorithmische Befehlsketten im Gewand des digitalen Dieners daherkommen. Siri, Alexa und Cortana sind die freundlichsten Kerkermeister, die die Menschheit je hatte. Sie herrschen die Nutzer nicht an, sondern antichambrieren in einem servilen, devoten Ton. Das Fatale: Wir bemerken die Gängelung und Bevormundung nicht, weil uns Sprachassistenten immer nach dem Mund reden. Vielleicht werden wir eines Tages an einem Wahlsonntag aufwachen und auf dem Smartphone die Push-Benachrichtigung lesen: «Guten Morgen, hier ist Alexa. Ich habe für dich gewählt. Hab einen schönen Tag.» Es wäre das Ende der Demokratie.

# Anmerkungen

## Prolog

1  Vgl. https://www.faz.net/aktuell/politik/wenn-algorithmen-unsere-wahl-entscheidung-treffen-15225762.html, letzter Abruf: 26.6.2019.

## 1. Einleitung

1  Andreas Weigend: Data for the People, Hamburg 2017, S. 233.

2  https://www.pcwelt.de/news/Google-Quellcode-hat-ueber-2-Milliarden-Zeilen-Imposanter-Umfang-9805297.html, letzter Abruf 26.6.2019; https://www.wired.com/2015/09/google-2-billion-lines-codeand-one-place/, letzter Abruf: 31.5.2019.

3  Apple-Gründer Steve Jobs sagte in einer Keynote: «Wir schreiben das Jahr 1984. (...) IBM will alles und richtet seine Waffen auf das letzte Hindernis der Industriekontrolle: Apple. Wird Big Blue die gesamte Computerindustrie dominieren? Das gesamte Informationszeitalter? Hatte George Orwell recht mit 1984?»

4  Vgl. http://www.thomaslemkeweb.de/publikationen/Gouvernementalit-%E4t%20_Kleiner-Sammelband_.pdf, letzter Abruf: 26.6.2019.

5  Michel Foucault: Sicherheit, Territorium, Bevölkerung: Geschichte der Gouvernementalität I, Frankfurt a. M. 2006, S. 162.

6  Michel Foucault: Der Wille zum Wissen, Frankfurt a. M. 2017, S. 31.

7  Ebd., S. 39.

8  Michel Foucault: Sicherheit, Territorium, Bevölkerung: Geschichte der Gouvernementalität I, Frankfurt a. M. 2006, S. 455.

9  https://www.welt.de/vermischtes/article157049356/Auf-den-Faroeer-Inseln-zeigen-Schafe-Google-den-Weg.html, letzter Abruf: 7.2.2019.

10  https://mashable.com/2013/06/24/illicit-google-street-view/?europe=true, letzter Abruf: 26.5.2019.

11  https://patents.google.com/patent/US20160261932A1/en, [0124], letzter Abruf: 7.2.2019.

12  Auf die Frage «Siri, rauchst du?», antwortet Apples Sprachassistentin mit Nachdruck: «Das ist ungesund. Ich würde dir ja davon abraten.»

13  https://theintercept.com/2018/11/15/amazon-echo-voice-recognition-accents-alexa/, letzter Abruf: 7.2.2019.

14  https://www.theguardian.com/society/2018/sep/16/councils-use-377000-peoples-data-in-efforts-to-predict-child-abuse, letzter Abruf: 29.5.2019.

15 https://www.smartdatacollective.com/can-predictive-analytics-prevent-tax-evasion/, letzter Abruf: 7.2.2019.

16 http://www-01.ibm.com/common/ssi/cgi-bin/ssialias?subtype=ST&infotype=SA&htmlfid=GVJo3029USEN&attachment=GVJo3029USEN. PDF, letzter Abruf: 8.2.2019.

17 Antoinette Rouvroy/Thomas Berns: Gouvernementalité algorithmique et perspectives d'émancipation: Le disparate comme condition d'individuation par la relation?, in: Réseaux 2013/1 (n° 177).

18 https://www.theguardian.com/society/2018/sep/16/councils-use-377000-peoples-data-in-efforts-to-predict-child-abuse, letzter Abruf: 8.2.2019.

19 https://medium.com/on-the-road-whats-working-in-northeast-cities/living-in-a-1-25-world-how-boston-uses-data-to-keep-score-8d9d44957880, letzter Abruf: 8.2.2019.

20 Matteo Pasquinelli: Arcana Mathematica Imperii: Über die Entwicklung westlicher Rechennormen, Berlin 2017.

21 Franz Kafka: Der Prozess, Husum/Nordsee 2004, S. 6. In anderen Ausgaben steht: «Sie dürfen nicht weggehen, Sie sind ja verhaftet.»

22 http://www.spiegel.de/fotostrecke/google-zitate-von-eric-schmidt-fotostrecke-63798.html, letzter Abruf: 7.2.2019.

23 Michel Foucault: Überwachen und Strafen: Die Geburt des Gefängnisses, Frankfurt a. M. 1995, S. 258.

24 Michel Foucault: Überwachen und Strafen, Frankfurt a. M. 1995, S. 168.

25 Dan MacQuillan: Algorithmic paranoia and the convivial alternative, 2016, S. 4. https://journals.sagepub.com/doi/pdf/10.1177/2053951716671340, letzter Abruf: 5.7.2019.

26 https://www.heise.de/newsticker/meldung/Predictive-Policing-Die-deutsche-Polizei-zwischen-Cyber-CSI-und-Minority-Report-3685873.html, letzter Abruf: 5.2.2019.

## 2. Endstation Flughafengate

1 http://www.spiegel.de/plus/stuttgart-wie-ein-ehepaar-auf-die-flugverbotsliste-der-usa-geriet-a-00000000-0002-0001-0000-000159189590; http://www.spiegel.de/international/world/a-german-couple-winds-up-on-the-u-s-no-fly-list-a-1227620.html, letzter Abruf: 5.2.2019.

2 https://www.aclu.org/sites/default/files/assets/watchlist_briefing_paper_v3.pdf, letzter Abruf: 4.2.2019.

3 https://eu.usatoday.com/story/opinion/2014/07/04/no-fly-list-process-airport-security-editorials-debates/12210779/, letzter Abruf: 4.2.2019.

4 https://www.aclu.org/blog/national-security/discriminatory-profiling/no-fly-list-where-fbi-goes-fishing-informants, letzter Abruf: 4.2.2019.

5 http://edition.cnn.com/2008/WORLD/africa/07/01/mandela.watch/, letzter Abruf: 4.2.2019.

6 https://www.theguardian.com/us-news/2016/aug/12/bollywood-star-shah-rukh-khan-detained-at-us-airport-again, letzter Abruf: 8.2.2019.

7 https://www.nytimes.com/2016/08/13/world/asia/shah-rukh-khan-king-of-bollywood-was-detained-at-a-us-airport-for-the-third-time.html, letzter Abruf: 8.2.2019.

8 https://www.aclu.org/sites/default/files/assets/watchlist_briefing_paper_v3.pdf, letzter Abruf: 8.2.2019.

9 https://www.documentcloud.org/documents/1227228-2013-watch-list-guidance.html#document/p35, letzter Abruf: 8.2.2019.

10 https://assets.documentcloud.org/documents/1227228/2013-watch-list-guidance.pdf, letzter Abruf: 8.2.2019.

11 Ebd.

12 https://www.theglobeandmail.com/news/politics/up-to-100000-cana-dians-could-wrongly-be-on-no-fly-list-research-suggests/article37299604/, letzter Abruf: 8.2.2019.

13 https://www.theguardian.com/world/2016/jan/04/canada-six-year-old-no-fly-list-syed-adam-ahmed; https://www.cbc.ca/radio/outintheopen/blacklisted-1.4275292/two-parents-fight-to-remove-their-child-s-name-from-canada-s-no-fly-list-1.4275366, letzter Abruf: 4.2.2019

14 https://www.ctvnews.ca/politics/no-fly-list-kids-advocacy-group-fights-for-kids-mistaken-for-terrorists-1.4077233, letzter Abruf: 4.2.2019

15 Eugen Roth: Sämtliche Werke. Band 4 Erzählungen, München/Wien 1977, S. 127.

16 https://www.zeit.de/reisen/2014-07/terrordatenbank-reise-usa, letzter Abruf: 4.2.2019

17 https://www.nytimes.com/2010/04/07/us/07watch.html, letzter Abruf: 4.2.2019.

18 https://boingboing.net/2014/03/28/big-data-kafka-us-government.html, letzter Abruf: 4.2.2019.

19 https://theintercept.com/2018/12/03/air-travel-surveillance-homeland-security/, letzter Abruf: 4.2.2019.

20 https://eur-lex.europa.eu/legal-content/DE/ALL/?uri=CELEX%3A32016L0681, letzter Abruf: 4.2.2019.

21 https://netzpolitik.org/2018/flugpassagierdaten-ab-heute-speichert-die-polizei-reisedaten-aller-auslandsfluege/, letzter Abruf: 7.2.2019.

22 https://www.heise.de/newsticker/meldung/Bundestag-bringt-Flug-gastdatenspeicherung-auf-den-Weg-3699434.html, letzter Abruf: 4.2.2019.

23 https://netzpolitik.org/2017/fluggastdaten-speicherung-beschlossen-voellig-neue-dimension-anlassloser-massenueberwachung/, letzter Abruf: 7.2.2019.

24 Giorgio Agamben: Ausnahmezustand, Berlin 2017, S. 15.

25 Ebd., S. 35.

26 Ebd., S. 51.

27 Ebd., S. 46.

28 Ebd., S. 45.

29 Dan McQuillan: Algorithmic states of exception, European Journal of Cultural Studies, August 2015, S. 569.

30 Carl Schmitt: Politische Theologie – Vier Kapitel zur Lehre von der Souveränität, Berlin 2009, S. 13.

## 3. Code is Law

1 https://techcrunch.com/2013/05/15/larry-page-wants-earth-to-have-a-mad-scientist-land/?guccounter=1, letzter Abruf: 6.2.2019.

2 https://www.businessinsider.com/google-ceo-larry-page-wants-a-place-for-experiments-2013-5?IR=T, letzter Abruf: 4.2.2019.

3 Joseph Weizenbaum: Die Macht der Computer und die Ohnmacht der Vernunft, Frankfurt a. M. 1990, S. 160.

4 Lawrence Lessig: Code: Version 2.0, New York 2006, S. 79.

5 Ebd., S. 110.

6 Ebd.

7 Ebd., S. 126.

8 http://www.spiegel.de/auto/aktuell/vw-abgasskandal-chronik-eines-skandals-a-1122730.html, letzter Abruf: 4.2.2019.

9 Moritz Contag et al.: How They Did It: An Analysis of Emission Defeat Devices in Modern Automobiles, http://cseweb.ucsd.edu/~klevchen/diesel-sp17.pdf, letzter Abruf: 5.7.2019.

10 Patrick Donges/Otfried Jarren: Politische Kommunikation in der Mediengesellschaft: Eine Einführung, Wiesbaden 2017, S. 25.

11 https://www.nytimes.com/2017/10/10/arts/design/augmented-reality-jeff-koons.html, letzter Abruf: 4.2.2019.

12 Markus Kaulartz: Von der Blockchain zum Smart Contract, in: Frankfurter Allgemeine Zeitung vom 16.03.2016, Nr. 64, S. 16.

13 http://www.fon.hum.uva.nl/rob/Courses/InformationInSpeech/CDROM/Literature/LOTwinterschool2006/szabo.best.vwh.net/smart.contracts.html, letzter Abruf: 4.2.2019.

14 Markus Kaulartz: Von der Blockchain zum Smart Contract, in: Frankfurter Allgemeine Zeitung vom 16.03.2016, Nr. 64, S. 16.

15 Vgl. Primavera De Filippi/Aaron Wright: Blockchain and the Law: The Rule of Code, Cambridge, MA/London 2018, S. 199.

16 Primavera De Filippi/Aaron Wright: Blockchain and the Law: The Rule of Code, Cambridge, MA/London 2018, S. 200.

17 https://www.theguardian.com/music/2016/jun/30/apple-wins-patent-on-technology-to-stop-fans-filming-gigs, letzter Abruf: 4.2.2019.

18 https://www.heise.de/mac-and-i/meldung/iOS-11-Modus-Beim-Fahren-nicht-stoeren-gegen-Bussgelder-3866646.html, letzter Abruf: 5.7.2019.

19 Michel Foucault: Sicherheit, Territorium, Bevölkerung: Geschichte der Gouvernementalität I, Frankfurt a. M. 2004, S. 102.

20 http://dip21.bundestag.de/dip21/btd/18/026/1802644.pdf, letzter Abruf: 26.3.2019.

21 https://cdn.netzpolitik.org/wp-upload/ENLETS-WP.pdf, letzter Abruf: 26.3.2019.

22 https://www.sueddeutsche.de/politik/terroranschlag-lkw-bremssystem-verhinderte-noch-mehr-tote-in-berlin-1.3312551, letzter Abruf: 26.3.2019.

23 https://www.sueddeutsche.de/politik/terroranschlag-lkw-bremssys-tem-verhinderte-noch-mehr-tote-in-berlin-1.3312551, letzter Abruf: 26.3. 2019.

24 https://www.adac.de/rund-ums-fahrzeug/assistenzsysteme-daten/daten-modernes-auto/, letzter Abruf: 26.3.2019.

25 Vgl. https://www.dke.de/de/news/2018/alkohol-interlocks-fuer-mehr-sicherheit-im-strassenverkehr, letzter Abruf: 26.3.2019.

26 https://www.dvr.de/unfallstatistik/de/alkohol/, letzter Abruf: 26.3.2019.

27 https://www.zeit.de/2017/49/china-datenspeicherung-gesichtserken-nung-big-data-ueberwachung, letzter Abruf: 4.2.2019.

28 https://medium.com/@johnkoetsier/hacking-chinas-social-credit-cheaters-claim-millions-in-cash-instant-promotions-and-87ad89ed5c6f, letzter Abruf: 4.2.2019.

29 https://www.wired.co.uk/article/chinese-government-social-credit-score-privacy-invasion, letzter Abruf: 3.6.2019.

30 https://www.wired.com/story/age-of-social-credit/, letzter Abruf: 3.6. 2019.

31 Michel Foucault: Überwachen und Strafen, Frankfurt a. M. 1995, S. 233 f.

32 https://www.merics.org/de/blog/chinas-soziale-bonitaetssysteme-sind-noch-beliebt-englisch, letzter Abruf: 3.6.2019.

33 Rogier Creemers: China's Social Credit System: An Evolving Practice of Control, 2018.

34 Samantha Hoffman: Programming China: The Communist Party's auto-nomic approach to managing state security, 12. Dezember 2017, https://www.merics.org/sites/default/files/2017-12/171212_China_Monitor_44_Programming_China_EN__0.pdf, letzter Abruf: 5.7.2019.

35 https://www.wsj.com/articles/chinese-police-go-robocop-with-facial-recognition-glasses-1518004353, letzter Abruf: 4.2.2019.

36 https://www.japantimes.co.jp/news/2018/05/30/asia-pacific/beijing-security-fair-arms-race-surveillance-tech/#.XFLBn6DA8-U, letzter Abruf: 4.2.2019.

37  https://medium.com/syncedreview/ai-photographs-chinese-jaywalkers-shames-them-on-public-screens-ad0a301a46a6, letzter Abruf: 4.2.2019.

38  https://www.abacusnews.com/digital-life/facial-recognition-camera-catches-top-businesswoman-jaywalking-because-her-face-was-bus/article/2174508, letzter Abruf: 4.2.2019.

39  https://www.nytimes.com/2018/07/08/business/china-surveillance-technology.html, letzter Abruf: 4.2.2019.

## 4. CSI Google

1  https://www.independent.co.uk/news/world/americas/cannibal-cop-plotted-to-kill-and-eat-100-women-8227593.html, letzter Abruf: 3.6.2019.

2  https://www.nytimes.com/2013/02/28/nyregion/at-officer-gilberto-valles-trial-a-focus-on-the-line-between-intent-and-fantasy.html, letzter Abruf: 4.2.2019.

3  http://www.businessinsider.com/ex-wife-of-cannibal-cop-tells-court-how-she-discovered-alleged-plans-2013-2?IR=T, letzter Abruf: 4.2.2019.

4  http://www.slate.com/articles/news_and_politics/crime/2014/07/the_cannibal_cop_gilberto_valle_goes_free_what_about_michael_van_hise_and.html, letzter Abruf: 4.2.2019.

5  https://www.nytimes.com/2015/04/17/nyregion/gilberto-valle-ex-new-york-police-officer-talks-about-his-cannibalism-fantasies-in-film.html, letzter Abruf: 4.2.2019.

6  Ebd.

7  https://www.welt.de/vermischtes/article129682388/Potenzieller-Kannibale-wieder-freigelassen.html, letzter Abruf: 4.2.2019.

8  Ebd.

9  http://www.news.com.au/world/north-america/cannibal-cop-case-us-court-rules-fantasising-about-violence-is-not-a-crime/news-story/bc53802c6525e9d7edee51c7c1040f3e?from=public_rss, letzter Abruf: 4.2.2019.

10  http://www.sueddeutsche.de/panorama/prozess-in-ellwangen-zwischen-sexphantasie-und-mordkomplott-1.1553209, letzter Abruf: 4.2.2019.

11  https://www.welt.de/vermischtes/weltgeschehen/article112135798/Drei-Jahre-Haft-fuer-Vergewaltigungsplaene-per-SMS.html, letzter Abruf: 4.2.2019.

12  https://www.welt.de/regionales/stuttgart/article112137688/Verabredung-zum-Mord-per-SMS-Zwei-Freisprueche.html, letzter Abruf: 4.2.2019.

13  http://www.spiegel.de/panorama/justiz/mordplan-per-sms-angeklagte-sprechen-vor-gericht-von-rollenspiel-a-873386.html, letzter Abruf: 4.2.2019.

14 http://www.sueddeutsche.de/panorama/prozess-in-ellwangen-zwi-schen-sexphantasie-und-mordkomplott-1.1553209, letzter Abruf: 4.2.2019.

15 https://myaccount.google.com/privacycheckup/1, letzter Abruf: 3.6.2019.

16 Franz Kafka: Der Prozess, Husum/Nordsee 2004, S. 115.

17 https://www.zeit.de/gesellschaft/zeitgeschehen/2015-10/germanwings-absturz-angela-merkel-haltern-am-see, letzter Abruf: 4.2.2019.

18 https://www.theguardian.com/uk-news/2016/mar/03/bailey-gwynne-accused-bought-knife-on-amazon, letzter Abruf: 5.2.2019.

19 https://www.wral.com/Raleigh-police-search-google-location-history/17377435/, letzter Abruf: 5.2.2019.

20 https://transparencyreport.google.com/user-data/overview?hl=de, letzter Abruf: 4.2.2019.

21 https://support.google.com/transparencyreport/answer/7380434, letzter Abruf: 4.2.2019.

22 https://www.theguardian.com/us-news/2019/mar/19/mueller-cohen-emails-trump-russia-special-documents, letzter Abruf: 22.3.2019.

23 http://www.spiegel.de/spiegel/print/d-83180805.html, letzter Abruf: 3.6.2019.

24 https://www.bundesgerichtshof.de/SharedDocs/Pressemitteilungen/DE/2011/2011206.html?nn=11917374, letzter Abruf: 5.2.2019.

25 Ralf Eschelbach: Big Data im Strafprozess, Schwerte 2017.

26 BGHSt 57, 71.

27 BGHSt 57, 71, 17.

28 http://ekladata.com/a5J-kPD0FAZwSKkLJzNbvbFa1Jw/Foucault-Michel-Les-Anormaux-1974-1975-.pdf, letzter Abruf: 4.2.2019.

29 Vgl. Thomas Fischer: Strafgesetzbuch und Nebengesetze, München 2015, S. 209.

30 Ebd., S. 26. Der Neologismus «thoughtcrime» wird in anderen Werkausgaben von «1984» mit dem Begriff «Gedankenverbrechen» übersetzt.

31 https://www.recode.net/2017/4/19/15361568/facebook-mark-zuckerberg-brain-mind-reader-regina-dugan-building-f8, letzter Abruf: 4.2.2019.

32 https://freedom-to-tinker.com/2017/12/27/no-boundaries-for-user-identities-web-trackers-exploit-browser-login-managers/, letzter Abruf: 4.2.2019.

33 https://www.zeit.de/digital/datenschutz/2013-12/facebook-speichert-geloeschte-inhalte, letzter Abruf: 5.2.2019.

## 5. Der Körper als Spurensicherung

1 https://www.theverge.com/2017/11/14/16648166/fda-digital-pill-abilify-otsuka-proteus, letzter Abruf: 4.2.2019.

2 https://www.nytimes.com/2017/11/13/health/digital-pill-fda.html, letzter Abruf: 7.2.2019.

3 Donna Haraway: Ein Manifest für Cyborgs. In: Donna Haraway: Die Neuerfindung der Natur. Primaten, Cyborgs und Frauen. Frankfurt a. M. und New York 1995. S. 50.

4 https://www.nehi.net/writable/publication_files/file/pa_issue_brief_final.pdf, letzter Abruf: 5.2.2019.

5 Michel Foucault: Überwachen und Strafen, Frankfurt a. M. 1995, S. 240.

6 Michel Foucault: Sicherheit, Territorium, Bevölkerung: Geschichte der Gouvernementalität I, Frankfurt a. M. 2004, S. 525.

7 https://www.golem.de/news/smartwatch-apple-watch-series-4-mit-ekg-und-sturzerkennung-1809-136544.html, letzter Abruf: 5.2.2019.

8 https://www.theverge.com/2017/11/14/16648166/fda-digital-pill-abilify-otsuka-proteus, letzter Abruf: 5.2.2019.

9 https://www.dicardiology.com/article/new-pacemaker-technologies, letzter Abruf: 7.2.2019.

10 https://www.medtronic.com/de-de/patienten/produkte-therapien/therapie-herzinsuffizienz/telemetrische-fernuberwachung.html, letzter Abruf: 7.2.2019.

11 https://www.theatlantic.com/technology/archive/2018/01/my-pacemaker-is-tracking-me-from-inside-my-body/551681/, letzter Abruf: 5.2.2019.

12 https://www.pcwelt.de/a/hackerangriff-moeglich-465-000-herzschritt-macher-brauchen-sicherheits-update,3447938, letzter Abruf: 5.2.2019.

13 https://edition.cnn.com/2013/10/20/us/dick-cheney-gupta-interview/index.html, letzter Abruf: 5.2.2019.

14 Michel Foucault: Der Wille zum Wissen, Frankfurt a. M. 2017, S. 138.

15 https://ucsdnews.ucsd.edu/pressrelease/flexible_wearable_electronic_skin_patch_offers_new_way_to_monitor_alcohol_l, letzter Abruf: 5.2.2019.

16 http://www.spektrum.de/kolumne/wenn-der-herzschrittmacher-zum-belastungszeugen-wird/1483311, letzter Abruf: 5.2.2019.

17 https://www.cnet.com/news/judge-rules-pacemaker-data-can-be-used-against-defendant/, letzter Abruf: 5.2.2019.

18 Ebd.

19 If you torture the data long enough, it will confess.

20 https://www.cbsnews.com/news/fitbit-helps-lead-police-san-jose-womans-alleged-killer-her-stepfather/, letzter Abruf: 7.2.2019.

21 https://www.dailymail.co.uk/news/article-6233799/FitBit-implica-

tes-90-year-old-man-arrested-murder-stepdaughter-undiscovered-week.
html, letzter Abruf: 25.6.2019.

22  https://abcnews.go.com/US/female-jogger-seattle-defense-tactics-fend-
off-brutal/story?id=46034147, letzter Abruf: 25.6.2019.

23  https://www.abc.net.au/news/2018-03-29/smart-watch-data-helps-
police-find-suspect-in-murder-case-court/9602832, letzter Abruf: 5.2.
2019

24  https://www.telegraph.co.uk/science/2017/01/02/fridges-washing-
machines-could-vital-witnesses-murder-plots/, letzter Abruf: 5.2.2019.

25  https://www.sueddeutsche.de/panorama/freiburg-mord-hussein-k-
lebenslange-haft-1.3916330, letzter Abruf: 4.2.2019.

26  https://www.sueddeutsche.de/digital/prozess-wegen-vergewaltigung-
und-mord-wie-polizisten-das-handy-des-freiburger-mordverdaechtigen-
auslasen-1.3860870, letzter Abruf: 29.5.2019.

27  https://www.sueddeutsche.de/digital/prozess-wegen-vergewaltigung-
und-mord-wie-polizisten-das-handy-des-freiburger-mordverdaechtigen-
auslasen-1.3860870-2, letzter Abruf: 29.5.2019.

28  https://www.heise.de/newsticker/meldung/iPhone-6s-geknackt-Handy-
Daten-stuetzen-Anklage-in-Freiburger-Mordprozess-3936135.html, letzter Abruf: 5.7.2019.

29  https://www.welt.de/vermischtes/article172287105/Mordprozess-
Hussein-K-Die-Version-vom-Handeln-im-Affekt-ist-mit-dem-heutigen-
Tag-obsolet.html, letzter Abruf: 4.2.2019.

30  https://edition.cnn.com/2017/03/07/tech/amazon-echo-alexa-benton-
ville-arkansas-murder-case/index.html, letzter Abruf: 5.2.2019.

31  http://docs.dpaq.de/12019-ck_image.present2-2.pdf, letzter Abruf: 3.6.
2019.

32  https://www.washingtonpost.com/news/the-switch/wp/2016/12/28/
can-alexa-help-solve-a-murder-police-think-so-but-amazon-wont-give-
up-her-data/?noredirect=on&utm_term=.077110604777, letzter Abruf:
7.2.2019.

33  https://edition.cnn.com/2017/11/30/us/amazon-echo-arkansas-murder-
case-dismissed/index.html, letzter Abruf: 3.6.2019.

34  https://www.theverge.com/2017/1/6/14189384/amazon-echo-murder-
evidence-surveillance-data, letzter Abruf: 29.5.2019.

35  https://www.amazon.de/Echo-Stereo-System-Echo-Ger%C3%A4te-
Gen-Optik/dp/B07H561V1P, letzter Abruf: 5.2.2019.

36  https://www.theverge.com/2017/1/6/14189384/amazon-echo-murder-
evidence-surveillance-data, letzter Abruf: 29.5.2019.

37  https://www.adweek.com/digital/should-alexa-be-a-witness-for-the-
prosecution/, letzter Abruf: 5.2.2019.

38  https://www.washingtonpost.com/news/post-nation/wp/2014/08/13/

theres-an-app-for-that-authorities-say-man-asked-siri-for-help-dumping-body/?noredirect=on&utm_term=.a927fd308490, letzter Abruf: 5.2.2019.

39 Paul Virilio: Geschwindigkeit und Politik, Berlin 1980, Fußnote 28, S. 48–50.

## 6. Gefangen in informationeller Sippenhaft

1 https://www.eff.org/de/deeplinks/2015/05/how-private-dna-data-led-idaho-cops-wild-goose-chase-and-linked-innocent-man-20, letzter Abruf: 5.2.2019.

2 https://www.eff.org/document/new-orleans-search-warrant-dna-idaho-falls-murder-case, letzter Abruf: 5.2.2019.

3 http://www.sueddeutsche.de/wissen/forensik-wie-private-ahnenfor-scher-halfen-einen-serienmoerder-zu-jagen-1.3966359, letzter Abruf: 5.2.2019.

4 https://www.ancestry.de/, letzter Abruf: 5.2.2019.

5 https://www.ancestry.com/dna/#dnaFaqWrap, letzter Abruf: 5.2.2019.

6 https://www.nytimes.com/2018/06/16/style/23-and-me-ancestry-dna.html, letzter Abruf: 5.2.2019.

7 https://www.nytimes.com/2019/02/04/business/family-tree-dna-fbi.html, letzter Abruf: 5.2.2019.

8 https://www.ancestry.de/cs/transparency, letzter Abruf: 5.2.2019.

9 https://www.mcclatchydc.com/news/nation-world/article211324909.html, letzter Abruf: 7.2.2019.

10 http://content.time.com/time/subscriber/article/0,33009,2152422,00.html, letzter Abruf: 7.2.2019.

11 https://mediacenter.23andme.com/, letzter Abruf: 7.2.2019.

12 https://www.fastcompany.com/3018598/for-99-this-ceo-can-tell-you-what-might-kill-you-inside-23andme-founder-anne-wojcickis-dna-r, letzter Abruf: 7.2.2019.

13 Elias Canetti: Die Befristeten, München/Wien 1982, S. 18–20.

14 https://www.pheramor.com/, letzter Abruf: 15.3.2019.

15 Die Psychoanalytikerin Julia Kristeva würde hier wohl eher von Phäno- oder Genotexten sprechen.

16 Michel Foucault: Überwachen und Strafen, Frankfurt a. M. 1995, S. 169 f.

## 7. Die Formatierung der Datenkörper

1 Nicholas Negroponte: Being Digital, New York 1995, S. 122.

2 https://www.cnbc.com/2018/07/05/your-face-will-be-your-passport-qantas-passengers-start-using-biome.html, letzter Abruf: 6.2.2019.

3 https://www.aclu.org/blog/privacy-technology/surveillance-technolo-gies/how-tsas-facial-recognition-plan-will-go-far?redirect=node/22454, letzter Abruf: 7.2.2019.

4  https://netzpolitik.org/2018/wales-gesichtserkennung-markierte-tau-sende-faelschlich-als-kriminelle/, letzter Abruf: 25.6.2018.

5  https://www.abacusnews.com/digital-life/facial-recognition-camera-catches-top-businesswoman-jaywalking-because-her-face-was-bus/article/2174508, letzter Abruf: 6.2.2019.

6  https://www.homeaffairs.gov.au/lega/lega/form/immi-faqs/will-i-still-need-to-have-my-fingerprints-taken-if-any-of-my-fingers-are-missing-decorated-or-injured, letzter Abruf: 5.7.2019.

7  Paul Valéry: Monsieur Teste, Berlin 2016, S. 75.

8  https://www.ipcstore.net/soekmen/index.html?page=detail&id=154287, letzter Abruf: 7.2.2019.

9  https://www.engadget.com/2016/01/15/googles-creepy-plan-to-kill-the-password/, letzter Abruf: 7.2.2019.

10 https://www.bbc.com/news/technology-45707469, letzter Abruf: 6.2.2019.

11 https://www.reuters.com/article/us-tencent-games-idUSKBN19O0K0, letzter Abruf: 6.2.2019.

12 https://www.telegraph.co.uk/news/2018/05/17/chinese-school-uses-facial-recognition-monitor-student-attention/, letzter Abruf: 25.6.2019.

13 https://www.telegraph.co.uk/technology/2018/10/17/facial-recognition-used-british-supermarkets-first-time/, letzter Abruf: 22.3.2019.

14 https://aws.amazon.com/de/rekognition/, letzter Abruf: 6.2.2019.

15 https://aws.amazon.com/de/rekognition/video-features/, letzter Abruf: 6.2.2019

16 https://gizmodo.com/amazon-workers-demand-jeff-bezos-cancel-face-recognitio-1827037509, letzter Abruf: 6.2.2019.

17 https://www.nytimes.com/2018/07/26/technology/amazon-aclu-facial-recognition-congress.html, letzter Abruf: 6.2.2019.

18 https://www.rollingstone.com/music/music-news/taylor-swift-facial-recognition-concerts-768741/, letzter Abruf: 18.2.2019.

19 https://www.bbc.com/news/world-asia-china-43751276, letzter Abruf: 22.3.2019.

20 George Orwell: 1984, Berlin 2018, S. 24.

21 https://www.paulekman.com/resources/universal-facial-expressions/, letzter Abruf: 7.2.2019.

22 https://ainowinstitute.org/AI_Now_2018_Report.pdf, letzter Abruf: 7.2.2019.

23 https://www.paulekman.com/wp-content/uploads/2013/07/Duchenne-And-Facial-Expression-Of-Emotion.pdf, letzter Abruf: 7.2.2019.

24 Vgl. Rouvroy/Berns 2013.

25 Jeremy W. Crampton: Platform, Surveillance Surveillance & Society: Vol 9 No 3, S. 60.

26  Rüdiger Soldt: Automatischer Alarm bei Taschendiebstahl, Frankfurter Allgemeine Zeitung vom 29.12.2017.

27  Vgl. Gert Theile: Anthropometrie: Zur Vorgeschichte des Menschen nach Maß, München 2005, S. 119.

28  Simon A. Cole: Suspect Identities: A History of Fingerprinting and Criminal Identification, Cambridge MA/London 2002, S. 126.

29  http://www.spiegel.de/netzwelt/netzpolitik/software-kann-homosexuelle-anhand-von-fotos-erkennen-a-1166971.html, letzter Abruf: 7.2.2019.

30  https://www.theverge.com/2018/1/23/16907238/artificial-intelligence-surveillance-cameras-security, letzter Abruf: 5.2.2019.

31  Beschluss vom 04. April 2006, 1 BvR 518/02.

32  http://www.newindianexpress.com/states/karnataka/2017/dec/02/no-fingers-or-iris-for-aadhaar-bengaluru-woman-loses-pension-1716448.html, letzter Abruf: 5.2.2019.

33  https://www.bbc.com/news/world-asia-india-42234732, letzter Abruf: 5.2.2019.

34  https://www.newyorker.com/news/dispatch/how-indias-welfare-revolution-is-starving-citizens, letzter Abruf: 7.2.2019.

35  https://www.dailymail.co.uk/indiahome/indianews/article-4874150/Hackers-cloning-fingerprints-Aadhaar-cards-UP.html, letzter Abruf: 7.2.2019.

36  https://ahprojects.com/hyperface/, letzter Abruf: 6.2.2019.

37  https://qz.com/823820/carnegie-mellon-made-a-special-pair-of-glasses-that-lets-you-steal-a-digital-identity/, letzter Abruf: 5.2.2019.

38  https://gizmodo.com/man-hiding-face-from-police-facial-recognition-test-fin-1832264524, letzter Abruf: 26.5.2019.

# 8. Die Regierung der Datenkörper

1  http://www.scmp.com/news/china/society/article/2133322/x-ray-vision-chinese-woman-crawls-through-railway-security, letzter Abruf: 5.2.2019.

2  Michel Foucault: Überwachen und Strafen, Frankfurt a. M. 1995, S. 176 f.

3  http://www.zeit.de/2018/09/sicherheitsscanner-bahnhof-china-frau-dongguan (Paywall), letzter Abruf: 5.2.2019.

4  https://www.zeit.de/2018/01/digitalisierung-gehirn-koerper-krankheiten-kriminalitaet, letzter Abruf: 5.2.2019.

5  https://www.propublica.org/article/judge-orders-nypd-to-release-records-on-x-ray-vans, letzter Abruf: 5.2.2019.

6  https://www.channelnewsasia.com/news/singapore/nea-cameras-detect-illegal-smoking-how-it-could-work-10728594, letzter Abruf: 5.2.2019.

7 https://www.dhs.gov/publication/dhsstpia-012-future-attribute-screening-technology-fast-passive-methods-precision, letzter Abruf: 7.2.2019.

8 http://www.jura.uni-passau.de/putzke/forschung-beispiele/polygrafie/, letzter Abruf: 5.2.2019.

9 https://www.nature.com/news/2010/100526/full/465412a.html, letzter Abruf: 5.2.2019.

10 https://www.technologyreview.com/s/613891/the-pentagon-has-a-laser-that-can-identify-people-from-a-distanceby-their-heartbeat/, letzter Abruf: 11.7.2019.

11 https://www.nzz.ch/schweiz/starke-zunahme-des-kokainkonsums-in-schweizer-staedten-ld.1364541, letzter Abruf: 12.4.2019.

12 http://www.emcdda.europa.eu/topics/pods/waste-water-analysis_de, letzter Abruf: 12.4.2019.

13 https://www.circa.com/story/2018/06/13/business/biobot-analytics-fights-opioids-with-sewage-diving-robotic-device-that-analyzes-waste-water, letzter Abruf: 15.3.2019.

14 Karl Deutsch: Politische Kybernetik, Freiburg 1969, S. 126. Das englische Original ist 1963 unter dem Titel «The Nerves Of Government» erschienen.

15 https://www.aclu.org/blog/national-security/privacy-and-surveillance/privacy-invading-potential-eye-tracking-technology?redirect=blog/technology-and-liberty-free-speech-national-security/privacy-invading-potential-eye-tracking, letzter Abruf: 5.2.2019.

16 https://www.nzz.ch/feuilleton/sprachgesteuerte-computer-an-meiner-stimme-merkt-alexa-dass-ich-krank-bin-bevor-ich-selber-es-weiss-ld.1472652, letzter Abruf: 12.4.2019.

17 https://www.npr.org/2018/10/22/658808705/thousands-of-swedes-are-inserting-microchips-under-their-skin, letzter Abruf: 5.2.2019.

18 https://www.washingtonpost.com/technology/2018/08/23/this-firm-already-microchips-employees-could-your-ailing-relative-be-next/?noredirect=on&utm_term=.3277b6ce6cec, letzter Abruf: 5.2.2019.

19 Eugene Thacker: What is Biomedia?, in: Configuration: 11/2003, S. 58.

20 https://www.faz.net/aktuell/wirtschaft/mikrochips-im-menschen-experten-warnen-vor-gefahren-15749982.html, letzter Abruf: 5.2.2019.

21 Konrad Becker: Die Politik der Infosphäre, Bonn 2003, S. 195.

22 Ebd.

23 Ebd.

24 Ebd, S. 197.

25 Ebd.

26 Manfred Faßler: Der infogene Mensch. Die Erfindung des Menschen als Datenkörper. Vortrag im Rahmen der Ringvorlesung «Menschen und Menschenbilder», Goethe-Universität Frankfurt, 12.11.2008, http://

www.fame-frankfurt.de/uploads/Fassler_2008_-_Die_Erfindung_des_
Menschen_als_Datenkoerper.pdf, letzter Abruf: 5.7.2019.

27 Ebd.

28 Ebd.

29 Michel Foucault: Überwachen und Strafen, Frankfurt a. M. 1995, S. 40.

30 https://www.nytimes.com/2019/04/24/technology/ecuador-surveillan-
ce-cameras-police-government.html.

31 http://news.mit.edu/2018/study-finds-gender-skin-type-bias-artificial-
intelligence-systems-0212, letzter Abruf: 7.2.2019.

32 https://foreignpolicy.com/2018/07/24/beijings-big-brother-tech-needs-
african-faces/, letzter Abruf: 30.5.2019.

33 https://pando.com/2013/12/16/googles-for-profit-surveillance-problem/,
letzter Abruf: 5.2.2019.

## 9. Die Internierung der Datenkörper

1 Jailbreak laut Wikipedia: «das nicht-autorisierte Entfernen von Nut-
zungsbeschränkungen, welche der Hersteller serienmäßig gesperrt
hat».

2 Andreas Bernard: Komplizen des Erkennungsdienstes – Das Selbst in
der digitalen Kultur, Frankfurt a. M. 2017.

3 https://www.theguardian.com/technology/2010/jan/11/facebook-
privacy, letzter Abruf: 7.2.2019.

4 https://www.tagesschau.de/wirtschaft/facebook-datenschutz-111.html.

5 https://www.zeit.de/digital/mobil/2014-05/smartphone-sensoren-
iphone-samsung, letzter Abruf: 5.2.2019.

6 https://www.wired.co.uk/article/facebook-phone-tracking-patent;
https://patents.justia.com/patent/10111059, letzter Abruf: 5.2.2019.

7 https://www.cnet.com/news/inside-facebook-twitter-and-googles-ai-
battle-over-your-social-lives/, letzter Abruf: 5.2.2019.

8 https://transparency.facebook.com/government-data-requests,    letzter
Abruf: 7.2.2019.

9 Ebd.

10 Vgl. Theodor Mommsen: Römisches Strafrecht, Leipzig 1899, S. 305.

11 https://www.bundesregierung.de/Content/DE/Artikel/2017/02/2017-
02-07-elektronische-fussfessel.html, letzter Abruf: 5.2.2019.

12 Vgl. Hochmayr 2012, Elektronisch überwachter Hausarrest – Zur Regelung in Deutschland und Österreich, in: Zeitschrift für Internationale
Strafrechtsdogmatik, 11/2012, S. 542.

13 https://www.sueddeutsche.de/kultur/it-sicherheit-smart-homes-erin-
nern-immer-mehr-an-strafvollzug-1.3525902, letzter Abruf: 8.2.2019.

14 https://www.vera.org/publications/price-of-prisons-2015-state-spen-
ding-trends/price-of-prisons-2015-state-spending-trends/price-of-

prisons-2015-state-spending-trends-prison-spending, letzter Abruf: 5.2. 2019.

15 https://www.justiz.nrw.de/Gerichte_Behoerden/zahlen_fakten/statisti-ken/justizvollzug/kosten.pdf, letzter Abruf: 5.2.2019.

16 http://www.govtech.com/public-safety/GPS-Ankle-Bracelet-Monitoring-of-Low-Risk-Offenders-Costs-More-than-Anticipated.html, letzter Abruf: 5.2.2019.

17 https://www.wired.com/story/opinion-ankle-monitors-are-another-kind-of-jail/, letzter Abruf: 5.2.2019.

18 https://www.wisconsinwatch.org/2013/03/lost-signals-disconnected-lives/, letzter Abruf: 8.2.2019.

19 https://www.wisconsinwatch.org/2013/03/lost-signals-disconnected-lives/, letzter Abruf: 5.2.2019.

20 https://truthout.org/articles/you-re-still-in-jail-how-electronic-monito-ring-is-a-shackle-on-the-movement-for-decarceration/, letzter Abruf: 5.2. 2019.

21 https://medium.com/nodigitalprisons/it-was-a-crazy-experience-how-electronic-monitoring-brings-mass-supervision-home-94cb7488d67, letzter Abruf: 5.2.2019.

22 https://spectrum.ieee.org/consumer-electronics/portable-devices/lets-stop-using-ankle-bracelets-to-monitor-offenders, Abruf: 5.2.2019.

23 https://www.seattletimes.com/business/amazon/amazon-has-patented-a-system-that-would-put-workers-in-a-cage-on-top-of-a-robot/, letzter Abruf: 5.2.2019.

24 https://www.theverge.com/2018/1/22/16920784/amazon-go-cashier-less-grocery-store-seattle-shoplifting-punishment-detection, letzter Abruf: 5.2.2019.

25 https://qz.com/1482833/parents-are-putting-gps-ankle-monitors-on-their-teenage-kids/, letzter Abruf: 5.2.2019.

26 https://gizmodo.com/dystopian-company-wants-parents-to-tag-problem-teens-wi-1830885509, letzter Abruf: 5.2.2019.

27 http://www.bbc.com/future/story/20170602-why-punishment-might-be-good-for-your-willpower, https://www.vice.com/en_uk/article/wd4w-v9/i-wore-an-electric-shock-bracelet-for-two-weeks-to-help-me-kick-my-bad-habits-666, letzter Abruf: 8.2.2019.

28 https://patents.google.com/patent/US20160260135A1/, [0051], letzter Abruf: 8.2.2019.

29 Paul Virilio: Rasender Stillstand, Frankfurt a. M. 2015, S. 64.

30 Ebd., S. 111.

31 Ebd., S. 122.

32 https://patents.google.com/patent/US20160260135A1/, [0118], letzter Abruf: 5.2.2019.

33  Michel Foucault: Überwachen und Strafen, Frankfurt a. M. 1995, S. 180.

34  https://patents.google.com/patent/US20160261932A1/en, [0199], letzter Abruf: 8.2.2019.

35  Ebd., [200].

36  Michel Foucault: Überwachen und Strafen, Frankfurt a. M. 1995, S. 167 f.

37  Ebd., S. 162.

38  https://www.economist.com/science-and-technology/2019/05/11/household-electronics-are-undergoing-a-sensory-makeover, letzter Abruf: 29.5.2019.

39  https://dl.acm.org/citation.cfm?id=3300559&preflayout=flat, letzter Abruf: 29.5.2019.

40  arxiv.org/pdf/1812.04741.pdf, letzter Abruf: 3.6.2019.

41  https://www.heise.de/newsticker/meldung/Niederlaendischer-Stromversorger-will-illegale-Cannabis-Plantagen-aufspueren-3088262.html, letzter Abruf: 5.2.2019.

42  http://www.spiegel.de/spiegel/print/d-27636592.html, letzter Abruf: 30.5.2019.

43  https://www.bloomberg.com/news/articles/2019-04-10/is-anyone-listening-to-you-on-alexa-a-global-team-reviews-audio, letzter Abruf: 17.4.2019.

44  https://www.theverge.com/2019/3/28/18285572/prison-labor-finland-artificial-intelligence-data-tagging-vainu, letzter Abruf: 25.6.2019.

45  Vgl. Foucault: Überwachen und Strafen, Frankfurt a. M. 1995, S. 384.

46  Ebd., S. 385.

47  https://www.berliner-zeitung.de/digital/-nomophobie--darum-fuehlen-wir-uns-so-nackt--wenn-wir-das-handy-vergessen-haben-28380146, letzter Abruf: 5.2.2019.

48  Nikolaus Lehner: Targeting und Trivialität: Algorithmische Kontrolltechnologien und moderne Lebensführung, Münster 2017, S. 269.

49  https://www.aclu.org/blog/privacy-technology/surveillance-technologies/shotspotter-ceo-answers-questions-gunshot, letzter Abruf: 30.5.2019.

50  https://www.nytimes.com/2012/05/29/us/shots-heard-pinpointed-and-argued-over.html, letzter Abruf: 5.2.2019.

51  https://www.bloomberg.com/news/features/2018-03-16/japan-s-prisons-are-a-haven-for-elderly-women, letzter Abruf: 5.2.2019.

52  Ebd.

53  https://freedom.to/, letzter Abruf: 5.2.2019.

54  https://t3n.de/news/google-rechenzentren-sicherheit-786311/, letzter Abruf: 5.2.2019.

55  https://www.google.com/about/datacenters/inside/data-security/index.html?hl=de, letzter Abruf: 8.2.2019.

56 https://uk.pcmag.com/internet-products/10840/news/15-years-later-google-remembers-its-first-data-center, letzter Abruf: 5.2.2019.

57 https://eu.ydr.com/story/news/2018/11/21/united-fiber-data-ufd-rehab-old-york-prison-into-data-center-fortress-servers-think-loud-bill-hynes/2072342002/, letzter Abruf: 5.2.2019.

58 https://www.google.com/about/datacenters/inside/data-security/index.html, letzter Abruf: 5.2.2019.

## 10. The New Normal

1 Michel Foucault: Psychologie und Geisteskrankheit, Frankfurt a. M. 1980, S. 97 f.

2 https://www.aerztezeitung.de/medizin/krankheiten/herzkreislauf/article/958783/grenzwerte-abgesenkt-heftige-kritik-neuer-us-definition-hypertonie.html, letzter Abruf: 5.2.2019.

3 https://worldwide.espacenet.com/publicationDetails/biblio?FT=D&date=20080207&DB=EPODOC&locale=en_ep&CC=US&NR=20080 31491A1, letzter Abruf: 25.6.2019.

4 https://www.reuters.com/article/us-newzealand-passport-error/new-zealand-passport-robot-tells-applicant-of-asian-descent-to-open-eyes-idUSKBN13W0RL, letzter Abruf: 5.2.2019.

5 https://www.bsi.bund.de/SharedDocs/Downloads/DE/BSI/Biometrie/Gesichtserkennung_pdf.pdf?__blob=publicationFile&v=1, letzter Abruf: 5.2.2019. Eigene Hervorhebungen.

6 Vgl. dazu: Dominikus Baur: Automatische Gesichtserkennung: Methoden und Anwendungen, http://www.medien.ifi.lmu.de/fileadmin/mimuc/hs_ws0506/papers/Automatische_Gesichtserkennung.pdf, letzter Abruf: 8.2.2019.

7 Vgl. Andreas Bernard: Komplizen des Erkennungsdienstes – Das Selbst in der digitalen Kultur, Frankfurt a. M. 2017, S. 21.

8 Ebd., S. 11.

9 Ebd., S. 20.

10 https://www.bbc.com/news/technology-46538122, letzter Abruf: 5.2.2019.

11 https://www.theguardian.com/us-news/2018/jul/17/trump-idiot-google-images-search, letzter Abruf: 5.2.2019.

12 https://web.archive.org/web/20091126204302/https://www.google.com/rcsultsinfo.html; der Hinweis ist entfernt worden und nur noch über das Internet Archive, das Gedächtnis des Internets, zugänglich.

13 https://www.wired.com/story/when-it-comes-to-gorillas-google-photos-remains-blind/, letzter Abruf: 5.2.2019.

14 Xiaolin Wu und Xi Zhang: Automated Inference on Criminality using Face Images, 2016, https://arxiv.org/pdf/1611.04135.pdf. letzter Abruf: 5.7.2019.

15 https://callingbullshit.org/case_studies/case_study_criminal_machine_learning.html, letzter Abruf: 5.2.2019.
16 Emile Durkheim: Kriminalität als normales Phänomen, in: Fritz Sack/René König, Kriminalsoziologie, Frankfurt/M. 1968, S. 4.
17 Den Begriff kreierte der Medientheoretiker Matteo Pasquinelli.
18 Vgl. Steffen Mau: Das metrische Wir – Über die Quantifizierung des Sozialen, Berlin 2017.
19 https://www.whatsonweibo.com/insights-into-sesame-credit-top-5-ways-to-use-a-high-sesame-score/, letzter Abruf: 5.2.2019.
20 https://code.fb.com/ml-applications/under-the-hood-suicide-prevention-tools-powered-by-ai/, letzter Abruf: 5.2.2019.
21 https://netzpolitik.org/2018/facebook-durchleuchtet-die-geistige-gesundheit-seiner-nutzer/, letzter Abruf: 5.2.2019.
22 https://www.telegraph.co.uk/technology/2018/10/09/amazon-patents-new-alexa-feature-knows-offers-medicine/, letzter Abruf: 5.2.2019.
23 https://www.wiwo.de/technologie/gadgets/werner-knallhart-amazons-neue-echo-buttons-alexa-lernt-nur-quatsch-dazu/21183528.html, letzter Abruf: 5.2.2019.
24 Foucault: Psychologie und Geisteskrankheit, Frankfurt a. M. 1980, S. 96.
25 https://patents.google.com/patent/US20160260135A1/, letzter Abruf: 5.2.2019.
26 https://www.asiaone.com/china/no-loose-change-beggars-china-now-accepting-mobile-payments, letzter Abruf: 8.2.2019.
27 https://www.documentcloud.org/documents/2702103-Sample-Risk-Assessment-COMPAS-CORE.html, letzter Abruf: 5.2.2019.
28 https://www.nytimes.com/2016/06/23/us/backlash-in-wisconsin-against-using-data-to-foretell-defendants-futures.html?module=inline, letzter Abruf: 5.2.2019.
29 https://www.nytimes.com/2016/06/23/us/backlash-in-wisconsin-against-using-data-to-foretell-defendants-futures.html, letzter Abruf: 5.2.2019.
30 https://www.nytimes.com/2017/05/01/us/politics/sent-to-prison-by-a-software-programs-secret-algorithms.html, letzter Abruf: 5.2.2019.
31 https://www.propublica.org/article/how-we-analyzed-the-compas-recidivism-algorithm, letzter Abruf: 5.2.2019.
32 https://www.deutschlandfunkkultur.de/algorithmen-im-us-justizsystem-schicksalsmaschinen.3720.de.html?dram:article_id=385478, letzter Abruf: 8.2.2019.
33 https://www.sueddeutsche.de/karriere/wirtschaftspsychologie-hungriger-richter-hartes-urteil-1.1084416, letzter Abruf: 5.2.2019.
34 https://www.welt.de/wissenschaft/article13148089/Hungrige-Richter-faellen-haertere-Urteile.html, letzter Abruf: 5.2.2019.

35  https://www.wired.com/story/can-ai-be-fair-judge-court-estonia-thinks-so/, letzer Abruf: 5.7.2019.

36  https://www.scmp.com/news/china/science/article/2184857/chinas-corruption-busting-ai-system-zero-trust-being-turned-being, letzter Abruf: 5.2.2019.

## 11. Die Gesellschaft der Metadaten

1  Isaac Asimov: Die Rettung des Imperiums, München 2014, S. 19.

2  Ebd., S. 21.

3  https://phys.org/news/2015-07-facebook-zuckerberg-figure-social-equation.html, letzter Abruf: 5.2.2019.

4  Nick Bostrom: Die Zukunft der Menschheit, Berlin 2018, S. 12 f.

5  Alex Pentland: Social Physics, New York 2015, S. 216.

6  https://www.nytimes.com/2002/11/28/technology/postcards-from-planet-google.html, letzter Abruf: 4.2.2019.

7  Ebd.

8  https://trends.google.de/trends/yis/2018/DE/, letzter Abruf: 4.2.2019.

9  Ebd.

10  https://trends.google.com/trends/yis/2018/BR/, letzter Abruf: 4.2.2019.

11  https://trends.google.de/trends/trendingsearches/daily?geo=TR, letzter Abruf: 4.2.2019.

12  Filmisch festgehalten in der ZDF-Dokumentation «Zeitungen in Not – Was ist uns Journalismus noch wert?» von Nina Freydag und Wulf Schmiese

13  Paul Virilio: Die Eroberung des Körpers, München/Wien 1994, S. 163.

14  https://www.bloomberg.com/news/articles/2012-08-02/your-119-billion-google-searches-now-a-central-bank-tool, letzter Abruf: 4.2.2019.

15  https://www.pressreader.com/usa/san-francisco-chronicle/2012 0812/284279592242027, letzter Abruf: 4.2.2019.

16  https://www.bancaditalia.it/pubblicazioni/altri-atti-convegni/2018-big-data/DAmuri_Forecasting_US_Birth.pdf, letzter Abruf: 4.2.2019.

17  https://www.nytimes.com/2004/11/14/business/yourmoney/what-walmart-knows-about-customers-habits.html, letzter Abruf: 4.2.2019.

18  https://www.businessinsider.com/inside-foursquares-pilgrim-technolo-gy-2015-12?IR=T, letzter Abruf: 4.2.2019.

19  https://www.cnbc.com/id/38722872, letzter Abruf: 30.5.2019.

20  https://www.deutschlandfunk.de/suchmaschinendaten-neuer-anlauf-fuer-die-grippeprognose.676.de.html?dram:article_id=337312, letzter Abruf: 8.2.2019.

21  Seth Stephens-Davidowitz: Everybody Lies: Big Data, New Data, and What the Internet Can Tell Us About Who We Really Are, New York 2017, S. 10.

22 https://trends.google.com/trends/explore?date=all&geo=US&q= real%20estate%20bubble, letzter Abruf: 4.2.2019.

23 https://www.heise.de/newsticker/meldung/Google-sammelt-Ortsdaten-auch-bei-deaktiviertem-Standortverlauf-4135668.html, letzter Abruf: 3.6.2019.

24 Vgl. https://www.sueddeutsche.de/wirtschaft/google-wir-wissen-wo-du-bist-1.4093525, letzter Abruf: 4.2.2019.

25 Michel Foucault: Die Geburt der Biopolitik: Geschichte der Gouvernementalität II, Frankfurt a. M. 2017, S. 261.

26 Matteo Pasquinelli: Die Regierung des digitalen Mehrwerts: Von der Netz-Gesellschaft zur Gesellschaft der Metadaten, 2010. http://matteo-pasquinelli.com/docs/Pasquinelli_Digitaler_Mehrwert.pdf.

27 Ebd.

28 https://arstechnica.com/information-technology/2016/02/the-nsas-skynet-program-may-be-killing-thousands-of-innocent-people/, letzter Abruf: 8.2.2019.

29 https://www.nybooks.com/daily/2014/05/10/we-kill-people-based-metadata/, letzter Abruf: 4.2.2019.

30 https://www.justsecurity.org/10311/michael-hayden-kill-people-based-metadata/, letzter Abruf: 4.2.2019.

31 https://www.sueddeutsche.de/digital/philosophie-die-gesellschaft-der-metadaten-1.4070474, letzter Abruf: 15.3.2019.

32 Dan McQuillan: Algorithmic paranoia and the convivial alternative, European Journal of Cultural Studies 18(4–5)/2015, S. 6.

33 Matteo Pasquinelli: Die Regierung des digitalen Mehrwerts: Von der Netz-Gesellschaft zur Gesellschaft der Metadaten, 2010.

34 Ebd.

35 https://blogs.wsj.com/chinarealtime/2016/03/23/crowd-control-baidu-has-an-algorithm-for-that/, letzter Abruf: 4.2.2018.

36 Eric Mülling: Big Data und der digitale Ungehorsam, Wiesbaden 2019, S. 195

37 Ebd., S. 196.

38 https://www.theverge.com/2018/6/26/17506506/google-maps-explore-for-you-tab-redesign-launch, letzter Abruf: 5.2.2019.

39 http://www.artisopensource.net/2017/06/20/constrained-cities-filter-bubbles-in-the-physical-space-of-the-city/, letzter Abruf: 5.2.2019.

40 Vgl. dazu Gilles Deleuze: Postskriptum über die Kontrollgesellschaften, Frankfurt a. M. 1993.

41 Nikolaus Lehner: Targeting und Trivialität: Algorithmische Kontrolltechnologien und moderne Lebensführung, Münster 2017, S. 273.

42 Georg Simmel: Über die Freiheit, 1922, http://socio.ch/sim/posthum/post_frei.htm, letzter Abruf: 31.5.2019.

43 Nikolaus Lehner: Targeting und Trivialität: Algorithmische Kontroll-technologien und moderne Lebensführung, Münster 2017, S. 273.

44 Shoshana Zuboff: Das Zeitalter des Überwachungskapitalismus, Frankfurt/New York 2018, S. 394.

45 https://www.predpol.com/law-enforcement/, letzter Abruf: 5.2.2019.

46 https://theintercept.com/2018/05/11/predictive-policing-surveillance-los-angeles/, letzter Abruf: 5.2.2019.

47 Hannah Fry: Hello World. Was Algorithmen können und wie sie unser Leben verändern, München 2019, S. 182.

48 Paul Virilio: Geschwindigkeit und Politik, Berlin 1980, S. 186.

49 https://www.theverge.com/2014/2/19/5419854/the-minority-report-this-computer-predicts-crime-but-is-it-racist, letzter Abruf: 5.2.2019.

50 http://articles.chicagotribune.com/2013-08-21/news/ct-met-heat-list-20130821_1_chicago-police-commander-andrew-papachristos-heat-list (keine Zugriffsmöglichkeit durch DSGVO).

51 http://directives.chicagopolice.org/directives/data/a7a57b85-155e9f4b-50c15-5e9f-7742e3ac8b0ab2d3.html, letzter Abruf: 21.3.2019.

52 https://chicago.suntimes.com/news/what-gets-people-on-watch-list-chicago-police-fought-to-keep-secret-watchdogs/, letzter Abruf: 21.3.2019.

53 https://stoplapdspying.org/wp-content/uploads/2018/05/LASER.pdf, letzter Abruf: 5.2.2019.

54 https://www.zeit.de/2014/28/facebook-manipulation-gefuehle-soziale-netzwerke, letzter Abruf: 4.2.2019.

55 https://www.washingtonpost.com/technology/2018/08/21/facebook-is-rating-trustworthiness-its-users-scale-zero-one/?noredirect=on&utm_term=.b345bfd29f86, letzter Abruf: 5.2.2019.

56 http://nymag.com/intelligencer/2017/02/google-introduces-perspecti-ve-a-tool-for-toxic-comments.html, letzter Abruf: 5.2.2019.

57 https://www.medienanstalt-nrw.de/fileadmin/user_upload/lfm-nrw/Foerderung/Forschung/Dateien_Forschung/Hasskommentare_im_Netz_Steuerungsstrategien_fuer_Redakteure.pdf, letzter Abruf: 5.2.2019.

## 12. Auf dem Weg in die Post-Wahl-Gesellschaft

1 https://www.ndr.de/ratgeber/verbraucher/Amazon-Alexa-im-Test-Ein-kaufen,alexa192.html, letzter Abruf: 5.2.2019.

2 Michel Foucault: Überwachen und Strafen: Die Geburt des Gefängnisses, Frankfurt a. M. 1995, S. 164.

3 https://techcrunch.com/2013/01/04/an-old-eric-schmidt-interview-reveals-googles-end-game-for-search-and-competition/, letzter Abruf: 8.2.2019.

4  https://techcrunch.com/2009/09/03/google-ceo-eric-schmidt-on-the-future-of-search-connect-it-straight-to-your-brain/, letzter Abruf: 8.2. 2019.

5  https://techcrunch.com/2013/01/06/googles-director-of-engineering-ray-kurzweil-is-building-your-cybernetic-friend/?guccounter=1, letzter Abruf: 8.2.2019.

6  Ebd.

7  https://www.axios.com/go-deeper-googles-discover-1537898533-a00a-2c5e-dd31-4778-b4b4-927ebe36dfb6.html, letzter Abruf: 8.2.2019.

8  http://googlesystem.blogspot.com/2013/07/google-queryless-search.html, letzter Abruf: 5.7.2019.

9  https://www.seo-suedwest.de/463-parameterless-search.html, letzter Abruf: 8.2.2019.

10  Bernhard Pörksen: Schlüsselwerke des Konstruktivismus, Wiesbaden 2011, S. 334.

11  Heinz von Foerster: Sicht und Einsicht: Versuche zu einer operativen Erkenntnistheorie, Wiesbaden 1985, S. 12.

12  Bernhard Pörksen: Schlüsselwerke des Konstruktivismus, Wiesbaden 2011, S. 334.

13  https://www.zdnet.de/88250966/google-erweitert-gmail-alternative-inbox-um-intelligente-antworten/, letzter Abruf: 6.2.2019.

14  https://www.pcmag.com/article2/0,2817,2494368,00.asp, letzter Abruf: 5.2.2019.

15  https://www.cnet.com/news/10-percent-of-all-gmails-are-written-by-google-robots/, letzter Abruf: 5.2.2019.

16  Dank an dieser Stelle an Nicola Karnick, die diesen Gedanken in einem Tweet als Reaktion auf meinen Artikel «Die Grammatik des Codes» in der SZ vom 18.12.2018 entwickelte.

17  http://www.spiegel.de/netzwelt/web/emojis-das-sind-die-neuen-symbole-fuer-2019-a-1251791.html, letzter Abruf: 5.7.2019.

18  Vgl. Bernd Graff: Otter ja, Pickel nein, in: Süddeutsche Zeitung Nr. 32 vom 7.2.2019, S. 13.

19  https://www.sueddeutsche.de/kultur/sprache-google-it-unternehmen-1.4256507, letzter Abruf: 8.2.2019.

20  https://www.tagesspiegel.de/weltspiegel/pistole-als-emoji-apple-macht-aus-dem-revolver-eine-wasserpistole/13994676.html, letzter Abruf: 5.2. 2019.

21  George Orwell: 1984, Berlin 2018, S. 65.

22  https://www.theguardian.com/technology/2016/jun/13/apple-messages-wwdc-new-features-emoji-prediction, letzter Abruf: 5.2.2019.

23  https://www.businessinsider.com/mark-zuckerberg-wants-to-build-a-perfect-personalized-newspaper-2014-11?IR=T, letzter Abruf: 5.2.2019

24 Stafford Beer: Decision and Control: The Meaning of Operational Research and Management, London 1994, S. 460.

25 Eric Schmidt/Jonathan Rosenberg: Wie Google tickt, Frankfurt/New York 2015, S. 247.

26 Mark Siemons: Google oder Die Abschaffung der Politik, in: Frankfurter Allgemeine Sonntagszeitung vom 1.11.2016, S. 47.

27 https://www.bbsr.bund.de/BBSR/DE/Veroeffentlichungen/Sonderveroeffentlichungen/2017/smart-city-charta-dl.pdf?__blob=publicationFile&v=2, letzter Abruf: 5.2.2019.

28 Ebd.

29 Isaac Asimov: Wahltag im Jahre 2008, 1955, in: Geliebter Roboter, München 2018, S. 74.

30 Ebd., S. 75.

# Literatur

Agamben, Giorgio (2017): Ausnahmezustand, 7. Auflage, Berlin.

Anteby, Michel/ Chan, Curtis K. (2018): A Self-Fulfilling Cycle of Coercive Surveillance: Workers' Invisibility Practices and Managerial Justification, Organisation Science: Articles in Advance, S. 1–17.

Asimov, Isaac (1955): Wahltag im Jahre 2008, in: Asimov, Isaac (2018): Geliebter Roboter, Erzählungen, München.

Asimov, Isaac (2014): Die Rettung des Imperiums, München.

Baur, Dominikus (2006): Automatische Gesichtserkennung: Methoden und Anwendungen.

Becker, Konrad u. a. (2003): Die Politik der Infosphäre, Bonn.

Beer, Stafford (1994): Decision and Control: The Meaning of Operational Research and Management, London.

Bostrom, Nick (2018): Die Zukunft der Menschheit. Aufsätze. Aus dem Englischen von Jan-Erik Strasser, Berlin.

Canetti, Elias (1982): Die Befristeten, 2. Auflage, München/Wien.

Cole, Simon A. (2002): Suspect Identities: A History of Fingerprinting and Criminal Identification, Cambridge MA/London.

Contag, Moritz et al. (2017): How They Did It: An Analysis of Emission Defeat Devices in Modern Automobiles, in: 2017 IEEE Symposium on Security and Privacy (SP).

Crampton, Jeremy W. (2019): Platform Biometrics, in: Surveillance & Society Vol 17 No 1/2: Platform Surveillance, S. 54–62.

Creemers, Rogier (2018), China's Social Credit System: An Evolving Practice of Control. https://papers.ssrn.com/sol3/papers.cfm?abstract_id=3175792.

De Filippi, Primavera/Wright, Aaron (2018): Blockchain and the Law: The Rule of Code, Cambridge, MA/London.

Deleuze, Gilles (1993): Postskriptum über die Kontrollgesellschaften, in: Ders.: Unterhandlungen 1972–1990. Frankfurt a. M. 1993, S. 254–62.

Deutsch, Karl W. (1969): Politische Kybernetik: Modelle und Perspektiven, Freiburg.

Donges, Patrick/Jarren, Otfried Jarren (2017): Politische Kommunikation in der Mediengesellschaft: Eine Einführung, Wiesbaden.

Durkheim, Emile (1968): Kriminalität als normales Phänomen, in: Fritz Sack/René König, Kriminalsoziologie, Frankfurt a. M. 1968, S. 3–8.

Eschelbach, Ralf (2017): Big Data im Strafprozess, in: Gefährdet Big Data unsere Demokratie?, Institut für Kirche und Gesellschaft, Schwerte.

Fischer, Thomas (2015): Strafgesetzbuch mit Nebengesetzen, Kommentar, 62. Auflage, München.

Faßler, Manfred (2008): Der infogene Mensch. Die Erfindung des Menschen als Datenkörper. Vortrag im Rahmen der Ringvorlesung «Menschen und Menschenbilder», Goethe-Universität Frankfurt, 12.11.2008, http://www.fame-frankfurt.de/uploads/Fassler_2008_-_Die_Erfindung_des_Menschen_als_Datenkoerper.pdf.

Fischer, Thomas (2015): Beck'sche Kurzkommentare, Bd. 10, Strafgesetzbuch und Nebengesetze, 62. Auflage, München.

Foerster, Heinz von (1985): Sicht und Einsicht: Versuche zu einer operativen Erkenntnistheorie, Wiesbaden.

Foucault, Michel (2006): Sicherheit, Territorium, Bevölkerung: Geschichte der Gouvernementalität I, 1. Auflage, Frankfurt a. M.

Foucault, Michel (2017): Die Geburt der Biopolitik: Geschichte der Gouvernementalität II, 5. Auflage, Frankfurt a. M.

Michel, Foucault (1988): Die Geburt der Klinik: Eine Archäologie des ärztlichen Blicks, Frankfurt a. M.

Foucault, Michel (1976): Mikrophysik der Macht: Über Strafjustiz, Psychiatrie und Medizin, Berlin.

Foucault, Michel (1980): Psychologie und Geisteskrankheit, 6. Auflage, Frankfurt a. M.

Foucault, Michel (2006): Sicherheit, Territorium, Bevölkerung: Geschichte der Gouvernementalität I, 1. Auflage, Frankfurt a. M.

Foucault, Michel (1995): Überwachen und Strafen: Die Geburt des Gefängnisses, Frankfurt a. M.

Foucault, Michel (2017): Der Wille zum Wissen: Sexualität und Wahrheit 1, 21. Auflage, Frankfurt a. M.

Fünfsinn, Helmut (2009): Elektronische Fußfessel und Prävention – ein Widerspruch?, in: Müller, Henning Ernst / Sander, Günther M. / Valkova, Helena (Hrsg.), Festschrift für Ulrich Eisenberg zum 70. Geburtstag, München 2009, S. 691 ff.

Fry, Hannah (2019): Hello World. Was Algorithmen können und wie sie unser Leben verändern, München.

Haraway, Donna (1985): Ein Manifest für Cyborgs. In: Donna Haraway: Die Neuerfindung der Natur. Primaten, Cyborgs und Frauen. Frankfurt a. M. 1995. S. 33–72.

Hochmayr, Gudrun (2012): Elektronisch überwachter Hausarrest – Zur Regelung in Deutschland und Österreich, in: Zeitschrift für Internationale Strafrechtsdogmatik, 11/2012, S. 537–544.

Hofman, Samantha (2017): Programming China: The Communist Party's autonomic approach to managing state security, in: MERICS China Monitor, Mercator Institute for China Studies. https://www.merics.org/sites/

default/files/2017-12/171212_China_Monitor_44_Programming_China_
EN__0.pdf.

Kafka, Franz (2004): Der Prozess, Hamburg/Husum.

Kaulartz Markus (2016): Von der Blockchain zum Smart Contract, in:
Frankfurter Allgemeine Zeitung vom 16.3.2016, Nr. 64, S. 16.

Lehner, Nikolas (2017): Targeting und Trivialität: Algorithmische Kontroll-
technologien und moderne Lebensführung, in: Paul Buckermann/Anne
Koppenburger/Simon Schaupp (Hrsg.): Kybernetik, Kapitalismus, Revo-
lutionen – Emanzipatorische Perspektiven im technologischen Wandel,
Münster 2017, S. 261–279.

Lessig, Lawrence (2006): Code: Version 2.0, New York.

McQuillan, Dan (2016): Algorithmic paranoia and the convivial alternative,
in: Big Data & Society July–December 2016, S. 1–12.

McQuillan, Dan (2015): Algorithmic States of Exception, European Journal
of Cultural Studies 18 (4–5), S. 564–576.

Mommsen, Theodor (1899): Römisches Strafrecht, Leipzig.

Orwell, George (1949): 1984, 44. Auflage, Berlin 2018.

Mau, Steffen (2017): Das metrische Wir – Über die Quantifizierung des
Sozialen, Berlin 2017.

Mülling, Eric (2019): Big Data und der digitale Ungehorsam, Wiesbaden.

Pasquinelli, Matteo (2010): Die Regierung des digitalen Mehrwerts: Von der
Netz-Gesellschaft zur Gesellschaft der Metadaten, Kulturaustausch
#3/2010, e-Volution, Berlin, Institut für Auslandsbeziehungen (ifa).

Pasquinelli, Matteo (2017): Arcana Mathematica Imperii: Über die Entwicklung westlicher Rechennormen, in: Franke, Anselm/Hankey, Stephanie/
Tuscynski, Marek (Hrsg.): Nervöse Systeme, Berlin.

Pentland, Alex (2015): Social Physics: How Social Networks Can Make Us
Smarter, New York.

Pörksen, Bernhard (Hrsg.) (2011): Schlüsselwerke des Konstruktivismus,
Wiesbaden.

Roth, Eugen (1977): Sämtliche Werke. Band 4 Erzählungen, München/
Wien.

Rouvroy, Antoinette/Berns, Thomas (2013): Gouvernementalité algorithmique et perspectives d'émancipation: Le disparate comme condition
d'individuation par la relation?, in: Réseaux 2013/1 (n° 177), S. 163–196,
https://www.cairn.info/revue-reseaux-2013-1-page-163.htm.

Schmidt, Eric/Rosenberg, Jonathan (2015): Wie Google tickt, Aus dem
Englischen von Meike Grow, Ute Mareik und Gregor Runge, Frankfurt/
New York.

Schmitt, Carl (2009): Politische Theologie – Vier Kapitel zur Lehre von der
Souveränität, 9. Auflage, Berlin.

Siemons, Mark (2016): Google oder Die Abschaffung der Politik, in: Frankfurter Allgemeine Sonntagszeitung vom 1.11.2016, S. 47.

Simmel, Georg (1922): Über Freiheit, aus: Georg Simmel: Über Freiheit: Bruchstücke aus dem Nachlass. Herausgegeben von Otto Baensch. In: LOGOS. Internationale Zeitschrift für Philosophie der Kultur, hg. von Richard Kroner, Band XI, Heft 1, 1922, S. 1–30.

Stephens-Davidowitz, Seth (2017): Everybody Lies – Big Data, New Data, and What the Internet Can Tell Us About Who We Really Are, Harper Collins, New York.

Thacker, Eugene (2003): What is Biomedia?, https://bright_birch.typepad.com/11.1thacker.pdf.

Theile, Gert (Hrsg.) (2005): Anthropometrie: Zur Vorgeschichte des Menschen nach Maß, München.

Valéry, Paul (2016): Monsieur Teste, 2. Auflage, Berlin.

Virilio, Paul (1980): Geschwindigkeit und Politik. Ein Essay zur Dromologie, Berlin.

Virilio, Paul (1994): Die Eroberung des Körpers: Vom Übermenschen zum überreizten Menschen, München/Wien.

Virilio, Paul (2015): Rasender Stillstand, 5. Auflage, Frankfurt a. M.

Weigend, Andreas (2017): Data for the People: Wie wir die Macht über unsere Daten zurückerobern, Hamburg.

Weizenbaum, Joseph (1990): Die Macht der Computer und die Ohnmacht der Vernunft, 8. Auflage, Frankfurt a. M.

Wu, Xiaolin/ Zhang, Xi (2016): Automated Inference on Criminality using Face Images, https://arxiv.org/pdf/1611.04135.pdf.

Zuboff, Shoshana (2018): Das Zeitalter des Überwachungskapitalismus. Frankfurt a. M.

# Abbildungsnachweis

S. 24: https://www.boston.gov/cityscore

S. 45: Jeff Koons X Sebastian, 2017 © Sebastian Errazuriz, New York

S. 122: Data-masks, 2015 © Sterling Crispin

S. 128: Pear Video

S. 139: Shutterstock premier

S. 146: LKA Niedersachsen

S. 155: Picker-Käfig von Amazon, Google Patents, Patent Nr. US9280157B2

S. 158: Google Smart Home, Google Patents, Patent Nr. US10114351B2

S. 169: Cloud-Rechenzentrum der Telekom in Biere, Telekom

S. 183: Amazon Alexa healthcare patent, US Patent Nr. 10096319